Cerwinka/Schranz
•
Nervensägen

Gabriele Cerwinka
Gabriele Schranz

Nervensägen

So zähmen Sie schwierige Mitarbeiter, Chefs und Kunden

Mit Zeichnungen von Klaus Pitter

Bibliografische Information Der Deutschen Bibliothek

Die Deutsche Bibliothek verzeichnet diese Publikation in der Deutschen Nationalbibliografie; detaillierte bibliografische Daten sind im Internet über http://dnb.ddb.de abrufbar.

Das Werk ist urheberrechtlich geschützt. Alle Rechte, insbesondere die Rechte der Verbreitung, der Vervielfältigung, der Übersetzung, des Nachdrucks und die Wiedergabe auf fotomechanischem oder ähnlichem Wege, durch Fotokopie, Mikrofilm oder andere elektronische Verfahren sowie der Speicherung in Datenverarbeitungsanlagen, bleiben, auch bei nur auszugsweiser Verwertung, dem Verlag vorbehalten.

ISBN 3-7093-0058-4

Es wird darauf verwiesen, dass alle Angaben in diesem Buch trotz sorgfältiger Bearbeitung ohne Gewähr erfolgen und eine Haftung der Autorinnen oder des Verlages ausgeschlossen ist.

Umschlag: AG Media GmbH, unter Verwendung einer Zeichnung von Klaus Pitter
© LINDE VERLAG WIEN Ges.m.b.H., Wien 2005
1210 Wien, Scheydgasse 24, Tel.: 0043/1/24 630
www.lindeverlag.at

Druck: Hans Jentzsch & Co. GmbH., 1210 Wien, Scheydgasse 31

Inhalt

Vorwort 7

1 Menschen erkennen und einteilen – ein uraltes Thema 9

Die vier Temperamente der Antike 12
Das Enneagramm 13
Die Körpertypologie nach Ernst Kretschmer 15
Grundformen der Angst nach Fritz Riemann 17
Psychologische Typen nach Carl Gustav Jung 18
Der Myers-Briggs Typenindikator – MBTI 21
Das „DISG-Modell" von William Marston 23
Die INSIGHTS–Potenzialanalyse 25

2 Einmal schwierig – immer schwierig? 32

Die Entwicklungsgeschichte von Nervensägen 32
Unsere verschiedenen Rollen 38
Gibt es Mischtypen? 41

3 Nervensägen im Beruf 44

4 Nervensägen unter der Lupe 61

Der Angeber 63
Der Besserwisser 76
Der Negative 91
Der Nörgler 108
Der Vulkan 120
Der Machthungrige 137
Der Scheinheilige 150
Der Harmoniesüchtige 162
Der Zyniker 175

Inhalt

5 Das Feind-Freund-Modell: Eine Strategie im Umgang mit Nervensägen 187

Lösungen statt Probleme 187

Das Feind-Freund-Modell 189

Literatur 197

Vorwort

Im Rahmen unserer Vortragstätigkeit haben wir in den letzten Jahren einen eindeutigen Trend festgestellt: Kein anderes Seminarthema wurde so oft nachgefragt wie das zum Umgang mit schwierigen Menschen. Und ein Ende dieser Tendenz ist nicht absehbar. Egal, ob in einem großen Industriebetrieb, im kleinen Familienunternehmen, beim Rechtsanwalt, Arzt oder Steuerberater, im öffentlichen Dienstleistungsbereich oder in Krankenhäusern – immer wieder ist es dieses Thema, das alle bewegt. Wir haben uns schon oft die Frage gestellt, warum genau diese Problematik im Vordergrund steht: Werden die Menschen generell schwieriger? Oder sind es die immer komplexeren Umweltbedingungen, die diesen schwierigen Beziehungen ihren Nährboden geben?

Auf der Suche nach einer Antwort sind wir auf viele unterschiedliche Theorien und Modelle gestoßen. Gerade weil unsere Mitmenschen so verschieden sind, suchen wir alle nach Erklärungsmodellen und wollen sie in Gruppen einteilen, in eine Schublade legen, schön beschriftet und mit dem nötigen Rezept versehen, wie sie denn im Fall des Falles zu „entschärfen" wären. Doch so einfach ist dieses Entschärfen nicht. Menschen lassen sich nicht so einfach kategorisieren. Jeder von uns hat verschiedene Rollen, verschiedene Umfelder und oft auch sehr verschiedene Gesichter. Wir würden es uns zu einfach machen, wenn wir für jeden lediglich eine Kategorie offen hätten. Das ist auch der größte Nachteil der vielen Modelle und Typologien.

Wir wollen Ihnen daher in diesem Buch unsere eigene Antwort zum Umgang mit schwierigen Menschen, mit Nervensägen geben. Wir wollen einerseits unseren Blick ganz gezielt auf die Mitmenschen richten. Sie finden daher bewusst keinen Test in diesem Buch, der Ihnen Aufschluss über die Frage gibt, in welche Kategorie Sie selbst einzureihen sind. In diesem Buch geht es vielmehr um die anderen, um die ganz speziellen Plagegeister, die tagtäglich Ihre Nerven malträtieren.

Andererseits beobachten wir diese Nervensägen aus dem Blickwinkel der jeweiligen Situation. Was kann ich tun, wenn mein Chef in einer bestimmten Situation immer wieder zynisch und verletzend wird? Wie begegne ich einem Kunden, der sich immer als Besserwisser aufspielt? Dabei kann genau dieser Kunde in einer anderen Situation mit meiner Kollegin ein

Vorwort

netter, friedlicher Mensch sein. Und mein Chef ist der liebevollste Familienmensch, sobald er das Firmengebäude verlässt. Aber für mich in dieser einen Situation werden die beiden unerträglich!

Der Vollständigkeit halber haben wir dennoch einige bedeutende Typologien seit dem Altertum im Überblick dargestellt. Dieses komplexe Thema aus den unterschiedlichsten Blickwinkeln zu betrachten ist durchaus spannend.

Dieses Buch soll für Sie eine Anregung, so etwas wie eine „Initialzündung" dazu sein, sich mit dem Problem der Nervensägen in Ihrem Umfeld bewusst auseinander zu setzen. Nehmen Sie daher die Tipps, die zu Ihnen passen, in Ihre persönliche Strategie auf. Und denken Sie im Berufsalltag daran, dass unsere zwischenmenschliche Kommunikation ein immerwährender Prozess ist, der sich ständig bewegt und verändert.

Wir wünschen Ihnen viel Vergnügen und ein gewisses Maß an Erkenntnis beim Lesen sowie viel Erfolg beim Dressieren der Nervensägen!

Gabriele Schranz   *Gabriele Cerwinka*

1 Menschen erkennen und einteilen – ein uraltes Thema

Die unendliche Vielfalt in der Natur hat den Menschen schon immer dazu angeregt, genau diese zu erforschen. Welches Prinzip steckt dahinter? Wieso ist diese Blume bunt, dieser Baum krumm und jenes Tier nur unter Wasser lebensfähig? Der menschliche Geist strebt nach Erkenntnis, nach Erklärungen und nach Verstehen. Um komplexe Zusammenhänge zu verstehen, muss er aber die Funktionsweisen und Zusammenhänge erforschen und daraus Gesetzmäßigkeiten ableiten. Diese erkannten Gesetzmäßigkeiten erlauben es, daraus Theorien zu entwickeln. Diese Theorien werden an der Praxis überprüft und immer wieder angepasst, verbessert und ergänzt. So schafft es der Mensch seit Tausenden von Jahren, sich die Welt mit mehr oder weniger großem Erfolg „untertan" zu machen.

Auch der Mensch und seine „Funktionsweise" haben diesen Forscherdrang erfahren. Der Körper wurde dabei weitgehend entschlüsselt, viele Erscheinungsformen von Krankheit lassen sich diagnostizieren und meist auch behandeln. Doch was ist mit der Psyche? Was mit dem Verhalten des Menschen? Lassen sich dabei auch so leicht Gesetzmäßigkeiten und Abweichungen feststellen?

Jeder Mensch ist einzigartig. Sein Erbgut ist komplex und ebenso sind es seine Veranlagungen. Wie sich diese angeborenen Verhaltensmuster im Laufe seines Lebens entwickeln, hängt wieder von einer Vielzahl von Faktoren ab. So entsteht ein Wesen, dessen genaues Verhalten in bestimmten Situationen kaum vorhersehbar ist. Wissenschaftlich exakte Theorien versagen. Vieles wurde erforscht und in seiner Tendenz zwar erkannt, aber streng wissenschaftlich exakt lässt sich menschliches Verhalten nicht vorhersagen.

Menschen erkennen und einteilen – ein uraltes Thema

Doch genau das wünscht sich der Mensch. Es ist ein Grundbedürfnis, seine Mitmenschen genau einschätzen zu können und so seine Umwelt überschaubar zu machen. Wenn ich weiß, wie der andere funktioniert, weiß ich auch, wie er als Nächstes reagieren wird. Ich kann mich darauf einstellen und muss nicht permanent neu auf Unvorhergesehenes reagieren.

Gerade die zwischenmenschliche Kommunikation macht das deutlich: Ein „Sender" verschlüsselt seine Meinung in eine Botschaft und übermittelt diese dem „Empfänger". Dieser entschlüsselt die Botschaft, er übersetzt sie in seine Sprache, interpretiert sie nach seinen Mustern. Ebenso verfährt er dann mit seiner Antwort. Auf diese Weise entsteht ein Kreislauf und Austausch von Botschaften:

SENDER wandelt Information in Botschaft um
↓
sendet an
↓
EMPFÄNGER, der die Botschaft entschlüsselt

Klingt kompliziert – und ist es auch. Denn wie ich meine Meinung in eine Botschaft kleide, hängt sehr von meinen subjektiven Codes ab. Und den Prozess des „Übersetzens" beim anderen kann ich schon gar nicht beeinflussen. Der spielt sich ja zur Gänze in seinem Inneren ab, ich habe darauf keinen Einfluss. Habe ich mich klar genug ausgedrückt? Und hat er auch verstanden, was ich meine? Wir können erahnen, welche Quelle von Missverständnissen da entsteht – dazu müssen wir gar nicht erst verschiedene Sprachen sprechen, auch in ein und derselben Sprache ist Verständigung oft sehr, sehr schwer.

Daher ist es entscheidend, behutsam und sehr bewusst mit Kommunikation umzugehen. Ich kann es noch so „gut" gemeint haben, wenn es der andere nicht so verstanden hat, nützt das alles nichts. Denn wahr ist für ihn das, was er subjektiv „gehört" – nämlich übersetzt – hat!

Alle Kommunikationsmodelle, die aus dieser Ausgangslage heraus entwickelt wurden, versuchen die Komplexität unseres Verhaltens mit einzubeziehen. Wir kommunizieren ja nicht nur mit Worten. Unser Gesicht, unsere Hände, ja unser ganzer Körper sprechen mit. Die Art und Weise, **wie** wir kommunizieren, unsere Stimmlage, unser Tonfall, alles drückt zusätz-

Menschen erkennen und einteilen – ein uraltes Thema

lich aus, was wir wirklich meinen. Viele kleine Puzzleteile ergeben so ein Gesamtbild. Wir gehen dabei davon aus, dass sich gewisse Verhaltensmuster stets wiederholen. Zusammenpassende Muster werden zusammengefasst, katalogisiert und typologisiert. Jeder Mensch ist so sein eigener „Kommunikationsexperte" und entwickelt im Laufe seines Lebens individuelle Strategien im Umgang mit seinen Mitmenschen. Nur dadurch wird es ihm möglich, rasch zu reagieren und rasch zu kommunizieren. „Wenn A das sagt, antworte ich so und er wird dann so reagieren." So verfestigen sich unsere Kommunikationsmuster und wir stehen immer wieder vor dem Phänomen, dass wir mit gewissen Leuten sehr gut zurechtkommen und bei bestimmten Typen offensichtlich immer wieder das Falsche sagen.

Mit diesem Wunsch nach Vorhersehbarkeit menschlichen Verhaltens haben sich schon viele Gelehrte seit der Antike befasst. Besonders in Hochkulturen ist dieses Bedürfnis feststellbar. In einfacheren Gesellschaftsformen herrschten andere Notwendigkeiten vor: Der Kampf um das physische Überleben bestimmte den Alltag. Gemeinsame Zielerreichung stand vor der Individualität des Einzelnen. Wie Abraham Maslow anhand seiner Bedürfnispyramide zeigte, entsteht der Wunsch nach Individualität erst dann, wenn die Grundbedürfnisse wie Nahrung und (soziale) Sicherheit abgedeckt sind. Der Mensch als einzigartiges Wesen, als Forschungsobjekt tritt in den Vordergrund.

Genau da beginnen auch die ersten Versuche, Menschen in Typenkategorien einzuteilen. So wie Tiere und Pflanzen müssen sich doch auch diese Menschenwesen in Gruppen mit ähnlichen Merkmalen und damit Verhaltensmustern zusammenfassen lassen. Diesbezügliche Theorien gehen davon aus, dass beobachtete Gemeinsamkeiten nicht nur rein zufällig auftreten, sondern auf Grund von wiederkehrenden Persönlichkeitsmerkmalen zu Stande kommen. Diese Merkmale lassen sich zusammenfassen und darstellen. So werden die Kategorien festgelegt, denen dann der Einzelne zugeteilt werden kann.

Im Folgenden wollen wir einen kurzen Blick auf die wichtigsten Typologien der Menschheitsgeschichte werfen. Wir wollen dabei nicht werten und kritisieren. Jede Erkenntnis, jede Theorie ist auf ihre Art sehr interessant und sicher auch hilfreich, menschliches Verhalten zu ergründen.

Grundsätzlich betonen wir, dass eine Einteilung nach Stereotypen nicht in unserem Sinn ist, da sie zur Folge haben kann, dass Menschen nach be-

Menschen erkennen und einteilen – ein uraltes Thema

stimmten Verhaltensmustern abgestempelt werden. Ebenso soll in diesem Buch nicht der psychoanalytische Ansatz auf der Basis von Sigmund Freuds Strukturmodell des Psychischen (Es, Ich, Über-Ich) bearbeitet werden. Vielmehr geht es darum, Ihnen als Leser praxisgerechte Persönlichkeits-Typologien zu bieten, um Ihnen einen Vorteil im Berufsalltag mit schwierigen Menschen zu verschaffen.

Die vier Temperamente der Antike

Der griechische Arzt **Hippokrates** (um 460–377 v. Chr.) bezog sich in seiner Lehre von den vier Temperamenten auf die vier bestimmenden Elemente Erde, Luft, Feuer und Wasser. Er entwickelte diese These aus medizinischer Sicht weiter, indem er die Charaktereigenschaften der Menschen auf das Vorherrschen bestimmter Körpersäfte zurückführte. Er ordnete den Elementen folgende Körpersäfte und somit folgende Temperamente zu:

Element	Beschaffenheit	Vorherrschender Körpersaft	Temperament
Luft	heiß und feucht	Blut	Sanguiniker
Feuer	heiß und trocken	Gelbe Galle	Choleriker
Erde	kalt und trocken	Schwarze Galle	Melancholiker
Wasser	kalt und feucht	Phlegma, Schleim	Phlegmatiker

Das Temperament eines Menschen war somit rein körperlich bedingt. Der Körpersaft, der tendenziell überwog, bestimmte das Temperament.

Der Sanguiniker galt als leichtblütig, leidenschaftlich, fröhlich und eifrig.

Der Choleriker galt als heißblütig, wütend, reizbar und übellaunig.

Der Melancholiker war schwermütig, düster, betrübt und deprimiert.

Der Phlegmatiker war hingegen schwerfällig, ruhig, selbstbeherrscht und emotionslos.

Auch **Plato** (427–347 v. Chr.) und **Aristoteles** (384–322 v. Chr.) nahmen sich dieser Theorie an und entwickelten sie weiter. Die medizinische Sichtweise, die für Hippokrates der Ausgangspunkt war, interessierte die beiden Gelehrten jedoch weniger, sie befassten sich vielmehr mit den Auswirkungen dieser Säftelehre auf die menschlichen Charaktereigenschaften. So ist es sicher auch ihnen zu verdanken, dass sich diese vier Charakterbegriffe bis heute in unserem Sprachgebrauch verankert haben. Auch wenn wir dabei sicher nicht an Körperflüssigkeiten denken, wissen wir doch genau, dass ein melancholischer Mensch oft Trübsal bläst und der Choleriker aufbrausend und unbeherrscht ist.

Einen interessanten Beitrag zur Typenlehre lieferte ein Schüler des großen Aristoteles, der griechische Denker und Philosoph **Theophrast** (um 372–288 v. Chr.).

Er verfasste ein Werk – „Charaktere" – mit dreißig Charakterskizzen, das in loser Zusammenstellung verschiedene Typen mit all ihren kleinen, oft lächerlichen Fehlern darstellt. Er skizziert damit die Athener seiner Zeit und erweist sich als genauer Beobachter menschlicher Unzulänglichkeiten. In dieser scheinbar zufälligen Zusammenstellung geht er somit sehr genau auf individuelle Typen ein und erhebt keinerlei Anspruch auf eine umfassende Typenlehre. Seine genaue und oft spöttische Beobachtung menschlicher Schwächen hat sicher einige Dichter nach ihm beeinflusst. Und Typen wie „Der Schwätzer", „Der Eitle", „Der Nörgler" oder „Der Taktlose" kommen uns durchaus auch heute noch sehr bekannt vor.

Das Enneagramm

Ebenfalls weit in die Menschheitsgeschichte zurück reichen die Wurzeln des Enneagramms: Man vermutet sie bei islamischen Mystikern, den **Sufis**, eventuell sogar bei den Weisen von Babylon um 2500 v. Chr. sowie bei Dante. Der Name leitet sich jedenfalls vom griechischen Wort „enneas" (neun) ab. Doch bis in die zweite Hälfte des 20. Jahrhunderts wurde dieses Wissen lediglich mündlich weitergegeben. Das Enneagramm beschreibt neun Persönlichkeitstypen anhand ihrer Fixierungen, ihrer Ur-Zwänge. Diese Zwänge sind es aber auch, die jeder Typ zu bekämpfen versuchen muss.

Menschen erkennen und einteilen – ein uraltes Thema

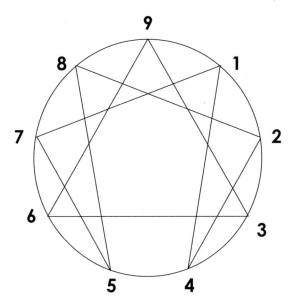

Abbildung 1: Enneagramm

Einsen: Sie streben nach Perfektion, hohen moralischen Werten und Idealen. Sie lieben Wahrheit, Gerechtigkeit und Ordnung. Sie sind ernsthaft, verantwortungs- und pflichtbewusst. Sie versuchen den Ärger, die Aggression und den Zorn, der sie oft antreibt, zu bekämpfen.

Zweien: Sie sind hilfsbereit und selbstlos, brauchen aber viel Anerkennung und Beachtung für stetes Bemühen, anderen zu helfen. Unterdrücken oft eigene Bedürfnisse, können nicht Nein sagen, sind sehr emotional.

Dreien: Sie sind erfolgshungrig, strebsam und optimistisch, bisweilen egoistisch. Sie wirken selbstbewusst und stark. Sie haben Angst vor dem Versagen. Sie sind getrieben. Nur der Erfolg, der Status zählt, da nehmen sie es auch mit der Wahrheit nicht immer so genau.

Vieren: Sie wollen auffallen, streben das Besondere an. Sie sind kreativ und sehnen sich nach Schönheit. Sie vermeiden das Gewöhnliche und Normale, das Angepasste. Sie haben einen Hang zur Schwermut.

Fünfen: Sie sind neugierige und genaue Beobachter und forschen gerne, sammeln Wissen, aber auch materielle Dinge. Der Kopf bestimmt die Gefühle, sie sind eher introvertiert und können zum Geiz neigen.

Sechsen: Sie sind kooperativ, zuverlässig und teamfähig. Sie sehnen sich nach Sicherheit und klaren Richtlinien. Sie sind ängstlich und eher pessimistisch, trauen sich wenig zu. Sie suchen Hierarchien, Autorität und Sicherheit.

Siebenen: Sie sind optimistisch, charmant und fröhlich. Sie lieben den Genuss und versuchen um jeden Preis, den Schmerz und die dunklen Seiten des Lebens zu vermeiden. Dabei tendieren sie manchmal zur Oberflächlichkeit. Sie sind eher Generalisten als nur auf einem Gebiet tätig.

Achten: Sie sind stark und haben ein ausgeprägtes Gefühl für Gerechtigkeit und Wahrheit. Sie sind verlässlich und scheuen keine Konfrontation, können dabei auch richtig aggressiv werden. Sie sind geborene Führer. Sie hassen Schwäche und sind daher nicht sehr kritikfähig.

Neunen: Sie vermeiden Konflikte, sind ehrlich und vielseitig interessiert, jedoch oft zu bequem, Dinge durchzuziehen. Sie sind eher zurückhaltend und wenig selbstbewusst, strahlen aber eine große Ruhe aus und sind als Vermittler und Friedensstifter geeignet.

Das Enneagramm soll dem Einzelnen vor allem dazu dienen, sich selbst besser kennen zu lernen, die eigenen Stärken und Schwächen zu entdecken. Vor allem die eigenen Schwachstellen, die „Ur-Zwänge" werden oft verdrängt und somit nicht bekämpft. Doch gerade das ist auch die Stärke dieser Typologie: Sie nimmt den Einzelnen nicht als unveränderbar einem Zustand zugehörig an, sondert fordert jeden dazu auf, sich auf den Weg der „Erkenntnis" und somit der „Erlösung" zu machen. Veränderung ist das Ziel. Nicht von ungefähr wird dieses System oft auch von religiösen und spirituellen Kreisen genutzt.

Die Körpertypologie nach Ernst Kretschmer

Einen völlig anderen Ansatz verfolgte **Ernst Kretschmer** (1888–1964) mit seiner Typologie „Körperbau und Charakter". Als Ergebnis jahrelanger klinischer Beobachtungen präsentierte er eine Typologie, die den Zusammen-

Menschen erkennen und einteilen – ein uraltes Thema

hang zwischen Körperbau und seelischer „Beschaffenheit" des Menschen aufzeigen soll. Er nahm dabei Anleihen bei altgriechischen Bezeichnungen unterschiedlicher Körperbauformen. Das äußere Erscheinungsbild eines Menschen ist nicht zufällig, sondern Ausdruck der inneren Verfassung. Beides ist aber auch das Ergebnis von Vererbung und somit Veranlagung.

Kretschmer unterscheidet dabei drei Körpertypen:

Der leptosome Körperbautyp

Er ist schlank mit eher dünnen, langen Gliedern, einem schmalen, spitzen Gesicht und einer hageren Gestalt. Sein Innenleben ist unausgeglichen und unruhig. Er wirkt verschlossen, unzugänglich und introvertiert. Da er die Emotionen eher nach innen lebt und in sich aufstaut, kann es schon einmal zu einem explosionsartigen Gefühlsausbruch kommen. So wird er für seine Umwelt oft unberechenbar und schwer einschätzbar. Grundsätzlich ist er ein eher logischer Kopfmensch.

Der pyknische Körperbautyp

Er ist eher rundlich und nicht zu groß. Er hat einen runden, eher großen Kopf mit weichen Zügen auf einem eher massigen Hals. Er verkörpert in etwa das Bild vom „gemütlichen Dicken", strahlt Zufriedenheit und Geselligkeit aus. Er ist anpassungsfähig und leicht beeinflussbar. Er reagiert emotional und neigt dazu, zunächst alles tragisch zu nehmen und im Selbstmitleid zu versinken. Er ist jedoch nicht grundsätzlich negativ, er gefällt sich nur gelegentlich in der Rolle des Nörglers. Er ist durchaus fantasievoll, jedoch manchmal umständlich und weitschweifig im Denken.

Der athletische Körperbautyp

Er ist kräftig und sportlich-muskulös gebaut. Er hat große Hände und Füße, und sein Gesicht ist eher derb und großflächig. Neben körperlicher Stärke strahlt er Gelassenheit, Ruhe und seelische Belastbarkeit aus. Große Worte sind nicht seine Sache, er konzentriert sich lieber auf das Praktische, die aktive Handlung. Fantasie und Träumerei sind für ihn nicht interessant, er ist eher Tatmensch mit sachlichem, kühlem Verstand.

Kretschmer hat seine Beobachtungen von psychisch Kranken auf die Allgemeinheit übertragen. Die große Beachtung, die seine Lehre gefunden hat, spiegelt klar die Sehnsucht der Menschen wider, ihre Mitmenschen leicht und nach klar erkennbaren Merkmalen einteilen und somit durchschauen zu können. Doch gerade die Einteilung nach körperlichen Merkmalen erscheint auch äußerst gefährlich: Nicht zuletzt haben sich ja auch die Nazi-Ideologen dieses Rezeptes bedient – mit verheerenden Folgen! Typologien dieser Art erscheinen uns heute vielfach zu undifferenziert: Die menschliche Wahrnehmung tendiert ja dazu, nur das wahrzunehmen, was zu den eigenen Vorurteilen und Erwartungen passt. Wenn ich nun an einem von seiner Statur her pyknischen Typ nur jene Wesenszüge registriere, die sich in mein schon feststehendes Bild fügen, ist es leicht, diese Theorie weiter zu verfestigen.

Grundformen der Angst nach Fritz Riemann

Der Psychoanalytiker **Fritz Riemann** sah in der Angst die treibende Kraft für menschliches Handeln. Demzufolge entwickelte er in den siebziger Jahren des vergangenen Jahrhunderts eine Typologie anhand bestimmter Grundformen von Angst:

1. Die Angst vor Nähe – der schizoide Typ
2. Die Angst vor Distanz – der depressive Typ
3. Die Angst vor Veränderung – der zwanghafte Typ
4. Die Angst vor Beständigkeit – der hysterische Typ

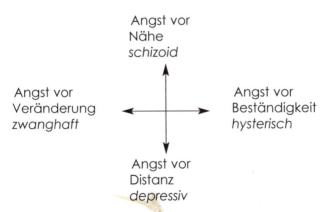

Abbildung 2: Die Grundformen der Angst nach Fritz Riemann

Menschen erkennen und einteilen – ein uraltes Thema

Die unterschiedlichen Ängste wirken dabei von entgegengesetzten Seiten auf die Psyche des Menschen, zerren ihn sozusagen hin und her, zum Beispiel zwischen der Angst vor Nähe und vor Distanz. In diesem Spannungsfeld leben wir. Es ist nun die Aufgabe jedes Einzelnen, seine Urängste zu entdecken und sich ihnen zu stellen. Im Idealfall wirken alle vier Kräfte gleich stark auf die Persönlichkeit, sie stellt sich als Kreis mit Mittelpunkt im Schnittpunkt der Koordinaten dar. Diese Person befindet sich im inneren Gleichgewicht (siehe Abbildung 3a). Doch meist ist die Form der Persönlichkeit eher unregelmäßig, d.h. jeweils eine Angstform überwiegt (siehe Abbildung 3b). Je weiter an den „Angstpolen" ich mich befinde, desto mehr ähnelt meine Persönlichkeit einer der krankhaften Formen von Angst.

Abbildung 3a
Inneres Gleichgewicht

Abbildung 3b
Unregelmäßige Persönlichkeit

Dieses Modell dient ähnlich wie das Enneagramm der Selbsterkenntnis und soll den Einzelnen dazu anregen, an sich und seinem inneren Zustand zu arbeiten. Es stellt auch heute noch eine Grundlage therapeutischer Arbeit dar.

Psychologische Typen nach Carl Gustav Jung

Der wohl wichtigste Begründer heute gängiger Typologien war der Schweizer Arzt und Psychoanalytiker **C.G. Jung** (1875–1961). Er veröffentlichte im Jahr 1921 sein bekanntes Werk „Psychologische Typen". Darin bestätigte er zwar grundsätzlich die Vielfalt menschlichen Verhaltens, versuchte aber doch gewisse Gesetzmäßigkeiten festzuhalten. Die zwei Schlüsselfunktionen zur Typisierung von Personen sind dabei „Einstellungen" und „Funktionen".

Psychologische Typen nach Carl Gustav Jung

Einteilung nach der Einstellung zur Außenwelt

Jung unterschied zunächst zwischen extrovertierten und introvertierten Typen, je nachdem, ob für den Einzelnen mehr die Außenwelt, die Menschen und Dinge (extrovertiert) oder eher die Innenwelt, die eigenen Ideen und Gedanken (introvertiert) bestimmend sind.

Der extrovertierte Typ

Er ist nach außen gewendet, handelt erfolgsorientiert, ist zielstrebig und kontaktfreudig. Er zeigt seine Gefühle. Er holt sich seine Anregungen, seine Energie von außen, von anderen Menschen und von seiner Umwelt.

Der introvertierte Typ

Er ist eher nach innen gewandt. Er bevorzugt die Einsamkeit, die Stille. Veränderungen von außen sind ihm nicht willkommen, er bezieht seine Kraft aus seiner Ideenwelt. Er lebt ichbezogen. Er hält seine Gefühle zurück und wirkt dadurch manchmal verschlossen.

Jung stellte fest, dass in jedem von uns beide Systeme vorhanden sind, jedoch eines davon präferiert wird.

Einteilung nach den Funktionen

Weiters unterscheidet Jung die Typen nach den jeweiligen Funktionen menschlichen Handelns. Die vier Grundfunktionen nach Jung sind dabei:

→ Empfinden
→ Intuition
→ Denken
→ Fühlen

Auch hier gilt wieder, dass jeder Mensch alle Funktionen in sich trägt, jedoch bei jedem eher die Neigung zu einer ausgeprägter ist. So unterscheidet Jung nach der Art der Wahrnehmung den sinnlichen oder intuitiven Typ.

Menschen erkennen und einteilen – ein uraltes Thema

Empfindungs-Typ oder Typ mit sinnlicher Wahrnehmung

Er nimmt seine Umwelt hauptsächlich über seine fünf Sinne wahr. Er sieht alles eher von der praktischen Seite, vertraut auf Fakten und Tatsachen. Er hat einen ausgeprägten Sinn für Einzelheiten und vertraut auf seine Erfahrung. Der Empfindungs-Typ ist Realist und lebt in der Gegenwart.

Intuitiver Typ oder Typ mit intuitiver Wahrnehmung

Er nimmt seine Umwelt in komplexen Zusammenhängen und gefühlsmäßig wahr und hat einen Sinn für Querverbindungen, für vernetztes Denken. Er vertraut auf seine Ahnungen, seine „Intuition". Er liebt bildhafte Vergleiche und Metaphern. Der intuitive Typ ist sehr zukunftsorientiert.

Die nächste Unterscheidung trifft Jung nach der Art und Weise, wie der Einzelne das, was er wahrgenommen hat, beurteilt und wie er auf Grund dessen entscheidet. So entstehen der logisch-analytische Typ und der gefühlsmäßige Typ.

Denk-Typ oder logisch-analytischer Typ

Er trifft Entscheidungen mit dem Kopf, auf Grund von objektiven, logischen und sachlichen Überlegungen. Gefühle zeigt er nicht offen. Durch seine analytische Art wirkt er oft kühl und überheblich.

Fühl-Typ oder gefühlsmäßiger Typ

Er trifft seine Entscheidungen „aus dem Bauch heraus". Er beurteilt andere mit innerer Anteilnahme. Beziehungen und Harmonie sind ihm wichtig. Er wirkt sehr emotional, obwohl manchmal etwas chaotisch.

Aus diesen vier Grundfunktionen lassen sich im Zusammenhang mit den zwei Einstellungen acht Typen unterscheiden.

Die acht Persönlichkeitstypen nach C.G. Jung sind daher:

1. Introvertierter Empfindungs-Typ
2. Introvertierter intuitiver Typ
3. Introvertierter Denk-Typ
4. Introvertierter Fühl-Typ
5. Extrovertierter Empfindungs-Typ

6. Extrovertierter intuitiver Typ
7. Extrovertierter Denk-Typ
8. Extrovertierter Fühl-Typ

C.G. Jungs Arbeiten auf diesem Gebiet waren bahnbrechend. Die meisten modernen Typenlehren basieren auf seinen Erkenntnissen. In der Praxis einsetzbar sind sie jedoch nur bedingt, sein Werk liest sich zu theoretisch. Deshalb haben sich viele Psychologen und Forscher nach ihm bemüht, die Jung'sche Lehre für die Praxis anwendbar zu machen. Zwei dieser Versuche möchten wir hier noch vorstellen:

→ den MBTI
→ die INSIGHTS-Typenlehre

Der Myers-Briggs Typenindikator – MBTI

Zwei amerikanische Psychologinnen, Katherine Briggs und ihre Tochter Isabel Myers, entwickelten in den dreißiger und vierziger Jahren des vorigen Jahrhunderts einen Fragenkatalog zu den Jung'schen Typen und erweiterten das Modell auf insgesamt 16 Persönlichkeits-Typen. So entstand der MBTI, der wohl derzeit weltweit am meisten eingesetzte Test zur Feststellung der Typenzugehörigkeit.

Der MBTI dient der Feststellung eines Präferenz- und Potenzialprofils und wird hauptsächlich im Wirtschaftsbereich eingesetzt. Kommunikations- und soziale Kompetenz, Arbeits- und Führungsstil einzelner Mitarbeiter sollen dadurch ermittelt werden. Der Indikator hilft aber auch zur besseren Selbsterkenntnis.

Den einzelnen Einstellungen und Funktionen werden dabei Buchstaben zugeordnet.

Wie steht der Einzelne zu seiner Umwelt, woher bezieht er seine Energie?

E extrovertiert oder I introvertiert

Der Extrovertierte E bezieht seine Energie aus seiner Umwelt, aus Menschen und Dingen, die ihn umgeben. Er geht aktiv auf Leute zu, ist redegewandt und der Außenwelt zugewandt.

Menschen erkennen und einteilen – ein uraltes Thema

Der Introvertierte I dagegen bezieht seine Energie aus seinem Innenleben, aus seinen Gedanken und Ideen. Er schützt daher seine Privatsphäre, ist reserviert nach außen, geht aber bei Problemen reflektierend in die Tiefe.

Wie nimmt er die Wirklichkeit wahr?
S sinnlich oder **N** intuitiv

Menschen mit einer Präferenz für sinnliche Wahrnehmung (S) gebrauchen all ihre Sinne, um Dinge zu begreifen. Sie sind praktisch, an Tatsachen orientiert und nehmen Dinge sehr gegenständlich mit Details wahr. Sie sind die mit beiden Beinen fest auf dem Boden der Tatsachen stehenden Realisten. Die intuitiven Wahrnehmer (N) hingegen verlassen sich lieber auf ihr Gespür und auf ihre Fantasie. Sie sehen die Strukturen hinter den vordergründigen Tatsachen und denken gerne abstrakt und spekulativ. Der Gesamtzusammenhang und zukünftige Entwicklungen sind wichtiger als Realitäten.

Wie trifft er typische Entscheidungen?
T analytisch oder **F** gefühlsmäßig

Der analytische Typ T trifft seine Entscheidungen auf Grund von logischen, objektiven Kriterien. Er entscheidet mit dem Kopf, Gefühle bleiben dabei unbeachtet. Er kalkuliert Vor- und Nachteile, ordnet nach Gesetzmäßigkeiten und Kategorien. Fehler spürt er sofort auf. Der gefühlsorientierte Entscheider F vertraut dagegen vorwiegend auf seine emotionale Intelligenz. Seine subjektive Wertevorstellung ist dabei die Richtlinie. Fehler können durchaus auch einmal übersehen werden, dafür werden die Gefühle der anderen respektiert, sie können sich gut in andere hineindenken.

Zu welchem Lebensstil neigt er?
J organisiert oder **P** flexibel

Der organisierte Typ J plant genau, zieht anhand der verfügbaren Informationen relativ rasch seine Schlüsse und handelt dann. Entschlossenheit und Strukturierung bestimmen seinen Arbeits- und Lebensstil. Routine ist ihm wichtig. Eingehaltene Termine und Fristen, klare Ergebnisse und Produktivität ebenso. Der flexible Typ P dagegen hält sich lieber mehrere Optionen offen, bevor er dann eher spontan handelt. Abgeschlossene, „erledigte" Dinge mag er gar nicht, sein Prinzip lautet: „Der Weg ist das Ziel".

Terminvorgaben sind für ihn daher nicht verbindlich, lieber widmet er sich zwischendurch Neuem, Interessantem. Routine ist ihm unangenehm, er mag es lieber vielfältig und abwechslungsreich.

Auch beim MBTI gilt analog zu Jung, dass jeder Mensch meist beide Anlagen in sich trägt, jedoch in den einzelnen Kategorien jeweils zu einer Richtung tendiert. Daraus ergibt sich dann ein **Vier-Buchstaben-Code**, der 16 mögliche Typen beschreibt.

Der erste und der letzte Buchstabe des Codes stehen für die beiden Präferenzbereiche Energie und Lebensstil und beschreiben die **Einstellungen**. Die mittleren beiden Buchstaben stehen für die Präferenzbereiche Wahrnehmung bzw. Entscheidung und beschreiben die **Funktionen**.

Das Persönlichkeitsprofil wird dabei anhand eines 90 Fragen umfassenden Fragebogens ermittelt. Dabei geht es nicht um Wertung von „besseren" und „schlechteren" Typen, vielmehr geht es um Selbsterkenntnis, ums Erkennen der dynamischen Prozesse in der eigenen Persönlichkeit. Somit geht es auch bei dieser Typologie hauptsächlich um die ichbezogene Sichtweise und nicht so sehr um den möglichen Umgang mit einem anderen. Instrumente wie der MBTI bleiben somit den Fachleuten wie Richard Bents und Reiner Blank (siehe Literaturverzeichnis) vorbehalten.

Das DISG-Modell von William Marston

Der amerikanische Psychologe William Marston brachte 1929 sein Buch „Emotions of Normal People" heraus. Darin fasst er seine Beobachtungen menschlichen Verhaltens zusammen. Sein Modell besteht aus vier verschiedenen Verhaltensmustern:

D	–	Dominant
I	–	Initiativ
S	–	Stetig
G	–	Gewissenhaft

Ähnlich wie bei Jung werden Typen aber auch nach den folgenden Kriterien unterschieden:

→ Introvertiert
→ Extrovertiert

Menschen erkennen und einteilen – ein uraltes Thema

→ Menschenorientiert – emotional
→ Sachorientiert – rational

Daraus ergibt sich eine Vier-Felder-Matrix[1]:

Das DISG-Modell

← INTROVERTIERT – EXTROVERTIERT →

EISBLAU	FEUERROT
Gewissenhaft	**Dominant**
vorsichtig	fordernd
präzise	entschlossen
besonnen	willenstark
hinterfragend	zielgerichtet
formal	sachorientiert

Stetig	**Inspirativ**
achtsam	umgänglich
ermutigend	enthusiastisch
mitfühlend	offen
geduldig	entspannt
entspannt	redegewandt
ERDGRÜN	SONNENGELB

↑ RATIONAL
↓ EMOTIONAL

Abbildung 4: Das DISG-Modell

Anhand eines Fragebogens kann jeder sein eigenes Persönlichkeitsprofil erstellen. Dieses Profil misst das Verhalten in einem bestimmten konkreten Umfeld und lässt die eigenen Stärken und Schwächen erkennen.

D – Dominanter Typ – rot

Dieser Typ liebt die Herausforderung. Er hat ein ausgeprägtes Konkurrenzdenken, ist abenteuerlustig und wagemutig. Er übernimmt gerne Verantwortung und trifft schnell Entscheidungen, er handelt ergebnisorientiert. Er liebt neue und abwechslungsreiche Tätigkeiten.

---

[1] Nach: L.J. Seiwert, F. Gay: „Das 1x1 der Persönlichkeit", 1996

I – Initiativer Typ – gelb

Er geht offen auf andere zu und knüpft leicht Kontakte. Er ist herzlich und zeigt seine Gefühle offen. Ihm ist wichtig, welchen Eindruck er bei anderen hinterlässt, er sucht Anerkennung und Beliebtheit. Er scheut Detailarbeit und Kontrolle. Oft wirkt er etwas oberflächlich.

S – Stetiger Typ – grün

Der stetige Typ ist der ideale Team-Player. Er ist locker und umgänglich und arbeitet gerne mit anderen zusammen. Allerdings schätzt er klare, geordnete Verhältnisse und gleich bleibende Arbeitsabläufe. Sicherheit und Stabilität sind ihm wichtig. Er braucht die ehrliche Anerkennung anderer. In der Gruppe ist er eher der geduldige Zuhörer als der Anführer.

G – Gewissenhafter Typ – blau

Er legt großen Wert auf Qualität, erledigt Aufgaben sehr genau und achtet auf das Vermeiden von Fehlern. Er vertraut auf Bewährtes, er befolgt Anweisungen und Normen gewissenhaft. Er ist eher vorsichtig, beobachtet genau und sehr kritisch. Präzise und sorgfältige Planung sind ihm wichtig.

Dieses durchaus praxistaugliche Modell dient ebenfalls der Selbstanalyse. Der Einzelne kann damit seinen eigenen Arbeitsstil kritisch durchleuchten und die eigene private und berufliche Situation bewerten. Das Modell liefert auch Hinweise darauf, welchen Beitrag der einzelne Typ zu Organisationen und Teams zu leisten fähig ist.

Die INSIGHTS-Potenzialanalyse

Diese Methode der Persönlichkeitsanalyse verbindet die Erkenntnisse C.G. Jungs, seiner Schülerin Jolande Jacobi (sie entwickelte zur besseren Anwendung des sehr theoretischen Modells von Jungs Typenlehre das so genannte Jung/Jacobi-Rad, das die Typen mit ihren Überschneidungen in einem Kreis mit farbigen Segmenten darstellt) und das DISG-Modell.

Menschen erkennen und einteilen – ein uraltes Thema

Die INSIGHTS-Potenzialanalyse unterscheidet zwischen dem

→ natürlichen Verhalten (grundsätzlicher Stil) und dem
→ Verhalten im beruflichen Umfeld (adaptierter Stil)

Diese Unterscheidung gibt Antworten auf folgende Fragen:

→ Wie ist jemand wirklich?
→ Wie bemüht sich jemand zu sein?
→ Wie muss er beruflich sein?

Nach den „Farbtypen" unterscheidet man in:

Rot – Der Macher, Cheftyp, der nur Stärke akzeptiert
Gelb – Der Kreative, Gesellige, eher oberflächlicher Motivator, Verkäufer
Grün – Der einfühlsame Zuhörer, eher verschlossen, braucht Sicherheit, klare Anweisungen und Routine
Blau – Der Einzelkämpfer und Perfektionist, detailverliebt, ordnungsliebend

Wie auf dem Rad in Abbildung 5 ersichtlich, entstehen je nach „Farbmischung" acht Haupttypen. Auf Grund von Mischformen ergeben sich insgesamt 60 Typen.

Die INSIGHTS-Potenzialanalyse

Direktor	Rot	Extrovertiertes Denken
Motivator	Rot/Gelb	Extrovertierte Intiution
Inspirator	Gelb	Extrovertiertes Fühlen
Berater	Gelb/Grün	Fühlen
Unterstützer	Grün	Introvertiertes Fühlen
Koordinator	Grün/Blau	Introvertiertes Empfinden
Beobachter	Blau	Introvertiertes Denken
Reformer	Blau/Rot	Denken

Abbildung 5: Das INSIGHTS-Rad mit den acht Haupttypen

Menschen erkennen und einteilen – ein uraltes Thema

Die acht INSIGHTS-Typen im Überblick

Der Direktor

Er ist der absolut rote Typ – der geborene Kämpfer, Macher und Führer. Er verfügt über ein ausgeprägtes Ego, er übernimmt gerne Verantwortung. Er ist aber auch kritisch und will die Kontrolle ungern aus der Hand geben. Da er sein Ziel immer klar vor Augen hat, trifft er auch Entschlüsse sehr rasch und ist durchaus risikofreudig. Er delegiert viel und gerne. Werden seine Erwartungen nicht erfüllt, kann er sehr ungeduldig und ärgerlich werden. Durch seine dominante und eher kühle, manchmal schroffe Art flößt er anderen oft Angst ein.

Der Motivator

Er ist der rot-gelbe Mischtyp. Auch ihm sind seine Ziel und das Erreichen von Ergebnissen wichtig, jedoch ist er mehr personenbezogen. Mit seinem Enthusiasmus und seiner Begeisterung kann er andere gut mitreißen. Da er auch die Stärken und Fähigkeiten anderer gut erkennen und einsetzen kann, ist er der geborene Teamleiter. Er braucht jedoch auch die Anerkennung der anderen. Läuft es im Team nicht so rund, kann er auch sehr ärgerlich, ungeduldig und bisweilen sogar aggressiv werden.

Der Inspirator

Er ist der ausgeprägte gelbe Typ. Die ständige Nähe anderer Menschen ist ihm am wichtigsten. Er ist unterhaltsam, beliebt und eloquent. Seine Beliebtheit ist ihm daher auch ein stetes Anliegen. Er sprüht vor Ideen und wirkt sehr mitreißend. Sein Arbeitsstil ist eher chaotisch, er erscheint oft oberflächlich, leichtsinnig und unbeständig.

Der Berater

Er ist der gelb-grüne Mischtyp. Auch er kann gut auf andere zugehen, ist jedoch eher der einfühlsame, verständnisvolle Zuhörer. Anderen zu helfen und gute persönliche Beziehungen sind ihm wichtig. Andererseits verfügt er über eine klare, analytische Sichtweise und kann auch komplexe Zu-

Die INSIGHTS-Potenzialanalyse

sammenhänge gut durchschauen. Er arbeitet gerne mit anderen zusammen, ist jedoch kein Führertyp. Er scheut Konflikte und gibt daher lieber nach. Dabei macht er oft Zugeständnisse, die er später bereut.

Der Unterstützer

Er ist der grüne Typ. Er steht nicht gerne im Rampenlicht, hält sich eher zurück. Lieber hat er weniger Kontakte, diese Beziehungen pflegt er aber besonders und ist äußerst hilfsbereit. Er ist umgänglich und verlässlich. Stabilität, Sicherheit, Ordnung und ein gleich bleibendes Umfeld sind ihm wichtig. Stimmen diese Rahmenbedingungen, kann er sich beruflich sehr intensiv engagieren. Termindruck und drohende Veränderungen jedoch bewirken bei ihm passiven Widerstand. Dann zieht er sich in sich zurück.

Der Koordinator

Er ist der grün-blaue Mischtyp. Er ist ebenfalls betont hilfsbereit, allerdings hat er auch eine stark ausgeprägte perfektionistische Ader. Er braucht ein deutlich strukturiertes und diszipliniertes Arbeitsumfeld, wo er stets den Überblick behalten kann. Dann ist er sehr ausdauernd und loyal. Er wirkt nach außen eher zurückhaltend und seriös. Konflikte trägt er nicht sehr gerne aus, in diesem Fall zieht er sich eher zurück.

Der Beobachter

Er ist der durch und durch blaue Typ. Er ist ein objektiver Denker, der sehr diszipliniert und gewissenhaft arbeitet. Er will den Dingen immer auf den Grund gehen, auch wenn es etwas länger dauert. Zu viele Emotionen sind ihm unheimlich. Er arbeitet daher auch lieber alleine. Er hat Angst, Fehler zu machen, und Veränderungen und Unvorhersehbares schätzt er ebenso wenig wie Zeitdruck. Dem entzieht er sich durch inneren Rückzug.

Der Reformer

Er ist der blau-rote Mischtyp. Er ist der Perfektionist, den Details weniger interessieren als Ergebnisse. Er ist ein guter Analytiker, der aber auch gerne Entscheidungen trifft. Die Sache, von der er einmal überzeugt ist, ist ihm

Menschen erkennen und einteilen – ein uraltes Thema

wichtiger als die Personen. Daher ist es ihm auch egal, was seine Umwelt von ihm denkt. Er wirkt kühl und sehr kritisch. Vor allem mit oberflächlichen, unordentlichen Menschen kann er sehr ärgerlich und beleidigend werden.

Auf Grund von Testbögen wird computerunterstützt der jeweilige Typ ermittelt. Häufig findet dieses Instrument im Personalbereich Anwendung. Eine solche Potenzialanalyse aller Teammitglieder ermöglicht beispielsweise das Erkennen von Kommunikationsproblemen im Team. Außerdem lässt sich feststellen, welcher Typ bei Neubesetzungen gut ins bestehende Team passt.

Neben diesen hier näher vorgestellten und erläuterten Typologien gibt es natürlich noch eine Vielzahl anderer Verfahren, die zum Ziel haben, Menschen leichter zu durchschauen und in Kategorien einzuteilen.

So befasst sich die **Astrologie** mit den Auswirkungen von Geburtsort und -zeit auf den Charakter und das Schicksal eines Menschen. Andere Theorien basieren auf der Analyse eines Zusammenhangs von **Blutgruppe** und Charakter eines Menschen. Aus der Handschrift versucht die **Graphologie** gewisse Eigenschaften zu erkennen. Diese Aufzählung ließe sich noch um einige mehr oder weniger wissenschaftlich gestützte Modelle erweitern. Wir erheben hier keinen Anspruch auf Vollständigkeit und wollen auch die einzelnen Methoden in keiner Weise werten. Manche sind aussagefähiger, andere weniger. Fast allen ist jedoch gemeinsam, dass sie eine ausführliche Befassung, ein genaues Studium der Materie erfordern.

Für die Selbstanalyse sind einige der aufgezählten Methoden durchaus gut geeignet. Sich mit der eigenen Persönlichkeit zu befassen, hat schließlich noch niemandem geschadet. Hauptsächlich geht es jedoch dabei um die Chance, sich weiterzuentwickeln, seine positiven Seiten zu erkennen und zu verstärken. Wer die Selbstanalyse dazu nützt, ist sicher auf dem richtigen Weg.

Anders sieht es bei der Analyse der Mitmenschen aus. Wer vorschnelle Urteile über andere fällt, hat sich schon oft getäuscht. Wir sind vielschichtige und komplexe Wesen. Unsere Persönlichkeit macht zahlreiche Facetten aus, wie ein Puzzle formen sich unterschiedlichste Teile zu einem Ganzen. Wer auch nur ein Puzzleteil übersieht, erhält kein vollständiges Bild. Hüten wir uns also davor, Menschen vorschnell in Verhaltens-Schubladen zu stecken.

Die INSIGHTS-Potenzialanalyse

Keine dieser Typologien kann umfassend alle Merkmale menschlichen Verhaltens erfassen. Jede konzentriert sich auf bestimmte Faktoren, bestimmte Ausschnitte der Wirklichkeit. Nur wer sehr behutsam und mit viel Fachkenntnis an die Sache herangeht, erhält aussagekräftige Ergebnisse.

Wir wollen uns daher nicht einer stereotypen Einteilung unserer Mitmenschen widmen. **Uns geht es um den situativen Ansatz und um rasch in die Praxis umsetzbare Lösungen und Tipps.** Wenn jemand in einer bestimmten Situation so oder so reagiert, wie gehe ich damit um? Denn es heißt ja noch lange nicht, dass ein Mensch, der mir besonders angeberisch begegnet, nicht in einer anderen Lebenssituation bescheiden und zurückhaltend reagiert. Wir haben alle mehrere Gesichter, die es zu erkennen gilt.

Hier geht es also um Ihren persönlichen Umgang mit Nervensägen, mit Menschen, die in der einen oder anderen Situation zu schwierigen Zeitgenossen werden – auch wenn andere vielleicht keine Probleme mit ihnen haben. Wir richten dabei unser Augenmerk vordringlich auf die berufliche Situation. Im nächsten Kapitel wollen wir uns genau mit diesem Phänomen befassen: Wie wird jemand für uns zum Quälgeist? Und warum tut sich die Kollegin mit dieser Nervensäge viel leichter?

2 Einmal schwierig – immer schwierig?

Die Entwicklungsgeschichte von Nervensägen

Wird man als Nervensäge geboren? Steht es in den Sternen, ob jemand ein schwieriger Mensch wird? Ist gar schon im Moment der Zeugung festgelegt, ob der zukünftige Erdenbürger zur Bürde und Last für seine Mitmenschen wird?

Oder ist es die Umwelt, die vom ersten Moment an den Menschen prägt, beeinflusst und verändert? Wann und wodurch wird man eine solche oder eine andere Nervensäge?

Diese Fragen beschäftigen die Entwicklungspsychologie seit langem. Und eines ist klar: Kein Mensch ist von Geburt an so veranlagt, dass er unentrinnbar zum Plagegeist heranreift, egal, wie seine Persönlichkeit sonst noch von seinem Umfeld geprägt wird. Genetische Veranlagungen sind zwar immer vorhanden, doch was daraus wird, entscheidet sich erst im Laufe eines lebenslangen Entwicklungsprozesses. So wie ein Malkasten eine bestimmte Anzahl an unterschiedlichen Farben beinhaltet – aber welches Bild damit gemalt wird, das entscheidet sich erst beim Malen selbst.

Veranlagung und äußere Einflüsse

Entwicklung heißt nach heute gängiger Auffassung, dass es nur wenige Verhaltensänderungen gibt, die auf reine Reifeprozesse ohne äußere Einflusse zurückzuführen sind. **Chris Argyris** geht davon aus, dass sich die Persönlichkeit eines Menschen auf einem Kontinuum zwischen Unreife (Kind) und Reife (Erwachsener) entwickelt. Allerdings erfolgt die Persönlichkeitsentwicklung nicht zwangsläufig zu mehr Reife, sondern sie kann

Die Entwicklungsgeschichte von Nervensägen

durch innere und äußere Einflüsse gehemmt werden. Jeder Mensch kann sich in verschiedenen Lebensphasen an ganz unterschiedlichen Punkten der einzelnen Kontinua (z.b. Selbsterkenntnis und Selbstkontrolle) befinden.

Die Veränderungen der menschlichen Psyche erklären sich daher vorwiegend durch Lernprozesse. Die Anlagen des Menschen entwickeln sich nicht unbedingt nach einem genetisch vorgegebenen Muster, sondern hauptsächlich durch lernbezogene Herausforderungen. Manche Verhaltensformen lassen sich dabei sehr direkt von den soziokulturellen bzw. pädagogischen Einflüssen herleiten (z.B. das Trotzalter).

Lotte Schenk-Danzinger teilt die bestimmenden Elemente unserer Entwicklung in folgende Faktoren ein:

→ genetische Faktoren
→ soziokulturelle Faktoren
→ innerseelische dynamische Faktoren

Die **genetischen Faktoren** sind die angeborenen Veranlagungen, die Farben im Malkasten. Die **soziokulturellen Faktoren** sind von der sozialen Gruppe, der man angehört, und deren Wertesystem abhängig. Welches Bild soll mit den vorhandenen Farben gemalt werden? Was ist schön, was zu bunt? Die **innerseelischen dynamischen Faktoren** spielen sich in uns selbst ab, also im Inneren des Malers. Was findet er schön? Möchte er vielleicht so malen (so sein) wie sein bester Freund? Oder genau das Gegenteil vom verhassten Zeichenlehrer? Viele Faktoren bestimmen also, wie das endgültige Bild aussieht. Manche Bilder sind relativ rasch fertig, oft wird auch während des Malens aufgehört, obwohl noch genügend Farbe vorhanden wäre. Andere Bilder werden bis zum letzten Pinselstrich immer wieder verändert, ergänzt, übermalt. Genau so verhält es sich auch mit unterschiedlichen Persönlichkeiten. Daher besteht also auch noch bei der größten Nervensäge Hoffnung. Vielleicht übermalt sie ja den nervenden Teil ihrer Persönlichkeit mit einer neuen, angenehmeren Farbe...

Aber zurück zur Persönlichkeitsentwicklung: Der größte Teil der Entwicklung passiert – laut derzeitigem Stand der Wissenschaft – in unserer Kindheit und Jugend. Bei den soziokulturellen Faktoren spielen die Eltern zunächst die größte Rolle. Ihr Wertesystem wird zum ersten Korrektiv für die Persönlichkeitsentwicklung des Kleinkindes. **Erwin Ringel** hat gesagt, dass das eigentliche Problem der Entwicklungsbeeinflussung nicht bei der **Institution Familie** zu suchen ist, sondern vorwiegend bei den Menschen, welche die Familie formen. Das Kind lernt am Modell von Vater und Mutter. Es imitiert Verhaltensweisen. Es ist daher geprägt davon, wie die Eltern miteinander und mit anderen umgehen.

Das Kind beobachtet auch sehr genau, ob die Eltern die Grundsätze, die sie predigen, auch tatsächlich leben. Kinder sind in dieser Hinsicht schwer zu täuschen, sie durchschauen die elterlichen Fassaden sehr genau. So ist die Forderung an die Eltern klar: Nicht Perfektion, der schöne Schein sind wichtig, sondern Echtheit ist gefragt. Werte, die ich meinen Kindern predige, muss ich auch leben. Viele spätere Nervensägen entwickeln sich genau aus diesem Konflikt heraus. Sie versuchen zeit ihres Lebens und oft auf Kosten anderer das perfekte Bild darzustellen und werden dadurch zur Nervenprobe für ihre Umwelt.

Bewusste Steuerung und unbewusste Prozesse

Die innerseelischen dynamischen Faktoren lassen sich in die bewusste Selbststeuerung und die unbewussten dynamischen Prozesse untergliedern. Die aktive, **bewusste Selbststeuerung** macht sich ab dem zweiten Lebensjahr bemerkbar, wobei es letztlich wieder von der Erziehung abhängt, welcher Raum diesen Tendenzen gewährt wird. Am stärksten stellt sich diese Frage in der Pubertät, in der der junge Mensch zunehmend bewusst seine Ziele und zukunftsgerichteten Tendenzen festlegen sollte. Bekommt er auch den dafür nötigen Spielraum? Oder sind es wieder die Eltern, die Schule, die Umwelt, die diesen Prozess ausschließlich steuern?

Alfred Adler spricht im Zusammenhang mit **unbewussten dynamischen Prozessen** von **Leitlinien** oder **Leitbildern**, die die Erfahrungen, die das Kind in früheren sozialen Kontakten macht, verfestigt. Diese Leitlinien können positiv („Die Welt ist gut, alle haben mich lieb") bis sehr negativ geprägt sein („Ich bin nichts wert, niemand hat mich lieb"). So verfestigen sich optimistische oder eher pessimistische Lebenseinstellungen. Der innere Prozess wird vom Erziehungseinfluss gelenkt.

Viele Persönlichkeitstypen neigen dazu, bestimmte Tendenzen zu verfestigen. So wird beim negativen Leitbild alles an Erfahrungen gesammelt, was genau dieses Bild verstärkt. Gegenläufige Tendenzen, wie zum Beispiel lobende Worte des Chefs, werden erst gar nicht wahrgenommen, sondern vom persönlichen Filter abgesondert oder so umgedeutet, dass wieder das negative Bild gefestigt wird („Jetzt hat er mich zwar einmal gelobt, aber sonst ist ja immer alles schlecht, was ich mache, sonst würde er mich ja immer loben.").

So wird deutlich, wie sehr alle drei Faktoren unserer Entwicklung zusammenwirken. Die ersten soziokulturellen Einflüsse, die familiäre Geborgenheit bestimmen spätere innerseelische dynamische Faktoren mit. Das Fehlen familiärer Strukturen, die diese Geborgenheit sichern, kann sich daher entscheidend negativ auf die Persönlichkeitsentwicklung auswirken.

Die Peer-Group

Doch nicht nur die Familie bestimmt die entwicklungsrelevante Umwelt eines Heranwachsenden. Auch das Angenommensein in einer **Peer-Group** ist wichtig. Unter Peer-Group ist eine bestimmte Bezugsgruppe des Jugendlichen zu verstehen, die aus Personen gleichen Alters, gleicher oder ähnlicher Interessenlage und ähnlicher sozialer Herkunft besteht. Diese Gruppe beeinflusst die Persönlichkeit entscheidend mit, vor allem, was die Werturteile und somit auch das Handeln angeht. Einheitliche Modetrends, eine spezielle Sprache, Umgangsformen und Verhaltens-Codes prägen die Zugehörigkeit. Die Peer-Group will sich vor allem auch bewusst von bestimmten Einzelpersonen oder Personengruppen abheben, lehnt sich durch ihr Auftreten dagegen auf. Ist so eine Gruppe zu bestimmend für die Entwicklung des Einzelnen, gibt er die eigene Persönlichkeitsentwicklung vorrangig in die Hände der Gruppe, so kann dies bei Verlust der Zugehörigkeit oder Zerfall der Gruppe zu schweren Störungen führen. Jugendliche, die sich von der von ihnen angestrebten Peer-Group nicht angenommen fühlen, entwickeln unterschiedliche Strategien, um doch akzeptiert zu werden. Das kann ihren späteren Umgang mit den Mitmenschen ebenfalls entscheidend negativ beeinflussen. Ist die Tendenz zur Anpassung zu ausgeprägt, entsteht der klassische „Mitläufer-Typ", der stets mit der Gruppe konform gehen will und auch damit zum Problemfall wird.

So haben die gesellschaftspolitischen Verhältnisse sehr wohl Einfluss auf die Entwicklung des Einzelnen. Familie, Kinderbetreuung, Schule, Vereine,

Einmal schwierig – immer schwierig?

Medien, Ausbildungsplätze, Freizeitangebote – es gibt unendlich viele Möglichkeiten, die Entwicklung eines Menschen in eine nicht immer positive Richtung zu lenken. Wir wollen uns hier nicht mit den wirklich ernsthaften Störungen auseinander setzen, die manch tiefe seelische Verletzung hervorruft. Bleiben wir bei den vielen kleinen negativen Auswirkungen, die dann zur Entwicklung der einen oder anderen Nervensäge führt.

Bewusstes Mitgestalten

Doch ist es wirklich so einfach? Sind wirklich immer die Eltern, die Schule, die Umwelt ganz allgemein schuld? Das Aufspüren von negativen Erziehungseinfüssen im Elternhaus und in der Schule ist heute fast schon zum beliebten „Freizeitvergnügen für Selbstverwirklicher" geworden. Es ist eben sehr leicht, all die „bösen" Tendenzen in der eigenen Persönlichkeitsentwicklung anderen in die Schuhe zu schieben. Natürlich machen Eltern und Lehrer oft genug entscheidende Fehler. Viele Eltern folgen dabei den Erziehungseinflüssen, die sie selbst als Kind erlebt haben – sofern sie nicht bewusst mit diesen Erfahrungen umgehen. So kann ein Kreislauf an negativer Prägung entstehen, der nur durch gezieltes Hinterfragen der eigenen Erziehungseinflüsse durchbrochen werden kann. Doch dann erst beginnt die eigentliche Knochenarbeit: das bewusste Mitgestalten an der eigenen Persönlichkeit. Machen wir es uns also nicht zu leicht: Schuldige an unseren „Nervensägenqualitäten" wären leicht gefunden – wirklich etwas ändern wird diese reine Ursachenforschung aber nicht.

Die eigene Persönlichkeitsentwicklung im Sinne der innerseelischen dynamischen Faktoren vorantreiben kann ich nur selbst. Wer zeit seines Lebens eine lieblose Mutter, einen überforderten Grundschullehrer für alle seine Probleme verantwortlich macht, wird nie zu einem sozial kompetenten Mitglied unserer Gesellschaft heranreifen.

Wir wollen bei den einzelnen Nervensägen-Typen auch auf den Aspekt ihrer möglichen „Entwicklungsgeschichte" eingehen. Diese Hinweise sollen Ihnen helfen, besser hinter die Kulissen zu blicken. Sie sollen aber nicht als Entschuldigung herhalten, etwa nach dem Motto: „Du arme Kollegin hast eine schwere Kindheit gehabt, ist ja kein Wunder, wenn du jetzt alle rund um dich nervst!" Den anderen verstehen heißt nicht, ihn aus der Verantwortung zu nehmen. Vielmehr bedeutet es, mit den Auswirkungen op-

Die Entwicklungsgeschichte von Nervensägen

timal umgehen zu können, die eigenen Strategien anpassen zu können. Und es heißt auch, die eigenen Entwicklungsprozesse besser zu verstehen und bei sich selbst zu beginnen, die Welt etwas „nervensägenfreier" zu gestalten.

Malen Sie Ihr eigenes Lebensbild, mit all Ihren Farben, und hören Sie nie auf, es zu erweitern!

Abbildung 6: Malen Sie Ihr eigenes Lebensbild

Einmal schwierig – immer schwierig?

Unsere verschiedenen Rollen

Verlässliche und aktuelle Kommunikationstheorien gehen davon aus, dass Kommunikation stets ein wechselseitiger Prozess ist. Die Aktion des einen ruft eine Reaktion bei seinem Gegenüber hervor. Genauso vielschichtig, wie die einzelnen Persönlichkeiten sind, entwickeln sich auch diese Kommunikations-Beziehungen. Ein und dieselbe Person kann also ganz unterschiedliche Kommunikations-Verhaltensweisen an den Tag legen, je nachdem, mit wem sie gerade kommuniziert. Daraus erklärt sich auch das Phänomen, dass ein und dieselbe Person für den einen ein netter Zeitgenosse und für den anderen eine unerträgliche Nervensäge ist.

Montagmorgen im Büro: Der Schreibtisch quillt über vor unerledigten Arbeiten, der Chef will ein dringendes Gespräch, und genau in diesem Moment läutet Ihr Telefon. O Schreck! Wie auf dem Display eindeutig ersichtlich, naht Ungemach! Diese Nummer gehört Ihrem erklärten Lieblingskunden, Herrn Nervig. Jedes Gespräch mit ihm wird zur absoluten Geisterbahnfahrt. Er fordert ständig neue Rabatte, ist nie zufrieden, meckert herum und wird zwischendurch persönlich und beleidigend. Gerade der hat heute noch gefehlt!

In diesem Moment höchster Verzweiflung fällt Ihr Blick auf die neue, engagierte Kollegin. „Sei so nett und übernimm du das Gespräch, ich muss dringend zum Chef ...!" Mit dem festen Vorsatz, bei der Kollegin mit einem schönen Stück Kuchen aus der Konditorei alles wieder gutzumachen, eilen Sie davon.

Als Sie wieder an Ihren Arbeitsplatz zurückkehren, sitzt Ihre Kollegin mit zufriedenem Blick an ihrem Tisch. „Der Herr Nervig ist eigentlich ganz nett, er will zwar immer alles ganz genau wissen, aber mit solchen Typen hab ich in der vorigen Firma schon gelernt, umzugehen. Lustig, dass gerade der so heißt ...", antwortet sie auf Ihre bange Frage. Na, vielleicht essen Sie ja das Stück Kuchen doch selbst ...

Ein typische Büro-Alltagsgeschichte, die zeigt, wie einfach der Umgang mit Nervensägen oft sein kann – bei entsprechender Strategie. Jedoch nicht immer ist eine unbelastete Kollegin vorhanden, und es bleibt uns nichts anderes übrig, als uns selbst mit unseren Herren und Frauen Nervig herumzuschlagen. Auf die entsprechende Strategie kommen wir später noch zurück. Aber so viel sei hier schon vermerkt: Solange wir den immer gleich ablaufenden Kommunikationskreislauf nicht durchbrechen, wird sich in unserem Verhältnis zueinander nichts Wesentliches ändern.

Diese unterschiedlichst ablaufenden Kommunikationsprozesse sind mit ein Grund, dass ein und dieselbe Person in unterschiedlichen Lebenssituationen unterschiedliche Rollen spielt.

> *Der Chef, Herr Fürcht, ist im Büro als absoluter Tyrann verschrien. Seine Wutausbrüche sind legendär, er reagiert unberechenbar und meist äußerst heftig. Besonders die Schwächeren, wie beispielsweise die junge, neue Kollegin, sind seine Lieblingsopfer. Wehe, wenn die in einem schlechten Moment in sein Schussfeld geraten. Da läuft er zur Höchstform auf, schreit und tobt, dass die Wände wackeln. Ein Beschluss, eine Anordnung, die er einmal getroffen hat, kann unter keinen Umständen mehr in Frage gestellt werden. Er macht nicht nur die Gesetze, er ist das Gesetz ...*
>
> *Eines Tages treffen Sie ihn zufällig auf dem Bahnhof, wo er seine Frau vom Zug abholt. Und Sie trauen Ihren Augen kaum: Ihr Büromonster schiebt brav und geduldig, in gebückter Haltung und mit hochrotem Kopf ob der Anstrengung einen überdimensionalen Koffer hinter seinem Eheweib her. Sie geht mit herrischer Miene voran und Sie hören gerade noch, wie er „Aber natürlich, mein Häschen!" sagt. Haben Sie sich getäuscht, oder hatte er tatsächlich auch noch Häschens Handtasche unter dem Arm geklemmt? ...*

Zugegeben, da haben wir eben einige Klischees besonders arg strapaziert. Mag der Rollenwechsel auch nicht immer ganz so heftig erfolgen – sehr oft spielt sich Ähnliches ab. Es kann gut sein, dass jemand den Druck, dem er in einer seiner Beziehungen ausgesetzt ist, an anderer Stelle weitergibt.

Frühe Rollenspiele

Manchmal reagieren wir aber auch genau so, wie es unser Gegenüber erwartet. Bei Kindern ist dieses Verhalten oft sehr deutlich zu beobachten.

> *Sie gehen mit Ihrer kleinen Tochter zur Lieblingsfreundin, die der festen Überzeugung ist, es gäbe kein reizenderes Kind als das Ihre.*

Einmal schwierig – immer schwierig?

Und vom ersten Moment an ist die Kleine auch einfach hinreißend. Sie lächelt hold, sagt bitte und danke, sitzt artig am Tisch und lobt auch noch strahlend: „Mhh, dein Kuchen ist der beste!" Dann malt sie mit Begeisterung ein Bild für die Gastgeberin und Sie beide können in Ruhe tratschen. Wie entspannt! Die Freundin ist wieder einmal hellauf begeistert und Ihr Stolz ist groß ob des eigenen Wunderkindes.

Ganz anders dann das Bild bei der strengen Tante Helga. Die ist wiederum felsenfest überzeugt, es gäbe kaum ein schlechter erzogenes Kind als das Ihre. Ist ja auch kein Wunder, wenn die gleiche Zaubermaus plötzlich bei Tante Helga den Schokokuchen aufs weiße Sofa kleckert, mit den klebrigen Händen auch noch das Fenster verziert und ständig fragt: „Wann gehen wir denn endlich wieder?"

Fast allen Eltern werden diese Situationen bekannt vorkommen. Kinder lernen auf diese Weise schon sehr früh, dass es eben verschiedene Lebenssituationen gibt und man in verschiedene Rollen oft geradezu gedrängt wird. In der Schule verfestigen sich diese „Rollenspiele" noch weiter. Lehrer, die vor überfüllten Klassen stehen, können nicht in jeder Situation unvoreingenommen an die Leistung jedes Einzelnen herangehen. Und so wird jeder Schüler sehr schnell in ein bestimmtes Fach eingereiht: „guter Schüler", „intelligent, aber faul", „grundsätzlich bockig", „faul und dumm"... Oft hört man von solchen weniger gut beurteilten Schülern: „Es ist ja völlig egal, was ich mache, der Lehrer glaubt ja höchstens, ich hätte irgendwo abgeschrieben!"

Wer schon so früh lernt, dass das eigene Rollen-Klischee sowieso schon feststeht, der schafft sich in neuen Beziehungen oft schon unbewusst wieder die gleichen Rahmenbedingungen. Er strahlt ein gewisses Bild aus und wird auch sofort wieder in die gleiche Ecke gestellt. Daher kann es gerade für einen Jugendlichen eine sehr nachhaltige Erfahrung sein, einmal in ein Umfeld zu kommen, wo niemand ein vorgefasstes Bild von ihm hat. Das kann zum Beispiel bei einem Sprachferien-Aufenthalt im Ausland sein, wo er auf Jugendliche aus anderen Ländern trifft und plötzlich findet Kommunikation – nicht zuletzt auf Grund der Sprachunterschiede – ganz anders statt. Er wird anders wahrgenommen und ist dann in einer ganz anderen Rolle. Plötzlich ist er derjenige, der von allen noch am besten Französisch kann und in jeder Situation vorgeschoben wird. Er gewinnt Selbstvertrauen und ist verwundert, auf ein Mal als „Französisch-Ass" zu gelten, wo er doch in der Schule immer der schlechte Sprachschüler war.

Rollen korrigieren

Solche Erfahrungen helfen uns, unsere Rollenspiele aktiv zu hinterfragen. „Einmal schwierig – immer schwierig" muss also sicher nicht gelten. Jeder hat die Chance, aus einer Nervensägen-Rolle herauszuschlüpfen. Voraussetzung ist natürlich ein großes Maß an Selbstkritik und der Wille, aktiv an sich zu arbeiten. Beobachten Sie in den nächsten zwei Wochen bewusst – sozusagen aus der Vogelperspektive – die verschiedenen Rollen, die Sie spielen. Welche Rolle gefällt Ihnen am besten? Welche macht Sie eher unglücklich? Gibt es Möglichkeiten, ungeliebte Rollen zu korrigieren?

Häufig treffen wir im Leben auf so genannte „unbewusste Therapeuten": Das sind Menschen, die uns vorurteilsfrei und eher positiv begegnen. Sie begegnen uns offen und meist fällt dann auch der erste Eindruck positiv aus. Da ja gerade dieser erste Eindruck sehr nachhaltig wirkt, ist so ein entscheidendes Fundament für eine positive Beziehung gelegt. Unwillkürlich versuchen wir, den positiven Erwartungen dieses „unbewussten Therapeuten" gerecht zu werden. Er macht es uns aber leicht: Er gibt uns die Chance, negative Rollenteile erst gar nicht ins Spiel zu bringen. Er kann uns so helfen, uns positiv weiterzuentwickeln. Nützen Sie diese Chance! Und geben Sie genau diese Chance auch anderen, zum Beispiel der neuen Kollegin, dem neuen Chef, dem neuen Lehrer Ihres Kindes. Denn eines sollte bereits klar geworden sein: Nervensägen entstehen immer an zwei Enden!

Gibt es Mischtypen?

So mancher Leser wird sich schon beim ersten Kapitel gefragt haben, in welche Typenkategorie er selbst gehört. Die Zuordnung ist nicht immer ganz einfach. Wir tragen ja alle viele verschiedene Anlagen, Eigenschaften und Fähigkeiten in uns. Es gibt daher in der Realität nie den reinen Typ aus der Theorie. Jeder Mensch ist einzigartig und unverwechselbar. Jeder Mensch ist daher ein Mischtyp. Nur das genaue Verhältnis der Mischung ist nicht immer einfach herauszufinden. Wir wollen daher auch gar nicht erst den Versuch unternehmen, jedermann genau und ausschließlich in eine Schublade einzuordnen.

Einmal schwierig – immer schwierig?

Abbildung 7: Mischtypen

Wir haben uns bereits mit der Entwicklungsgeschichte der einzelnen Nervensägen-Typen auseinander gesetzt. Wir haben festgestellt, dass verschiedene Faktoren die Entwicklung der Persönlichkeit beeinflussen. Und gerade weil diese Faktoren so vielfältig sind, ist das Endergebnis eine vielschichtige Persönlichkeit. Auf keinen Menschen wirken nur einseitige, zum Beispiel nur schlechte Einflüsse. Jeder ist einer Vielzahl unterschiedlicher Einflüsse ausgesetzt. Manche Einflussfaktoren wirken dominanter als andere. Trotzdem sind es viele verschiedene Facetten, die eine Persönlichkeit ausmachen. Bei manchen Menschen lassen sich eindeutiger bestimmte „typische" Verhaltensmuster feststellen als bei anderen. Aber bei niemandem ist nur ein einziges, alles dominierendes Verhaltensmuster ausschlaggebend.

Gibt es Mischtypen?

Diese spezielle Mischung unterschiedlicher Verhaltensmuster bewirkt auch das im vorigen Kapitel festgestellte Phänomen, dass ein und dieselbe Person in unterschiedlichen Lebenssituationen ganz unterschiedlich reagiert. Es gibt also nicht für jeden Menschen das passende Rezept, wie mit ihm in jeder Lebenslage umzugehen sei. Auf der anderen Seite nützt es wenig zu wissen, dass mein tyrannischer Chef zu Hause handzahm und unterwürfig reagiert. Ich bin nun mal nicht seine Ehefrau, ich habe es tagtäglich mit dem Büromonster zu tun!

Für unsere Betrachtung ist es nicht so bedeutend, ob jemand ein Mischtyp, ein Typ mit vielen verschiedenen Gesichtern oder ein eindeutig zuzuordnender Typ ist. Uns interessieren Strategien, die uns helfen, mit **bestimmten schwierigen Situationen**, in denen uns jemand als typischer A- oder B-Typ begegnet, besser umgehen zu können. Zerbrechen wir uns also nicht zu viel den Kopf darüber, in welche Schublade wir unsere Mitmenschen stecken. Zerbrechen wir uns aber auch nicht den Kopf darüber, in welche Schublade wir selbst gehören. Lernen wir, den Blick auf unsere Mitmenschen zu richten und sie mit all ihren Eigenheiten und Besonderheiten als das zu akzeptieren, was sie sind: vielschichtige, interessante und einmalige Wesen.

3 Nervensägen im Beruf

Bisher haben wir uns sehr allgemein damit auseinander gesetzt, wie Menschen zu schwierigen Menschen werden. Wir haben auch festgestellt, dass Menschen in verschiedenen Lebensbereichen verschiedene Rollen spielen. Natürlich nerven uns mühsame Typen in allen Lebensbereichen – doch wir wollen uns hier auf die „beruflichen Nervensägen" konzentrieren. Warum wir das tun? Weil wir der Ansicht sind, dass wir uns in unserem privaten Umfeld leichter aus bestimmten Situationen zurückziehen können. Wer jedoch tagtäglich in einem Zimmer mit einer Nervensäge arbeiten muss, der benötigt andere Strategien. Da wird der Kampf mit dem Plagegeist oft zum beinharten Überlebenskampf. Was natürlich nicht bedeutet, dass die Strategien, die wir Ihnen vorstellen, nicht auch im Privatleben anwendbar sind.

Viele Menschen werden in schwierigen Situationen zu Nervensägen. Gerade unsere aktuelle Berufswelt bietet dafür das geeignete Klima. Der Kosten- und Effizienzdruck ist in wirtschaftlich schwierigen Zeiten besonders groß. Organisationales Lernen, das zu einer Institutionalisierung veränderter Verfahrens- und Handlungsweisen führt, ist eine Herausforderung der Zukunft, speziell für Führungskräfte und Mitarbeiter. Damit verbunden ist die Steigerung der Problemlösungs- und Handlungskompetenz.

Auch der immer stärkere Zeitdruck ist ein Problem unserer Zeit. Arbeitsprozesse laufen immer schneller ab, Reaktionszeiten halbieren sich. So müssen immer weniger Menschen immer bessere Arbeit in immer kürzerer Zeit erledigen. Der Mathematiker würde dazu nur trocken vermerken: „Eine Gleichung mit drei Unbekannten ist nicht lösbar." Wir sind aber genau diesen Ansprüchen tagtäglich ausgesetzt. Da ist es kein Wunder, wenn sich das auf die zwischenmenschlichen Beziehungen am Arbeitsplatz auswirkt. Doch schauen wir uns die Ursachen einmal näher an. Welche Faktoren sind es konkret, die unser Zusammenleben belasten und manchmal so nervig machen?

Ursache 1: Mangelhafte Kommunikation

Hier haben wir schon die Hauptursache für nervendes Verhalten im Berufsleben entlarvt. Um diesem vielschichtigen Problem auf den Grund zu gehen, ist es sinnvoll, nochmals weiter zu unterteilen.

Fehler beim Auspacken des Kommunikationspakets

Kommunikation entsteht durch den Austausch von Botschaften. Wie Geschenkspakete überreichen wir so eine „verpackte" Botschaft an unser Gegenüber und nehmen dann das Antwortpaket entgegen. Klingt einfach. Und ist leider voller Tücken und Fallen. Wer zum Beispiel sein Kommunikationspaket nicht sorgsam verpackt, nicht darauf achtet, dass dieses Paket alle notwendigen Teile enthält, der braucht sich nicht zu wundern, wenn der Empfänger verärgert ist. Steht zum Beispiel kein Hinweis auf einem Paket, dass der Inhalt zerbrechlich ist, kann es beim Auspacken leicht passieren, dass das kostbare Stück auf Grund von Unachtsamkeit kaputt geht. Ich bin als Überreicher meines Kommunikationspaketes dafür verantwortlich, dass es in der richtigen Form beim Empfänger ankommt. Denn in der Kommunikation gilt folgender Grundsatz:

Wahr ist immer das, was der andere verstanden hat!

Ich kann also noch so sehr überzeugt sein, ohnehin alles erklärt zu haben, wenn es der andere nicht richtig verstanden hat, ist es für ihn in seiner subjektiven Wahrnehmung anders gesagt worden.

Missverständnisse sind daher eine der häufigsten Ursachen für schwierige Beziehungen. Wobei natürlich das eine oder andere Missverständnis noch niemanden zur Nervensäge macht. Wird aber der Kommunikationsvorgang so nachhaltig gestört, dass eine normale Kommunikation kaum mehr möglich ist, oder findet das Missverständnis in einem sehr wichtigen Arbeitsbereich statt, kann das ganz anders aussehen. Negative Kommunikationsprozesse haben die Tendenz, sich immer weiter zu verstärken. Ich erwarte vom anderen schon regelrecht ein schlecht verpacktes Kommunikationspaket und höre wieder nur die Negativaspekte heraus. Und dem anderen geht's genauso.

Oft haben wir im Umgang mit schwierigen Menschen das Gefühl, wir sprechen eine ganz andere Sprache – obwohl wir objektiv zum Beispiel beide Hochdeutsch sprechen. Sprache ist eben nicht nur im linguistischen Sinn zu beurteilen, sondern beinhaltet einen wichtigen emotionalen Faktor. Die genaue Bedeutung einzelner Wörter ist Interpretationssache. Wir hören auch zwischen den Zeilen. Wir nehmen versteckte Aussagen des anderen wahr. Wie hat er das betont? Wie war dabei seine Körperhaltung? Warum hat er ausgerechnet diesen Begriff gewählt? Wieso hat er mich nicht mit meinem Namen angesprochen? Viele dieser emotionalen Kommunikationsfaktoren sind dem anderen gar nicht bewusst – und trotzdem erzielen sie eine große Wirkung. Sie machen es manchmal sogar unmöglich, den eigentlichen Sachinhalt herauszuhören.

Dazu ein Beispiel:

Beim Mittagessen in der Werkskantine treffe ich Herrn Mühe von der Personalabteilung. Er gehört nicht gerade zu meinen Lieblingskollegen. Irgendwie wirkt er immer so kleinkariert und spießig, ein echter Buchhaltertyp. Wehe, ein Urlaubsantrag ist nicht zu hundert Prozent ordnungsgemäß ausgefüllt – da kann er zur richtigen Nervensäge werden. Ganz so, als hinge die Zukunft des Konzerns von diesem einen Formular ab! „Liebe Frau Kollegin, gut, dass ich Sie treffe!", wendet er sich an mich und blickt dabei schräg über seine kleine Lesebrille. Sofort gehe ich in die innere Abwehrstellung. „Was gibt's?", frage ich eher kurz angebunden. „Also, Ihr Antrag für den Englischkurs, da fehlen noch so einige Angaben. Wieso machen Sie nicht beim Firmenkurs mit? Wo ist denn überhaupt dieses Institut? Wie lange dauert der Kurs? Ich wäre Ihnen sehr verbunden, wenn Sie mir diese Angaben ehebaldigst zukommen lassen würden!" Dabei dreht er sich weg und beugt sich über die Vitrine mit den Salaten. Mit großer Sorgfalt sucht er aus den völlig gleich gefüllten Salattellern (alle mit grünem Salat) einen heraus. Ich spüre deutlichen Unmut in mir hochsteigen. Spontan möchte ich antworten: „Erstens bin ich nicht Ihre ‚liebe Frau Kollegin', zweitens geht Sie das überhaupt nichts an, warum und wo ich meinen Kurs mache, schließlich hat mein Chef den ja ge-

Nervensägen im Beruf

nehmigt, und drittens: Ehebaldigst werde ich Ihnen schon gar nichts zukommen lassen!" Natürlich fällt meine tatsächliche Antwort etwas gemilderter aus, in etwa so: „Mein Chef hat diesen Kurs genehmigt, aber wenn das für Sie nicht reicht, schicke ich Ihnen eine Mail mit der Kursdauer." Und weil ich mir einen kleinen Seitenhieb doch nicht ganz verkneifen kann, füge ich noch hinzu: „Nehmen Sie doch den grünen Salat, der ist heute sehr zu empfehlen!"

Wie wird diese Geschichte wohl weitergehen? Herr Mühe ist sicher felsenfest davon überzeugt, in mir eine äußerst mühsame Kollegin zu haben – eine echte Nervensäge: „Die glaubt, sie ist was Besseres, für sie gelten wohl unsere Vorschriften nicht! Ich mach ja das alles nicht zu meinem Privatvergnügen, das ist nur mein Job! Ich wollte zwei harmlose Informationen von ihr – und gleich ist sie beleidigt!" Wir können uns gut vorstellen, dass auch alle weiteren Gespräche zwischen den beiden mühsam und nicht ganz störungsfrei verlaufen werden. Keiner von beiden kann den anderen mehr vorurteilsfrei sehen. Die Kommunikationspakete werden jeweils mangelhaft verpackt. So, als würde man ein Weihnachtsgeschenk in ein dreimal gebrauchtes Osterpapier mit Fettflecken wickeln!

Pseudo-Kommunikation

Manchmal tun zwei Personen auch nur so, als würden sie miteinander reden. Jeder hält seinen Monolog, die Anwesenheit des anderen ist dabei unerheblich.

„Hallo, Helmut, schön, dass ich dich wieder einmal treffe! Gut schaust du aus! Warst du auf Urlaub?"

„Hallo, Peter! Ja, ich bin erst seit Samstag zurück aus der Toskana! Zwei Wochen nur Sonnenschein!"

„Wow, Toskana, da war ich erst letzte Ostern! Auf so einem Weingut in der Nähe von Siena!"

„In Siena waren wir auch, da war es so heiß und meine Frau wollte ständig nur einkaufen – als wenn sie nicht schon genug Schuhe und Handtaschen im Schrank hätte ..."

„Ach, diese Kultur an jeder Ecke, diese Region ist ja wirklich begnadet!"

> *„In Siena, da war es so heiß, dass ich dann sogar freiwillig in so einem Schuhgeschäft sitzen geblieben bin, nur weil sie dort eine Klimaanlage hatten!"*
>
> *„Da fällt mir ein, dass meine Weinvorräte aus dem Chianti auch schon wieder dem Ende entgegengehen. Ich muss wohl dringend wieder in die Toskana!"*
>
> *„Na ja, zwei Wochen sind dann auch irgendwie genug, jetzt geht's halt wieder mit dem Büroalltag weiter: Tretmühle statt Toskana, ha, ha!"*
>
> *„Ja, ja die Toskana ... war nett mit dir zu plaudern, tschüss, Helmut!"*

Was die beiden wohl von diesem Gespräch mitnehmen? Mehr als Helmuts Urlaubsregion (nicht mal der genaue Ort wurde erwähnt!) wird Peter wohl nicht in Erinnerung geblieben sein!

Diese Art von Gesprächen kennt wohl jeder. Als genauer Beobachter solcher Situationen könnte man meinen, es gehe nur um den jeweiligen Sprechanteil. Mehr als ein Stichwort liefert der Gesprächspartner kaum. Er ist gerade gut genug, mir ein Alibi zu geben, um meinen eigenen Monolog abzuhalten. Denn würde ich einfach mit der Wand sprechen, käme ich wohl in ein schiefes Licht („Jetzt ist sie völlig durchgeknallt! War wohl doch zu viel in letzter Zeit!"). Aber genau analysiert wäre es für meine zwischenmenschlichen Beziehungen am Arbeitsplatz vielleicht sogar besser, ich würde meine Monologe der Wand vortragen – die nimmt mir das bestimmt nicht übel. Ganz im Gegensatz zum Kollegen Helmut. Der hat im Unterbewusstsein aus diesem Gespräch das Gefühl mitgenommen, nicht richtig wahrgenommen, von Peter nicht ernst genommen zu werden.

Wer also häufig diese Art von „Pseudo-Gespräch", von „Zuhör-Verweigerung" praktiziert, der braucht sich nicht zu fragen, warum seine Beziehungen zunehmend schwieriger werden. Eines unserer Grundbedürfnisse ist es nämlich, vom anderen wahrgenommen zu werden. Zielführender ist es, dem anderen ehrlich zu sagen, wenn man einmal keine Zeit für ein Gespräch hat. Wenn er weiß, dass wir uns dafür später für ihn und seine Anliegen Zeit nehmen, ist er gerne bereit, die Kommunikation zu verschieben. Wenn wir aber so tun als ob, dann ist der andere zu Recht sauer. Wir schieben ihn damit weit von uns weg.

„Pseudo-Zuhörer" sind also nicht nur selbst äußerst schwierige Typen, sie züchten andere Nervensägen geradezu heran. Denn je nach eigener Veranlagung sucht sich der auf diese Art „weggeschobene" Gesprächspartner eine Strategie der Abwehr oder gar der Rache. Und schon geht es in die nächste Runde auf dem Schlachtfeld der Kommunikation ...

Probleme auf dem Postweg

Wer ein Paket an einen Empfänger sendet, wird sich bemühen, es nicht nur richtig zu verpacken, ordnungsgemäß die Adressen anzuführen und das Paket mit ausreichendem Porto zu frankieren – er wird auch versuchen, den bestmöglichen Postweg zu wählen. Kaum jemand wird ein Paket, das für seinen Nachbarn bestimmt ist, via Eilpost, Air-Mail oder Expresszustelldienst versenden. Er wird sein hübsch verpacktes Paket nehmen, beim Nachbarn klingeln und es mit ein paar netten Worten überreichen. Zugegeben, das kostet unter Umständen etwas Zeit, da sich der Nachbar vielleicht verpflichtet fühlt, den Überbringer hineinzubitten, eventuell etwas gemeinsam zu trinken. Um diesen Zeitaufwand zu vermeiden, könnte der Paketabsender auch auf die Idee kommen, das Paket einfach vor die Tür des Adressaten zu legen. Doch was würde sich der Empfänger wohl dabei denken? „Der will nicht mit mir sprechen, legt einfach ganz heimlich sein Paket vor meiner Tür ab – kann mich wohl nicht leiden. Dann braucht er sich aber auch gar nicht erst verpflichtet fühlen, mir überhaupt was zu schenken. Und Porto sparen wollte er offensichtlich auch!" Also doch lieber das Paket per Post an die Nachbaradresse?

Den geeigneten Postweg zu finden ist nicht immer leicht. Was ist Ihrer Meinung nach der beste Weg im eben erwähnten Beispiel? Wir meinen, als Absender ist es unvermeidlich, die Situation aus der Sicht des Empfängers zu sehen. Wie möchte er sein Paket erhalten? Wie vermeide ich als Absender Fehlinterpretationen auf seiner Seite? Der beste Weg, Missverständnisse erst gar nicht aufkommen zu lassen, ist es sicher, direkt und persönlich beim Nachbarn vorbeizuschauen. Nur so kann ich ihm erklären, wie mein Paket gemeint ist, und an seiner Reaktion erkennen, wie er es verstanden hat. Denken Sie dabei an unseren Satz: Kommunikation ist eine Bringschuld! Ich bin also auch für die Wahl des richtigen Postweges verantwortlich.

Wer bei der Wahl des Postweges immer nur von der eigenen Sicht der Dinge ausgeht, begeht leicht einen Irrtum. Wer sich zum Beispiel vor seinem geistigen Auge ausmalt, wie unangenehm es dem Nachbarn wohl wäre, wenn er mich jetzt hineinbitten müsste, wo er doch sicher seine Ruhe haben möchte und vielleicht auch nicht aufgeräumt hat – der empfindet sich auf Grund seiner Einbildung schon vorweg als Störung. Genauso wird er sich dann auch verhalten. Nur wer offen und für die Sicht des anderen aufgeschlossen auf den Empfänger zugeht, wird die richtigen Worte finden und sein Paket ordnungsgemäß überbringen.

Im Berufsalltag entstehen genau solche Situationen laufend. Wie herrlich einfach ist es doch, die eigene Botschaft an einen Kollegen einfach in eine Mail zu tippen und mit einem Tasten-Klick an eben diesen abzusenden. Ich muss nicht lange erklären, Smalltalk machen, mir seine Klagen über Gott, die Welt, Kunden und Chef anhören und habe auch noch alles dokumentiert, so dass er nicht behaupten kann, ich hätte ihm das nie gesagt – wunderbare neue Welt der Kommunikation! Was ich dabei übersehe: Der Kollege sitzt im Zimmer nebenan und hat auf Grund meiner Wahl des Postweges genau diese Negativ-Botschaft erhalten: Du bist es mir nicht wert, dass ich für ein paar Sekunden meinen Arbeitsplatz verlasse und mich mit dir persönlich auseinander setze.

So wunderbar einfach und Zeit sparend die Kommunikation via Mail auch ist, sie kann sich für uns genau ins Gegenteil verkehren, wenn wir nicht den richtigen Zeitpunkt erkennen, wo es allemal besser ist, zum Telefonhörer zu greifen oder sich körperlich zum anderen hin zu bewegen, um Unklarheiten zu beseitigen oder gar nicht erst aufkommen zu lassen. So vermeiden wir, dass aus Gesprächspartnern schwierige Gesprächspartner werden – und das spart nicht nur Nerven und Energien, sondern auch viel Zeit ...

Die Ziele werden nicht kommuniziert

Zu diesem Thema ein Bespiel zur Verdeutlichung:

> *In einem Wintersportort, dem es wirtschaftlich nicht so besonders gut geht, wird das Management der Pisten- und Liftanlagen von einem jungen Mann aus dem Nachbarort übernommen. Er geht mit vollem Engagement und vielen neuen Ideen an die Aufgabe heran. Der junge Geschäftsführer kennt ja die Probleme in der Region und hat die Fehler seines Vorgängers genau beobachten können. Für ihn sind das Ziel und der Weg dorthin klar. Schließlich hat er ja den Verantwortlichen der Gemeinde sein Konzept überzeugend präsentiert und wurde genau deswegen für diese Aufgabe ausgewählt.*

Nervensägen im Beruf

Die Mitarbeiter reagieren jedoch auf die meisten Arbeitsaufträge mit verhaltener Motivation. In seinem Enthusiasmus merkt das der neue Chef nicht, denn keiner der „alten Garde" spricht ein offenes Wort mit ihm. Der Widerstand ist zunächst verdeckt und entspricht dem typischen Verhalten am Arbeitsplatz: „Sich nicht gleich anlegen mit dem neuen Chef, lieber erst abwarten, der wird schon noch lernen, wie das alles hier bei uns funktioniert." Vieles wird daher mangelhaft, verspätet oder gar nicht erledigt, Ausreden bekommt der neue Chef immer mehr zu hören. „Das geht so bei uns nicht, das haben wir nie so gemacht, wo soll denn das hinführen?" Die Bandbreite dieser Killersätze ist riesig, nicht sehr originell und allseits bekannt. Nicht nur der neue Chef reagiert mit zunehmender Frustration, auch die Gemeindeverantwortlichen beginnen an der Richtigkeit ihrer Entscheidung zu zweifeln, und nicht zuletzt sind unzufriedene Gäste das sichere Anzeichen eines Negativkreislaufes, der sich dann im nächsten Jahr, wenn die Gäste ganz ausbleiben, erst so richtig bemerkbar machen wird.

Was hat der neue Chef falsch gemacht? Was hat er übersehen? Und wie soll er jetzt reagieren?

Er ist wohl davon ausgegangen, dass sein vorgestelltes Konzept nicht nur den Entscheidungsträgern, sondern auch dem gesamten Mitarbeiterstab zugänglich gemacht worden ist. Er hat also angenommen, alle Beteiligten wüssten um seine neuen Ideen. Er hat die Begeisterung einiger weniger auf alle umgelegt. Er hat es somit verabsäumt, seine Ziele unmissverständlich und klar allen zu kommunizieren. Er hat nicht allen dargelegt, dass er angetreten ist, um die gemeinsame Akquisition von Gästen entlang der gesamten Wertschöpfungskette dieses Wintersportortes voranzutreiben. Und er hat seinen Mitarbeitern nicht erklärt, dass gerade die Pisten- und Liftarbeiter dabei eine Schlüsselfunktion einnehmen. Wahrscheinlich hat er auch den Faktor unterschätzt, dass er vom Nachbarort und somit vom „Feindesland" kommt. Und die Gemeindeverantwortlichen haben zwar die nötigen Kredite für die Neuinvestitionen flüssig gemacht, aber die wichtige Ressource Mitarbeiter außer Acht gelassen. Wenn nicht allen Beteiligten das Ziel klar vor Augen steht und die Tatsache bewusst ist, dass dieses Ziel nur gemeinsam und durch Bündeln aller verfügbaren Kräfte möglich ist, wird die Bilanz der Wintersaison dieses Ortes auch weiter negativ ausfallen.

Doch was ist noch zu retten? Wie kann der junge Chef seine „schwierigen" Mitarbeiter wieder auf Kurs bringen? Sicher muss er sie zunächst umfassend, genau und für sie verständlich und nachvollziehbar informieren. Er sollte ihnen dabei nicht nur sagen, was sie alles tun müssen, um das von ihm festgesetzte Ziel zu erreichen. Es muss ihm auch gelingen, ihnen vor Augen zu führen, wie dieses Endergebnis konkret und bildhaft aussieht – und was es für sie persönlich bedeutet, in einem aufstrebenden Wintersportort zu arbeiten, wo sie es mit zufriedenen Gästen zu tun haben, die gerne wiederkommen und auch noch ihren Kindern den Arbeitsplatz in der Region sichern.

Aber er muss auch unmissverständlich klar machen, was die Alternative dazu ist. Was es bedeutet, weiter mit passivem Widerstand zu reagieren. Er wird nie alle Mitarbeiter von sich und seinen Strategien überzeugen können. Was passiert mit solchen Mitarbeitern? Gibt es da Konsequenzen? Wenn er nur einen Laisser-faire-Stil praktiziert, wird sein Führungsanspruch untergraben, werden sowohl er als auch seine Strategien nicht mehr ernst genommen und das gemeinsame Ziel somit in Frage gestellt. Jeder Mitarbeiter muss also genau wissen, woran er ist: Was ist unser Ziel, was ist zu tun und was passiert, wenn ich es nicht tue? Klare Spielregeln, die das Zusammenarbeiten festlegen und auch in Krisensituationen helfen, Nervensägen zu vermeiden.

Schlecht informierte Mitarbeiter werden also sehr oft zu schwierigen Mitarbeitern. Und dasselbe gilt auch für Mitarbeiter, die die Spielregeln und damit ihre eigenen Möglichkeiten und Grenzen nicht kennen.

Ursache 2: Organisationsdruck

Wirtschaftlich schwierige Zeiten erfordern neue Strategien. Damit steigt der Wunsch nach schlanken Organisationen (Lean Management), die gekennzeichnet sind durch:

- → die Konzentration auf den Primärprozess,
- → die bewusste Umweltorientierung,
- → eine kontinuierliche Verbesserung der Effizienz und Effektivität,
- → die Eigenverantwortlichkeit der Mitarbeiter und
- → flache Hierarchien.

Dieses Lean Management stellt die Konzentration auf die eigentlichen Kernaufgaben und die Qualität eines Unternehmens in den Mittelpunkt. Unabhängig von bestehenden Strukturen wird rückschreitend der kostengünstigste Ablauf definiert. Und der kostenintensivste Teil in diesem Spiel, nämlich der Mitarbeiterstab, hat dabei oft das Nachsehen. Immer weniger Mitarbeiter sollen die qualitativ hochgesteckten Ziele erreichen und dabei Eigenverantwortlichkeit, unternehmerisches Denken und Flexibilität an den Tag legen. Change Management ist in diesem Zusammenhang das nächste, viel strapazierte Schlagwort: Ständige Veränderungsprozesse sollen nicht als Bedrohung, sondern als Chance und Herausforderung gesehen werden.

Diese Management-Ansätze gehen dabei aus unserer Sicht von einem Menschenbild aus, das in der Realität kaum anzutreffen ist. Der ideale Mitarbeiter ist stets offen gegenüber Neuem, hat keine, zumindest keine negativen Emotionen, ist stets fähig, sich auf Veränderungen einzustellen, sofort und ohne Verzögerung zu reagieren, nichts in Frage zu stellen und trotzdem immer die richtige Entscheidung zu treffen. Gibt es diesen Wundertyp? Wohl kaum! In der Realität haben die meisten Menschen Angst vor Veränderung, empfinden eine Vielzahl von Gefühlen, die oft sehr wenig mit rationalen Überlegungen zu tun haben. Sie wollen ihre Grundbedürfnisse befriedigt haben – ein ganz wesentliches ist etwa das Streben nach Sicherheit und Überschaubarkeit. Und genau das wird in vielen aktuellen Management-Modellen wenig bis gar nicht berücksichtigt. Kein Wunder also, dass in diesen Systemen aus frustrierten Mitarbeitern mit der Zeit Menschen werden, mit denen sich der Umgang äußerst schwierig gestaltet!

Diesem Konzept der schlanken Organisationen steht ein ungebrochener Trend zur Konzentration, zur Zusammenlegung einzelner Unternehmen gegenüber. Werden zwei oder sogar mehrere Organisationen zusammengeführt, ist es doppelt schwer, eine schlanke Organisation daraus zu machen. Wohin mit den überzähligen Arbeitskräften? Wieder entsteht ein Heer von Unzufriedenen, Frustrierten und damit oft Schwierigen. Der Abteilungsleiter aus der übernommenen Firma A hat zwar im neuen Unternehmen ABC einen Arbeitsplatz, allerdings zwei Stufen tiefer, mit weniger Verantwortung, Ansehen und Gehalt. Soll er doch froh sein, überhaupt noch an Bord zu sein! Das ist er unter Umständen auch vom Verstand her – aber seine Gefühle sind verletzt, er reagiert emotional, unlogisch, unberechenbar und wird für sein neues Umfeld in bestimmten Situationen zur Nervensäge.

Dieses Gefühl der Ohnmacht, der Überforderung und des Ausgeliefertseins an geänderte organisatorische Bedingungen ist eine der häufigsten Ursachen für schwer erträgliches Verhalten am Arbeitsplatz. Wir erleben in unseren Seminaren immer mehr Menschen, die unter einem enormen persönlichen Leidensdruck ihre berufliche Tätigkeit ausüben – ohne Chance auf Veränderung oder gar Besserung. Was können wir diesen Menschen raten? Wird sich die Situation in absehbarer Zeit ändern? Sicher werden die Trends wieder in eine andere Richtung gehen, vielleicht wird der Faktor Mensch doch bald in seiner umfassenden Bedeutung für den Unternehmenserfolg erfasst werden. Doch für einige Mitarbeiter kommt diese Entwicklung wahrscheinlich zu spät. Die Schäden an der Persönlichkeit sind entstanden und haben Langzeitwirkung. So werden sich auch neue, mitarbeiterorientierte Organisationsmodelle mit den alten Nervensägen herumschlagen müssen.

Dem Einzelnen kann es also nur helfen, sich mit seinem jeweiligen Umfeld bewusst auseinander zu setzen, die Herausforderung gerade in der engen Umgebung, im Umgang mit seinen direkten Ansprechpartnern, Kollegen, Chefs, Kunden zu sehen. Nur der, dem es gelingt, sein Umfeld, das er sich nicht immer frei wählen kann, exakt wahrzunehmen und seine eigenen Strategien im Umgang mit eben diesen Menschen zu finden, wird diese turbulenten Zeiten unbeschadet überstehen. Schwierige Zeiten zu meistern ist ein entscheidender Mosaikstein einer gefestigten und glücklichen Persönlichkeit. Für Menschen, die genau diese Anforderung annehmen wollen, haben wir dieses Buch geschrieben.

Ursache 3: Die innere Einstellung

Unabhängig von allen äußeren Widrigkeiten liegt es also an jedem selbst, die Verantwortung für seine Persönlichkeitsentwicklung zu übernehmen. Ob ich eine Situation für mich als schwierig wahrnehme, liegt sehr oft nur an der inneren Einstellung. Diese innere Einstellung, die mein Weltbild prägt, beeinflusst auch mein Erscheinungsbild nach außen:

- ✓ **„Du bist, was du denkst,
 was du denkst, strahlst du aus,
 und was du ausstrahlst, bekommst du auch zurück."**

Genau darum begünstigt eine negative innere Einstellung auch die Entstehung eines schwierigen Typen nach außen. Wer negativ über seine Umwelt denkt, verhält sich auch dementsprechend und kann für seine Mitmenschen zur Nervensäge werden.

Welche Einstellungsblockaden sind es nun im Detail, die einer positiven Persönlichkeitsentwicklung entgegenstehen?

Pessimistische Erwartungen

→ „Ich erwarte mir eigentlich gar nicht viel von meiner Zukunft! Wenn dann doch etwas Positives eintritt, bin ich auch positiv überrascht, und wenn nicht, dann bin ich wenigstens nicht enttäuscht."

Auf diese Einstellung treffen wir in unseren Coachings immer häufiger. Angst vor der Zukunft, Angst davor, enttäuscht zu werden, bestimmen das Denken vieler Menschen. Manchmal sind es auch negative Erfahrungen, die diese Einstellung bewirken. Wer jedoch so negativ in die Zukunft blickt, der wird sicher auch keine besonderen Anstrengungen unternehmen, um seine Zukunft selbst positiv zu gestalten. Er lässt mit sich geschehen, was immer das Schicksal mit ihm vorhat. Wie ein Blatt im Wind, ohne Ziel und Richtung. Doch ganz ohne Eigeninitiative geht es nicht. Wer Erfolg haben will, muss auch selbst aktiv werden. Das Problem solcher negativ gepolter Menschen ist es jedoch, dass sie die entscheidenden Momente, in denen es sich lohnt, die Initiative zu ergreifen, gar nicht erkennen. Im Gegenteil, wer seinen Blick immer auf Negatives lenkt, nimmt nur das Negative wahr. Er wird Nachteile und Gefahren, die auf dem Weg lauern, sowie eigene Misserfolge immer überbewerten.

Nach der Theorie der **„Self-fulfilling Prophecy"** steigt die Wahrscheinlichkeit, dass ein bestimmtes Ereignis eintritt, wenn es vorher bereits erwartet wird. Wer also sicher davon ausgeht, dass ihm der Chef bestimmt keine Gehaltserhöhung zugestehen wird, der geht auch mit dem dementsprechenden Verhalten (Körpersprache, Formulierungen) in das Gespräch mit dem Chef hinein. Tritt nun das negative Ergebnis ein, ist er in seinem pessimistischen Weltbild gefestigt und kommt gar nicht auf die Idee, dass er dieses negative Ergebnis selbst zu verantworten hat. Zweckpessimismus und „Es hätte ja sein können, dass doch noch alles gut kommt ..." sind ungeeignete Ansätze, um in schwierigen Zeiten zu reüssieren.

Nervensägen im Beruf

Das große Problem dieser weit verbreiteten Einstellungsblockade ist jedoch, dass sie oft nicht nur auf die Person selbst beschränkt bleibt. Nach dem **„Apfelkorbprinzip"** steckt genau diese Geisteshaltung besonders viele Zeitgenossen im Umfeld an. Wie ein fauler Apfel im Apfelkorb, der bewirkt, dass die anderen Äpfel rund um ihn genauso zu faulen beginnen. Werden die angefaulten Früchte nicht rechtzeitig entfernt, ist bald das gesamte Obst im Korb verdorben. Ein Kollege, der immer wieder alles schlecht redet, kann seine unmittelbare Umgebung sehr leicht infizieren. Aus falsch verstandener Solidarität oder unbewusst jammern seine Kollegen mit ihm mit, stimmen ihm zu und beginnen so, ohne es zu merken, die Dinge genauso schwarz zu sehen wie er selbst. Fast in jedem beruflichen Umfeld gibt es diesen Miesmacher. Langsam, aber sicher wird durch ihn das Klima in ganzen Unternehmensabteilungen negativ geprägt, es entsteht eine regelrechte Pessimismus-Kultur. Bei der Beschreibung der einzelnen schwierigen Typen werden wir noch mehrmals auf diese gefährliche Entwicklung treffen. Eine negative innere Einstellung ist also nicht nur ursächlich für das eigene schwierige Charakterbild verantwortlich, sie wirkt auch wie eine ansteckende Krankheit auf andere.

Negative Selbstgespräche

Frau Huber ist wieder einmal spät dran. Gerade heute ist aber schon am Morgen ein wichtiges Meeting angesetzt. Alles, nur nicht heute zu spät kommen. In dem Moment, als sie die Wohnungstür zusperrt, schießt es ihr durch den Kopf, dass sie vergessen hat, die Herdplatte abzudrehen. Also noch einmal zurück und ab in die Küche. Doch das Licht am Herd leuchtet gar nicht rot, alles in bester Ordnung. Umso verärgerter stürzt Frau Huber aus der Wohnung. In ihrer Hektik stolpert sie fast noch über das im Stiegenhaus abgestellte Fahrrad des Nachbarjungen. Kein Wunder also, dass sie den Bus verpasst. Während sie ungeduldig auf den nächsten wartet, geht sie mit sich selbst zum ersten Mal hart ins Gericht: „Das ist wieder einmal typisch! Gerade wenn es darauf ankommt, bin ich besonders schusselig. Warum bilde ich mir bloß immer ein, irgendetwas vergessen zu haben? Hätte ich nicht einmal rechtzeitig aufstehen können? Und meine blöden Haare – nur ich muss die immer so besonders lange föhnen! Andere haben von Natur aus immer perfekte Frisuren. Na, das kann ja noch ein Tag werden!"

So Unrecht hat sie damit nicht, denn die nächste Katastrophe lässt nicht lange auf sich warten. Als sie drei Minuten zu spät ins Sitzungszimmer ihres Chefs stürmt, sind bereits alle pünktlich und erwartungsvoll um den Tisch versammelt. Eine hochgezogene Augenbraue ihres Chefs verheißt nichts Gutes. „Na, auch noch den Weg zu uns gefunden, Frau Huber?" Mit roten Ohren stammelt sie eine Entschuldigung. „Verdammt, warum kann ich nicht einmal, nur ein einziges Mal souverän auf seinen Zynismus reagieren? Warum bin ich nicht so schlagfertig wie die neue Kollegin aus der Marketing-Abteilung? Die hätte sicher eine tolle Entgegnung parat gehabt!" Vertieft in ihre Selbstgespräche, überhört sie fast, dass Kollege König sie nach den letzten Quartalszahlen fragt. Sie kramt hektisch in ihren Unterlagen. Ah, da sind sie ja! „Ich muss unbedingt noch meinen Vorschlag zur neuen Reporting-CI vorstellen. Das ist heute genau die richtige Runde dafür! Hoffentlich vergesse ich keinen der wichtigen Punkte, die ich mir gestern dazu überlegt habe! Ich hätte sie mir doch aufschreiben sollen, so wie Petra mir geraten hat! Warum höre ich nur nie auf die guten Ratschläge anderer? Immer muss ich mit dem Kopf durch die Wand! Selbst schuld!"

So trägt Frau Huber ihre Ideen dann auch tatsächlich etwas unsicher und wenig überzeugend vor. Ihr Chef lächelt ein wenig mitleidig, wie ihr scheint, und meint nur: „Ich freue mich ja immer, wenn meine Mitarbeiter sich etwas überlegen. Aber meinen Sie nicht, Frau Huber, dass Sie Ihre Vorschläge noch einmal überarbeiten sollten? Aber wissen Sie was: Bis Sie damit so weit wären, ist es für Änderungen ohnehin schon zu spät! Ich meine, wir fahren mit dem jetzigen Konzept sehr gut! Wir finden für Sie sicher noch genug Aufgaben, denen Sie sich mit Ihrem ganzen Bemühen widmen können!" Aus, vorbei, wieder einmal schnell vom Tisch gewischt! „Es ist doch immer dasselbe! Am besten, ich halte gleich meinen Mund! Wer sich nicht selbst verkaufen kann, der bleibt einfach übrig! Und diese Gabe ist mir bestimmt nicht in die Wiege gelegt worden. Warum nur bin ich immer so unsicher, wenn alle mich anschauen? Aber ich hab's ja gleich gewusst – heute ist einfach nicht mein Tag!"

Kommen Ihnen solche Selbstgespräche bekannt vor? Hätten Sie sich in ähnlichen Situationen nicht ebenso negativ beurteilt? Warum geben wir noch selbst den Rest, wenn ohnehin schon so einiges schief t ein schwer erklärbares Phänomen, dass der Großteil unserer Selbstgespräche negativ formuliert ist. Untersuchungen haben gezeigt, dass es bis zu 90 Prozent aller unserer Unterhaltungen mit uns selbst betrifft.

Wer sich nun ständig vorsagt, wie unfähig, hoffnungslos ungeschickt und fehlerbehaftet er ist, der wird es irgendwann einmal auch wirklich glauben. Wir selbst sitzen bei diesen inneren Monologen nämlich erste Reihe fußfrei. Und sind ganz Ohr. Und reagieren dann auch dementsprechend. Wer immer hört, er sei unfähig, der tut sich schwer, das Gegenteil zu beweisen.

Gehen Sie daher in Ihren Selbstgesprächen nicht allzu hart mit sich ins Gericht. **Achten Sie bewusst auf Ihre inneren Monologe und sagen Sie sich doch in Zukunft öfter einmal etwas Nettes.** Wir können ja die zweite Seite der Medaille anschauen. Wer sich immer wieder vorsagt, dass er es schaffen wird, dieses oder jenes Ziel zu erreichen, der hat einfach größere Chancen, erfolgreich zu sein. Ehrliches Eigenlob stinkt ganz und gar nicht! Besonders dann nicht, wenn es in unseren Selbstgesprächen stattfindet!

Überbewerten der eigenen Fehler

Wer häufig negative Selbstgespräche führt, tendiert dazu, die eigenen Fehler viel zu sehr in den Mittelpunkt zu rücken. Der Grund für diese Tendenz wird meist schon in unserer frühesten Kindheit gelegt. „Das musst du noch verbessern, da musst du dich mehr bemühen, das kannst du noch nicht so gut." Solche Sätze begleiten uns in unserer gesamten Entwicklung. Unser erfolgsorientiertes Weltbild ist nun einmal geprägt vom permanenten Streben nach Verbesserung und Optimierung. Die Suche nach Fehlern bestimmt so unser Denken. Haben wir einen Fehler entdeckt, müssen wir uns bemühen, ihn zu beheben. Kaum ist das geschehen, begeben wir uns auf die Suche nach dem nächsten. Und irgendeinen Fehler finden wir an uns ja immer!

Wer nun sein ganzes Denken auf die eigenen Fehler richtet, kann seinen Stärken nicht genügend Beachtung schenken. Und die verkümmern dann mit der Zeit! Es gibt noch eine weitere negative Folge dieser Betrachtungsweise: Wenn ich meine eigenen Fehler in meinem Bewusstsein so weit in den Vordergrund rücke, werden sie auch nach außen besonders gut sichtbar. Die Reaktionen der Umwelt verstärken sie noch zusätzlich. So entsteht eine Negativspirale, an deren Ende sehr oft ein besonders schwieriger Mensch steht.

Drehen Sie doch die Sichtweise einfach um! **Konzentrieren Sie sich bewusst auf Ihre Stärken, und Sie werden feststellen, dass sich viele Schwachstellen wie von selbst auslöschen.**

Angst vor eigenen Fehlern

Wie schon erwähnt, werden in unserer Werteskala eigene Fehler immer negativ bewertet. Dementsprechend versuchen wir alles, um Fehler ja nicht erst zuzulassen. Wir streben somit nach absoluter Perfektion. „Sei immer perfekt!" ist einer unserer häufigsten Antreiber.

Ist jemand einmal in dieser Perfektionsfalle gefangen und kann einen eigenen Fehler trotzdem nicht vermeiden, sucht er sich unter Umständen eine neue Strategie. „Wenn ich schon einen Fehler gemacht habe, dürfen es zumindest die anderen nicht merken!" Er versucht also, diesen Fehler zu vertuschen. Auf solche Vertuschungsaktionen wird im Berufsleben viel Energie verwendet. Besonders mühsam für die Umwelt wird diese Strategie dann, wenn der Perfektionist versucht, den eigenen Fehler jemand anderem in die Schuhe zu schieben. Genau damit wird der Perfektionist für seine Umwelt zur Nervensäge. Und es ist nicht immer leicht, sich dagegen zu wehren.

Was der bedingungslose Perfektionist meist übersieht: Auch und gerade aus Fehlern lernen wir! **Nur wer auch Fehler in Kauf nimmt, traut sich neue Wege zu gehen!** Nur wer wagt, gewinnt auch!

Harmoniesucht

„Am schlimmsten ist es für mich, wenn meine Kinder streiten! Wenn sie einfach nur schlimm sind, herumtoben, Dinge ruinieren, was auch immer anstellen, das kann ich alles leichter verkraften. Aber wenn sie sich so in den Haaren liegen, da möchte ich am liebsten davonlaufen! Was sie sich da an den Kopf werfen, mit welcher Aggression sie aufeinander losgehen, da erkenne ich meine eigenen Kinder nicht!" Solche Klagen hört man oft von leidgeprüften Müttern. Streit wird als negativ, als zutiefst „unsozial" angesehen. Wird der Nachwuchs auch noch handgreiflich, ist die Katastrophe perfekt. Gewalt- und konfliktfrei sollten Kinder aufwachsen, sich nur mit netten Worten verteidigen.

Was bei diesem Erziehungsideal oft übersehen wird: Im kindlichen Alter lernen wir, unsere Konflikte auszutragen. Wir lernen, wie unsere Worte wirken, was passiert, wenn wir uns nur mehr mit den Fäusten wehren können, und wann wir einfach zu weit gegangen sind. Und wir haben die Chance, diese wichtige Fähigkeit der Konfliktaustragung mit anderen Kindern zu erlernen. Die sind noch nicht so nachtragend wie später einmal unser Chef, unsere Kollegen. Wer nun jeglichen Konflikt aus dem Kinderzimmer verbannen will, der nimmt seinen Kindern die Möglichkeit, diese Fähigkeit zu trainieren. Und er vermittelt ihnen, dass Konflikt immer etwas Negatives ist, das man möglichst vermeiden sollte. „Der Klügere gibt nach!" ist der passende Spruch dazu. Und was passiert mit diesem „Klügeren" später? Er gibt so lange nach, bis er frustriert und in seiner Meinung gefestigt ist, dass sich ja sowieso alles gegen ihn verschworen hat. Je nach Charakter und Veranlagung sucht sich der Konfliktscheue nun seine Strategie. Entweder wird er zum verdeckt kämpfenden Zyniker oder er wird zum harmoniesüchtigen Allesversteher, der im direkten Gespräch jedem Recht gibt und nur fähig ist, sich hinter dem Rücken anderer zu beschweren. Bei einigen in diesem Buch beschriebenen Nervensägen ist diese Verhaltensweise zu beobachten.

Doch interpretieren Sie uns bitte richtig: Wir wollen keinen Aufruf zur Erziehung zur Gewalt starten. Es ist die Aufgabe der Erziehungspersonen, das Kind ein der Situation angepasstes Konfliktverhalten entwickeln zu lassen. Körperliche Aggression ist ja immer auch ein Zeichen von Hilflosigkeit, ein Zeichen der eigenen Schwäche. Wenn ein Kind das erst einmal selbst gemerkt hat, wird es nach anderen Formen der Konfliktbewältigung suchen. Doch **die eigenen Interessen, die eigenen Ziele und Ideen auch gegen Widerstände durchzusetzen, ist eine wesentliche Voraussetzung für späteren Erfolg, für ein positives Umgehen mit seiner Umwelt.** Denn diese Umwelt ist nicht immer nur nett, wir werden nicht von allen geliebt. Manchmal müssen wir Gegensätze zulassen, uns wehren, uns durchsetzen. Aber nicht mit unfairen Mitteln und auf Kosten anderer. Die Unfähigkeit, mit Konflikten im Berufsleben umzugehen, ist eine der häufigsten Ursachen für das Entstehen von Nervensägen.

4 Nervensägen unter der Lupe

Nun wollen wir die einzelnen Nervensägen-Typen genauer unter die Lupe nehmen. Wie verhalten sie sich im Berufsalltag? Wie erkennen wir sie rechtzeitig? Und vor allem: Wie gehen wir mit ihnen um?

Zur besseren Übersicht ist die Beschreibung jedes Typs in vier Abschnitte gegliedert:

- ✓ Seine Verhaltensweise
- ✓ Seine Körpersprache
- ✓ Seine Entwicklungsgeschichte
- ✓ Tipps zum Umgang mit ihm

Bei den Behandlungs-Tipps finden Sie ganz am Anfang jeweils die absoluten Killersätze, die es im Umgang mit der jeweiligen Nervensäge unbedingt zu vermeiden gilt. Diese Sätze gießen Öl ins Feuer und bringen damit so manchen Quälgeist garantiert dazu, sich von seiner schlimmsten Seite zu zeigen. Wenn Sie diesen Effekt also nicht bezwecken, dann wählen Sie bitte andere Formulierungen. Sicher werden Sie beim Durchlesen dieser Sätze lächeln und meinen, so etwas sagt doch sicher niemand zu einem aufgebrachten Gegenüber. Sie würden staunen, wie oft genau diese Sätze fallen!

Wie sehr uns ein Plagegeist quälen kann, hängt nicht zuletzt auch von der Situation ab, in der er uns begegnet. Haben wir nur selten mit einem bestimmten Menschen zu tun, weil er vielleicht ein Kunde ist, den wir nur zwei Mal pro Jahr treffen, ist es leichter, mit seinen Eigenheiten umzugehen. Schwieriger wird es da schon, wenn der Quälgeist tagtäglich im Büro nebenan sitzt. Da können gewisse negative Eigenschaften viel mehr nerven. Und besonders schlimm kann es werden, wenn diese Nervensäge auch noch in Gestalt unseres Chefs an unseren Nervensträngen sägt!

Nervensägen unter der Lupe

Es ist daher notwendig, unsere Tipps je nach Situation zu unterteilen. Sie finden deshalb bei den Tipps im Umgang mit der Nervensäge:

- ✓ Die Nervensäge als Mitarbeiter
- ✓ Die Nervensäge als Chef
- ✓ Die Nervensäge als Kunde

Natürlich sind einige Wiederholungen nicht zu vermeiden. Was bei Nervensäge X grundsätzlich wirkt, ist meist unabhängig von seiner Position uns gegenüber wirksam. Trotzdem erscheint es uns hilfreich, auf die einzelnen Situationen gesondert einzugehen, da ja unsere innere Einstellung zum jeweiligen Gegenüber entscheidend mitbestimmt, ob unsere Strategie im Umgang mit ihm zielführend ist. Und unsere innere Einstellung ist nun einmal eine andere, wenn uns ein Neukunde, ein langjähriger Kollege oder ein ungeliebter Chef gegenübersteht!

Entscheidend ist jedenfalls, dass Sie den Umgang mit den einzelnen Nervensägen bewusst gestalten und Ihr Handeln aktiv selbst bestimmen. Wer auf Nervensägen immer nur abwehrend reagiert, hat schon verloren!

Und zum Schluss noch ein Hinweis: Die ausschließliche Verwendung der männlichen Form erfolgt aus rein sprachlichen und schriftbildmäßigen Gründen. Jeweils beide Formen anzuführen würde den Lesefluss sicher nicht fördern. Es steht jedoch außer Frage, dass es von allen Nervensägen sowohl weibliche wie auch männliche Exemplare gibt!

Der Angeber

> DER ANGEBER KOMMT MEIST NICHT WEIT.
> ES FEHLT IHM JA DIE SICHERHEIT,
> MIT DER – GANZ OHNE ANZUGEBEN –
> DIE WAHRHAFT FORTGESCHRITTENEN LEBEN.
>
> WILHELM BUSCH

Die Verhaltensweise des Angebers

Der neue Kollege A ist ein durchaus attraktiver Mann. Braun gebrannt, sportliche Figur, stets perfekt gestylt und mit einem sehr gewinnenden Lächeln. Irgendwie wirkt seine Frisur jeden Tag anders – einmal mit Gel, einmal streng nach hinten gekämmt, dann wieder wild zerzaust. Spontan kommt Frau C da der Artikel aus der letzten Modezeitung über den Metro-Mann in den Sinn. A steht sicher am Morgen stundenlang im Badezimmer! Wahrscheinlich ist er deswegen auch immer so in Eile. Er plaudert zwar gerne mit jedem, aber es kann durchaus passieren, dass er mitten im Gespräch plötzlich davonstürzt. Dabei sind die Dinge, die er erzählt, durchaus interessant: wie er in seiner letzten Firma die gesamte Verkaufsabteilung umgekrempelt, den Umsatz um 30 (!) Prozent gesteigert und dabei trotzdem noch die Kunden in aller Welt gehegt und gepflegt hat. Bei so viel Erfolg ist schwer nachvollziehbar, warum ihn sein voriger Arbeitgeber hat ziehen lassen. „Ich suche eben immer neue Herausforderungen! Wenn man so viele Ideen hat wie ich, muss man immer wieder zu neuen Ufern aufbrechen. Ich sage immer, auch andere Unternehmen haben es verdient, dass ich für sie erfolgreich bin!"

Bei diesem geballten Selbstvertrauen ist es kein Wunder, dass der eine oder andere, vor allem männliche Kollege unruhig wird. Herr B aus der Controlling-Abteilung fühlt der neuen Wunderwaffe an der Verkaufsfront einmal etwas auf den Zahn. Doch wenn es um Statistiken und Businesspläne geht, hat es A wieder einmal sehr eilig. „Wissen Sie, nackte Zahlen sind das eine – sie mit Leben, sprich mit zufriedenen Kunden und erfolgreichen Geschäftsabschlüssen zu erfüllen, das ist mein Ding. Deswegen entschuldigen Sie mich bitte, ich habe einen wichtigen Termin mit dem Vorstandsdirektor der XA-Bank!"

Und so verliert das Strahlemann-Lächeln mit der Zeit immer mehr an Wirkung. Auch die Kolleginnen sind von den großen Sprüchen zusehends genervt. Wer das Pech hat, neben A im Betriebsrestaurant zu sitzen, muss sich endlose Storys über seinen erfolgreichen Werdegang samt Auslandsaufenthalten, seinen beruflichen Eroberungsfeldzug sowie alle seine wichtigen Kontakte zu höchsten Kreisen aus Wirtschaft und Gesellschaft anhören. Ach ja, er ist auch noch ein Sportass – Paragliding und Extremklettern zählen zu seinen Hobbys ...

Abbildung 8: Der Angeber

Lässt Herr A seinen großen Sprüchen nicht sehr bald genauso eindrückliche Taten folgen, wird er von seiner Umgebung wohl als typischer Angeber entlarvt werden. Was kennzeichnet nun so einen typischen Angeber?

Er fällt auf durch ein übertrieben zur Schau gestelltes **Selbstbewusstsein**. Inhalt seiner wortreichen Schilderungen sind stets er und seine **Großta-**

Der Angeber

ten. Rhetorisch rührt er dabei mit der großen Kelle an und scheut sich nicht, jede Art von Übertreibung zu verwenden. Das Wort „ich" ist dabei eindeutig am häufigsten zu vernehmen. Er ist offen, kontaktfreudig und jederzeit bereit, sich mit möglichen Bewunderern auseinander zu setzen. Stets sucht er **Abwechslung**, Neues, Spaß und Unterhaltung. Seine Gespräche und Beziehungen bleiben aber immer an der Oberfläche. Geht eine Unterhaltung zu sehr in die Tiefe oder ins Detail, zieht er sich zurück. Philosophie und das Ergründen des Sinnes des Lebens ist definitiv nicht sein Ding.

Seine perfekte **Selbstdarstellung** ist ihm in jeder Lage wichtig. Selbstdarstellung ist dabei für ihn immer auch **Selbstinszenierung**, für deren Planung und Durchführung er viel Zeit verwendet. Er ist daher sehr modebewusst und stets auf dem letzten Stand der Dinge. Neue Trends entgehen ihm kaum. Statussymbole spielen für ihn eine wichtige Rolle. Egal, ob Sportcabrio, trendige Wohnlage, neuestes elektronisches Gerät wie Handy, Organizer oder Notebook – er hat nach Möglichkeit alles Aktuelle. Und wehe dem armen Zeitgenossen, der eines dieser Statussymbole nicht bemerkt oder erkennt. Der bekommt das jeweilige Stück immer wieder unter die Nase gehalten, so lange, bis er endlich auch in Bewunderung – oder vielleicht auch Hilflosigkeit – erstarrt.

Der Angeber definiert sich oft auch über sein großes **Beziehungsnetz**. Wichtige, „namhafte" Leute zu kennen, ist ihm extrem wichtig. „Sag mir, wen du kennst, und ich sage dir, wer du bist!", ist einer seiner Leitsprüche.

Gerne würde man diesen Wichtigtuer einmal so richtig auflaufen lassen, ihn in seiner übertriebenen Nabelschau bloßstellen. Doch Vorsicht! Der Angeber ist absolut **humorlos**, vor allem, wenn es um seine Person und sein Erscheinungsbild geht. Persönliches Bloßstellen, vielleicht auch noch vor Publikum, verletzt ihn tief. Wird lediglich sein mangelndes Wissen entlarvt, kann er sich meist noch mit einer eleganten Formulierung, einem Allgemeinplatz herauswinden, wie etwa: „Will man erfolgreich sein, darf man sich nicht allzu lange mit Details aufhalten!"

Wird von ihm Detailwissen gefordert, zieht er sich daher sofort zurück. Er ist ja nur zuständig für die großen Erfolge, nicht für irgendwelche Kinkerlitzchen. Um diesen peinlichen Fragen zu entfliehen, ist er **ständig auf Achse**. Das ist auch der wahre Hintergrund für seine Dynamik: Nicht Tatendrang, sondern Flucht vor zu viel Tiefe, zu viel gefordertem Wissen lässt ihn ständig im Laufschritt durchs Leben eilen. Er scheut zwar körperliche Nähe nicht, hat aber dauernd Angst, festgenagelt zu werden. Tiefe Bindungen, Treue und Loyalität sind nicht unbedingt seine Stärken. Konsequentes Festhalten an einer Meinung fällt ihm schwer. Er braucht seinen **Freiraum**, zieht sich zwischendurch – nach einem gelungenen, aber oft auch anstrengenden Auftritt – gerne zurück.

Offenen Konflikten geht der Angeber lieber aus dem Weg. Deswegen ist er auch für Kritik nicht sehr empfänglich. Überhaupt legt er sich nicht gerne fest. Muss er Entscheidungen treffen, schiebt er sie auf die lange Bank – einiges erledigt sich dann ohnehin von selbst. Sich lange mit dem Für und Wider einer Sache zu beschäftigen überfordert ihn. Lieber nimmt er einen für ihn nachteiligen Verlauf der Dinge in Kauf, als sich schnell zu entscheiden.

Sein Streben nach beruflichem Erfolg ist davon geprägt, von anderen **bewundert** zu werden. Für ihn geht es bei seinen Karriereschritten nicht so sehr um einflussreiche Positionen mit viel Macht, er braucht prestigeträchtige Positionen. Ein anerkannter Titel, ein schönes Büro, Dienstwagen, Auslandsreisen, die Teilnahme an einer netten Konferenz sind ihm wichtiger als Positionen an den wichtigen Schalthebeln eines Unternehmens. Daher strebt er nicht unbedingt höchste Führungspositionen an – das geforderte Maß an Verantwortung würde ihn viel zu sehr einengen und überfordern. Lieber eine Position tiefer und dafür mehr Zeit zur Selbstinszenierung. Er sonnt sich gerne im Glanz eines dynamischen, erfolgreichen Chefs, der seinerseits vielleicht oft auf sein Beziehungsnetz und seine kommunikativen Fähigkeiten zurückgreift.

Das ist auch eindeutig die Stärke des Angebers: andere Menschen zu begeistern, zu motivieren. **Als Verkäufer kann er dabei durchaus erfolgreich sein.** Überall dort, wo rascher Erfolg, ein positiver erster Eindruck ohne Tiefgang gefragt sind, bringt er seine besten Leistungen. Kurzfristig kann er andere beeindrucken, blenden. Smalltalk und oberflächliche Kontaktpflege liegen ihm.

So kann der Angeber durchaus auch kreativ sein. Doch im Zentrum seines Handelns steht stets die Suche nach Anerkennung seiner Person, seines Status und seiner äußeren Erscheinung

Die Körpersprache des Angebers

Der Angeber ist immer in Bewegung. Er wendet sich zwar seinem Gesprächspartner offen zu und signalisiert Kommunikationsbereitschaft. Doch diese offene Haltung bleibt nur so lange bestehen, wie er selbst redet. Kaum ist er fertig, dreht er sich auch schon wieder leicht zur Seite, beginnt, **von einem Fuß auf den anderen zu steigen**, gerade so, als spüre er einen starken Fluchtimpuls. So wie er sich mit seiner Meinung nicht festlegen will, möchte er auch physisch nirgends Wurzeln schlagen. Nur ja nie zu lange auf einem Standpunkt (und das ist hier im rein körperlichen Sinn gemeint) verharren. Seine beiden Fußsohlen sind daher selten gleichzeitig fest auf dem Boden. Meist wippt er mit einem Fuß oder bewegt die Füße vor und zurück. Gemütlich hinsetzen wird er sich nur dort, wo er keine allzu große Gefahr seiner Position befürchtet – also zum Beispiel im Kreise seiner Bewunderer. Da wird er sich dann **betont lässig**, ein Bein vorgestreckt, einen Arm leicht nach hinten über die Lehne gelegt, in den Stuhl hängen. Das sieht zwar sehr souverän aus, er hat aber bei dieser Sitzhaltung auch wenig Bodenhaftung, sein Rücken ist durchgebogen. Für andere sitzt da einer, der kein Rückrat hat – die äußere Haltung spiegelt wie so oft in der Körpersprache die innere Einstellung. Gerne sitzt der Angeber auch auf der Kante eines Schreibtisches: Da hat er sein Publikum gut im Griff, kann von oben herab seine Person präsentieren und notfalls auch schnell wieder flüchten.

Sein Gang, seine Bewegungen sind eher **großräumig und ausladend**. Er macht sich gerne größer, als er ist. So wippt er zum Beispiel im Stehen von den Zehen auf die Fersen. Seine Schritte sind groß, er setzt fest mit den Fersen auf (deutlicher Fersengang) – manchmal unterstreicht ein typischer Angeber diesen dynamischen Gang auch noch mit Eisenblättchen an den Sohlen. „Klack, klack", jeder kann hören, wer da naht. Dreht er sich um, erfasst die Bewegung seinen ganzen Körper. Er dreht den Hals in alle Richtungen, da er stets flexibel auf Ausschau nach Neuem, Anregendem und Aufregendem ist. Mangelnde Flexibilität kann man dem Angeber nicht vorwerfen, das zeigt sich in der Körpersprache eben auch an der Beweglichkeit des Halses: Je mehr einer den Hals nach allen Seiten dreht und reckt, umso mehr ist er auch bereit, andere Meinungen wahrzunehmen und zu akzeptieren. Im Extremfall kann der Angeber seinen Kopf sogar um 180 Grad drehen – dann wird die Flexibilität zu weit getrieben. Nicht umsonst verwendet man den Begriff **„Wendehals"** für Menschen, die ohne eigene Linie, ohne Grundsätze jede Meinung dann akzeptieren, wenn sie sich davon Vorteile versprechen. Der Angeber ist in dieser Kategorie häufig anzutreffen. Er ist eben kein Mensch von allzu festen Grundsätzen.

Da der Angeber extrovertiert und kommunikativ ist, hat er meist einen offenen Gesichtsausdruck. Er **lächelt** gerne, obwohl er selten wirklich herzhaft lacht. Sein Lächeln ist Ausdruck einer bewussten Strategie, um andere zu beeindrucken, und nicht Ausdruck eines humorvollen Gemüts. Solange er auf andere zugeht, hält er auch den Blickkontakt aufrecht. Werden die Fragen seines Gesprächspartners aber zu unangenehm, schweift sein Blick sofort vom Gegenüber weg und gleitet suchend durch den Raum. Die Augen suchen weniger eine Antwort auf die Frage als vielmehr einen Fluchtweg. Wird das Gespräch zu intensiv, zu tiefgründig, weicht der Angeber auch körpersprachlich zurück. Er behält auch weiter seine eher großräumigen Bewegungen bei, allerdings werden sie jetzt etwas hektischer und fahriger. Erst wenn er seinen Fluchtweg gefunden hat (oder die richtige verbale Begründung für seine Flucht), bekommen seinen Bewegungen wieder Ziel und Richtung. Ein **starker Abgang** ist dem Angeber eben auch noch wichtig!

Die Entwicklungsgeschichte des Angebers

> *„Mein Papa hat ein neues Auto, ein ganz großes, mit ganz viel Vierrad-Antrieb, urviel PS und ganz schwarz!"*
>
> *„Meiner kauft sich jetzt einen neuen Wagen, ein Cabrio mit Turbo und das ist ganz teuer!"*
>
> *„Unser Auto hat einen Fernseher drin und alles ist aus Leder und eine Kühltasche mit kaltem Cola hat es auch!"*

Solche Dialoge finden tagtäglich in jedem Kindergarten statt. Bis zum ersten Schulalter ist es für viele Kinder wichtig, sich über ihre Umwelt, ihre Familie zu definieren. Statussymbole nehmen dabei einen wichtigen Stellenwert ein. Vor allem materielle Werte sind wichtig, stärken das eigene Selbstwertgefühl. Wer ein großes Auto, ein tolles Fahrrad, den neuesten Computer samt Software oder eine Heim-TV-Kino-Anlage hat, wird von allen bewundert, bekommt Anerkennung in der Gruppe. Angeben ohne

Der Angeber

Hemmungen ist erlaubt. Nur wenn einer gar zu sehr übertreibt und die Realität mit den Prahlereien nicht Schritt halten kann, riskiert er, von den anderen ausgelacht zu werden. So eine Erfahrung ist dann auch schon meist der erste Schritt weg vom übertriebenen Angeben. Langsam lernt das Kind, dass die Anerkennung der eigenen Person auch anders, zum Beispiel über eigene Leistung, erfolgen kann. Das neueste Computerspiel ist zwar interessant, aber die anderen Kinder kommen nicht allein deswegen zu Besuch. Ein echter Freund muss mehr zu bieten haben als Angeberei. Die soziale Einordnung in einer Gruppe ist ein schwieriger Lernprozess und beschäftigt Kindergartenkinder zu diesem Zeitpunkt, da sie eben zum ersten Mal ihre geschützte Umgebung, die Familie, verlassen.

Der spätere Angeber hat es in dieser Phase besonders schwer. In der Familie hat er bisher nur zu spüren bekommen, dass er einfach der Größte ist. Nicht selten hat er schon in dieser frühkindlichen Phase immer die tollsten Spielsachen bekommen, auf die dann auch noch bei Besuchen besonders stolz hingewiesen wurde. „Ich bin toll, und deswegen bekomme ich auch so tolle Spielsachen!" Aus irgendeinem Grund, zum Beispiel wegen körperlicher Ungeschicklichkeit, hat er dann im Kindergarten nicht sofort seinen Platz in der Gruppe gefunden. Seine Strategie, sich über vorhandene oder auch nicht vorhandene materielle Güter diesen Platz zu erkämpfen, ist zwar nicht erfolgreich. Aber statt sie aufzugeben, verstärkt er seine Anstrengungen noch.

In gewisser Weise bleibt der Angeber zeit seines Lebens in dieser frühkindlichen Phase stecken. Er hat nicht gelernt, sich über andere Dinge zu definieren. Er kann schwer akzeptieren, nur um seiner selbst willen Beachtung zu finden. Jugendliche Angeber untermauern ihre Aufschneidereien oft auch durch großzügige Einladungen: Kaugummi für alle, seht her, das kann ich mir locker leisten! So verfestigt sich ihr Weltbild: Was wirklich zählt, ist, was man besitzt, was man herzeigen kann. Nur wer bewundert wird, wird auch geliebt.

Lange und intensive Freundschaften hat der Angeber in seiner Jugend meist nicht. Er bewegt sich eher in Gesellschaft von anderen Angebern. Diese Verhaltensform kann regelrecht zum Sport werden, was den Charakter weiter in dieselbe Richtung prägt. Die Beziehungen zu Gleichaltrigen bleiben stets an der Oberfläche. So lernt er in dieser prägenden Zeit nicht, wie man Freundschaften aufbaut und erhält, was es heißt, mit allen Fehlern und Unzulänglichkeiten akzeptiert zu werden.

Ein wenig Angebertum ist also für eine bestimmte Altersstufe durchaus normal und für die Eltern noch lange kein Grund zur Sorge. Erst wenn ein Jugendlicher bis über die Pubertät hinaus an diesem Verhalten festhält, ist möglicherweise ein Wichtigtuer und Prahlhans entstanden, der dann auch auf seinem weiteren Lebensweg für seine Mitmenschen gelegentlich zur Nervensäge wird.

Tipps im Umgang mit dem Angeber

Killersätze für den Angeber

→ „Das ist ja gar nichts, mein Auto ist viel toller!"
→ „Und das ist alles?"
→ „Was, Sie haben noch nicht das neue Modell XP8?"

Der Angeber als Kollege

Wir haben bisher festgestellt: Der Angeber hat ein vermindertes Selbstwertgefühl und sucht nach Anerkennung seiner Person. Sein prahlerisches Verhalten kann ganz schön nerven! Immer wieder hält er einem den Autoschlüssel seines neuen Cabrios unter die Nase: Kein Wunder also, wenn wir trotzig reagieren: „Jetzt erst recht nicht!" Wir ignorieren seine Versuche, uns zu beeindrucken, hartnäckig. Doch der echte Angeber gibt damit noch lange nicht auf – er wird immer wieder versuchen, mit seiner Botschaft durchzudringen. Wer wohl den längeren Atem hat? Bei der Taktik „Ignorieren" sollten wir uns darüber klar sein, dass es viel Kraft, Energie und Geduld braucht, um den Angeber mürbe zu machen.

Viel zielführender ist es daher, **ein Mal** zu erkennen zu geben, dass man wahrgenommen hat, was einem der Angeber da unter die Nase hält. Aber die Betonung liegt hier eindeutig auf „ein Mal"! Wenn Sie immer wieder in geheuchelte Begeisterung ausbrechen, wenn sich der Angeber nähert, brauchen Sie sich nicht zu wundern, einen Dauer-Fan bekommen zu haben, der sich in Zukunft mit Vorliebe Sie als Opfer aussucht. Sie müssen auch nicht allzu dick auftragen und können Ihre Bemerkung ruhig sachlich und rein feststellend treffen:

Der Angeber

- ✓ „Ich sehe, Sie haben ein neues Auto."
- ✓ „Aha, du bist am Samstag bei diesem VIP-Event, ich wünsche dir einen schönen Abend."

Es geht einfach darum, dem Angeber klar zu machen, dass man seine Bemühungen wahrgenommen hat. Er will Ihre **Reaktion**, und die bekommt er auch. Vielleicht nicht ganz so bewundernd, wie er erhofft hat, aber damit muss er sich wohl zufrieden geben. Weiter gehende Bemühungen seinerseits können Sie dann mit gutem Gewissen ignorieren. Als extrovertierter Mensch sucht sich der Angeber dann lieber ein neues Opfer im Kollegenkreis. Und Sie haben gewonnen!

Eine weitere, oft sehr reizvolle Taktik im Kollegenkreis: den Angeber mit Genuss **bloßstellen**! Ihn sozusagen aufs Glatteis zu führen. Ihm einmal bildlich zu zeigen, wie lächerlich seine Versuche sein können, zu beeindrucken. Gerade den Kollegen, den man schon lange kennt, durchschaut man ja auch besonders gut. Man weiß genau, wo seine Schwachstellen sind, wo seine Angebereien jeglicher Grundlage entbehren. Da reizt es ganz einfach, dieses Wissen auszuspielen. Doch **Vorsicht**: Wer einen Angeber – vielleicht sogar vor anderen – bloßstellt und damit in seinem Ansehen demütigt, der hat sich einen Feind fürs Leben geschaffen. Denn genau dieses Bloßstellen verkraftet der Angeber besonders schwer. Das perfekte Bild seines Selbst, das er so krampfhaft aufrechtzuerhalten sucht, hat Schaden genommen. Sein ohnehin schon geringes Selbstwertgefühl ist weiter gesunken. Er wird in Zukunft nichts unversucht lassen, um demjenigen, der ihm diese Schmach zugefügt hat, zu schaden. Diese Taktik bringt also nur einen kurzen Sieg, die Nachwirkungen können hingegen unangenehm werden.

Besser ist es, den Angeber mit konkreten Fragen nach Details zu **verunsichern**. Eine Frage wirkt nie so hart wie eine Feststellung. Sie lenkt aber das Gespräch trotzdem in die gewünschte Richtung.

- → Statt: „Was du da sagst, stimmt nicht. W kann gar nicht bei der Eröffnung gewesen sein, er hatte doch den Termin in X!"
- ✓ Besser: „Hat W denn seinen Termin in X ausgelassen?"

Sie ermöglichen dem Angeber mit Fragen eine Rückzugsmöglichkeit, einen Weg, doch noch in letzter Minute aus dem für ihn in die falsche Richtung verlaufenden Gespräch auszusteigen. Er wird mit einer vagen Formulierung, wie z.B.: „Ach, von einem Termin in X hat er nichts gesagt", das Gespräch möglichst schnell beenden. Sie haben ihn wieder einmal elegant in die Flucht geschlagen, **ohne** ihn sein Gesicht verlieren zu lassen!

Konkrete Sachfragen, Fragen nach Details liebt der Angeber ohnehin wenig, da er ja nur in groben Zusammenhängen denkt. Wer Fakten und Beweise verlangt, Dinge hinterfragt, der wird in Zukunft gemieden. So kann man sich mit einem Angeber im Team gut arrangieren. Ganz nach dem Motto:

> „Ich lasse dich dein Gesicht wahren und du lässt mich dafür in Ruhe!"

Der Angeber als Chef

Ein Angeber in einer Chefposition erfordert umfassende Geduld von seinen Mitarbeitern. Er tendiert dazu, besonders lange Monologe zu halten, wobei das Wort „ich" wohl das häufigste ist. Jede Mitarbeiterbesprechung wird zur reinen Selbstdarstellung. Applaudieren die Mitarbeiter nicht, wird weitergemacht. Der Angeber in der Chefrolle ist besonders unter Druck. Er muss sein mangelndes Fach- und Detailwissen durch enormen Aufwand an Selbstinszenierung wettmachen – und das nicht nur gegenüber seinen Untergebenen, sondern auch gegenüber seinen eigenen Vorgesetzten und den Geschäftspartnern. Umso empfindlicher reagiert er auf Versagen von Mitarbeitern. Da kann er durchaus **rachsüchtig** und **ungerecht** werden.

Daher ist gegenüber einem Angeber-Chef das Anerkennen seiner Person besonders wichtig. Auch wenn es manchmal schwer fällt: Wer das Selbstbewusstsein seines Chefs stärkt, ihn auch einmal lobt, hat einfach den besseren Weg eingeschlagen. Viele genervte Mitarbeiter entgegnen uns an dieser Stelle in den Seminaren:

> *„Aber mein Chef hat ja mehr als genug Selbstbewusstsein! Wenn er schon so grauenhaft angibt, soll ich ihn auch noch loben? Dann hört er ja überhaupt nicht mehr auf mit seinen Eigen-Lobeshymnen!"*

Verwechseln Sie nicht echtes Selbstbewusstsein mit dem vorgeschützten Selbstlob des Angebers. Besonders in der Chefrolle hat der Angeber permanente **Angst**, entdeckt zu werden. Je sicherer er sich fühlt, umso eher wird er sich seine Angebertaktik für andere „Schlachtfelder" aufheben. Schafft es ein Team, sich mit seinem Angeber-Chef zu arrangieren, kann aus ihm durchaus ein angenehmer und toleranter Zeitgenosse werden. Er ist froh, sich nicht mit Details auseinander setzen zu müssen, das erledigt sein Team für ihn. Er muss sich nicht ständig beweisen – als Gegenleistung lässt er seinen Mitarbeitern freie Hand, sie können mit viel Eigeninitiative arbeiten. Unangenehm wird er dann nur für die anderen Abteilungen. Nicht selten hören seine Mitarbeiter: „Wie könnt ihr nur mit dem auskommen? Der nervt doch grauenhaft mit seiner ewigen Angeberei!"

Schwierig wird es mit dem Angeber-Chef dort, wo er klare Entscheidungen treffen sollte. Das ist, wie schon bei den Eigenschaften besprochen, nicht gerade seine Stärke. Da drückt er sich gerne, lässt Dinge unentschieden, und zwar in der Hoffnung, dass sich vieles von selbst erledigt, wenn man es nur lange genug liegen lässt. Da hilft nur eines: konsequent am Ball bleiben, nicht locker lassen, immer wieder die Entscheidung einfordern. Zugegeben, das ist echte Sisyphus-Arbeit. Aber nur so können Sie ihn mit der Zeit dazu bringen, Entscheidungen zu treffen. Das ewige Bohren und Nachfragen wird ihm auch irgendwann lästig, da entscheidet er dann doch. Und manchmal ist sogar eine falsche Entscheidung besser als gar keine. Entscheidungsschwache Chefs können die fähigsten Mitarbeiter und ganze Abteilungen blockieren.

Vereinbarungen und Ergebnisse sollten Sie mit einem Angeber-Chef immer schriftlich festhalten. Die Aktennotiz wird zum wichtigen Arbeitsmittel. Denn oft redet sich der Angeber später heraus und bestreitet, dies oder jenes gesagt zu haben. Da er sich gerne nach dem Wind dreht, ist Prinzipientreue für ihn ein Fremdwort. Handschlagqualität dürfen Sie von diesem Chef nicht erwarten!

Ist ein Angeber-Chef einmal in eine Sackgasse geraten, kann er auch sehr stur reagieren. Er redet noch mehr und ist nicht bereit, auch nur einen Millimeter von seiner Meinung abzugehen, auch wenn er den Fakten nach offensichtlich im Unrecht ist. Da hilft nur eine Taktik: Rückzug! Geben Sie ihm Zeit, fordern Sie keine sofortige Entscheidung. Nach einer Weile kann der Angeber ja auch eine ganz andere Meinung vertreten und Ihnen plötzlich Recht geben. Er stellt es dann auch noch so dar, als hätte er nie etwas anderes behauptet. Erwarten Sie keine Gerechtigkeit, er wird nie zugeben, dass Sie ihn überzeugt haben! Wichtiger ist es, dass die Entscheidung in Ihrem Sinn gefällt wird, egal, wie sie zu Stande gekommen ist.

Sie sehen schon, beim Angeber als Chef muss man ziemlich oft über den eigenen Schatten springen. Gerade deshalb ist es notwendig, sich immer wieder eines vorzusagen:

✓ **Mein Chef ist nicht so, weil er mich quälen will, sondern weil er selbst ständig unter Druck steht, sein mangelndes Wissen zu verbergen und seine Qualitäten unter Beweis stellen zu müssen. Er hat das eigentliche Problem.**

Wenn Sie es schaffen, ihn einfach so zu akzeptieren und manchmal gekonnt um den Finger zu wickeln, haben Sie es einfach leichter!

Ist ein Angeber-Chef einmal positiv motiviert und entdeckt er an sich plötzlich doch echte Fähigkeiten, kann er durchaus kreativ, wendig und flexibel agieren. Seine Stärke, seine Fähigkeit zum Networking, kann ebenfalls seiner Abteilung zugute kommen. Und eines ist dem typischen Angeber wichtig: Seine Abteilung muss das schönste und großzügigste Weihnachtsessen im ganzen Unternehmen vorweisen können!

Der Angeber als Kunde

Als sporadischer Kunde wird für Sie der Angeber wohl nur ein geringes Problem darstellen. Etwas Geduld beim Zuhören, hin und wieder ein Zeichen von Anerkennung bzw. Wertschätzung, und schon ist dieser Kundentyp meist zufrieden. Aufpassen muss man nur, dass die Anerkennung und Wertschätzung echt und nicht geheuchelt bzw. unecht klingt. Kunden können sehr empfindlich reagieren, wenn sie das Gefühl haben, nicht für voll genommen zu werden.

Echtes, aktives Zuhören ist daher gefordert. Führen Sie diesen Kundentyp behutsam mit Zustimmungsfragen in die gewünschte Richtung:

✓ „Ist nicht gerade für Sie als anspruchsvoller Anwender dieses Produkt interessant?"
✓ „Haben Sie auch schon festgestellt, dass Sie so den Betrag X sparen?"
✓ „Was halten Sie davon, wenn ich Ihnen Folgendes vorschlage ...?"

Der Angeber ist mit Fragen besonders leicht lenkbar. Er ist derart auf sich und seine Selbstdarstellung konzentriert, dass er nicht merkt, wenn ihm das Gespräch entgleitet. Gerne ist er bereit, dem anderen zuzustimmen, wenn er nur das Gefühl hat, offensichtlich selbst entschieden zu haben. Da er Entscheidungen nicht so gerne trifft, ist er unbewusst sogar dankbar, wenn ihm diese Entscheidung abgenommen wurde.

Der Angeber

Die **Wankelmütigkeit** des Angebers kann aber für Sie zum Problem werden, da sich ein solcher Kunde oft nicht und nicht festlegen will. Ist das Produkt A wirklich das Produkt mit dem höchsten Prestigewert? Oder ist das Image von Produkt B vielleicht doch besser? Nennen Sie einem Angeber-Kunden nie zu viele Details und Fakten Ihrer Leistung, Ihres Produkts. Technische Daten interessieren ihn nur am Rande. Was für ihn zählt, ist, wer zum Beispiel dieses Produkt auch verwendet, wer noch zu Ihren Kunden zählt. Diese Kaffeemaschine steht im Museum of Modern Art in New York? Das ist ein Argument, das den Angeber beeindruckt! Diese Uhr hat James Bond im letzten Film getragen? Da versteht sich der hohe Preis ja von selbst! Dieses Mountainbike war beim großen Fahrradtest des Magazins X unter den Top drei? Schon gekauft! Beim Angeber laufen Kaufentscheidungen über Gefühle, positives Image und Status eines Produktes.

Ist ein Angeber ein Kunde, mit dem Sie öfter zu tun haben, kann es unter Umständen ganz schön nerven, sich immer wieder die Zeit nehmen zu müssen, seinen Ausführungen zu lauschen. Ganz nach dem Motto „Der Kunde ist König" meint er, er kann Ihnen die Zeit stehlen. Endlich hat er ein Opfer gefunden, das ihm nicht entkommen kann. Nehmen Sie es gelassen – hören Sie zunächst aufmerksam zu und stärken Sie durch ein gewisses Maß an Anerkennung das Selbstwertgefühl Ihres Kunden. Allerdings müssen Sie auch nicht endlos zuhören. Auch einem Kunden können und sollen Sie Grenzen setzen. Analog zu den Tipps auf Seite 71 gilt auch hier:

✓ **Fragen zu konkreten Details weisen den Angeber in die Schranken, bringen ihn zum Rückzug.**

Für den Angeber-Kunden ist Smalltalk als Gesprächseinstieg besonders wichtig. Wer sofort die Hard Facts auftischt, wird bei ihm auf taube Ohren stoßen. Persönlichen Kontakt mag er sehr. Einladungen nimmt er gerne an. Nur wehe, er merkt, dass er im Kunden-Ranking nicht ganz oben zu finden ist. „Was, mit dem Kunden Y war er in diesem neuen Gourmet-Tempel essen? Dort ist es sicher viel teurer und schicker als in dem traditionellen Restaurant, wo wir uns immer treffen!"

Achten Sie daher darauf, nicht zu viele Informationen über Ihre anderen Kundenaktivitäten nach außen dringen zu lassen. Werden Sie aber nicht erpressbar: Hat ein Angeber erst einmal die Erfahrung gemacht, dass Sie auf alle seine Wünsche eingehen, wird er immer weiter fordern. Bleiben Sie klar und eindeutig bei Ihren Spielregeln – stets freundlich, aber bestimmt!

Der Besserwisser

> ES IST EIN JAMMER,
> DASS DIE BESSERWISSER ZWAR ALLES BESSER WISSEN,
> ABER NICHTS BESSER MACHEN.
>
> ERNST FERSTL

Die Verhaltensweise des Besserwissers

Mit eckigen Bewegungen betritt er den Raum. Die Oberarme hat er dabei fest an den Körper gepresst. Mit einer kurzen Geste schiebt er sich immer wieder die Brille auf der Nase zurecht. Er wurde als Experte für unser heutiges Fachgebiet angekündigt und eingeladen, beim Abteilungsleiter-Treffen zu referieren. Stocksteif steht er nun neben unserem Chef, der ihn vorstellt. Dabei unterbricht er schon nach dem ersten Satz:

„Das ist nicht ganz richtig so, ich habe an der X-Universität in A meine Zusatzqualifikation erworben und nicht hier in B!" Unser Chef entschuldigt sich und redet weiter. Aber nicht lange: „Da will ich gleich einmal einhacken, an dem Institut O vertritt man die Lehrmeinung, dass ..., aber ich wollte Sie nicht unterbrechen!" Unser Chef gibt auf und erteilt ihm das Wort. „Na, da haben Sie ja schon so einiges über mich gehört und ich darf Sie jetzt davon in Kenntnis setzen, dass ich gerne mein umfangreiches Wissen in Unternehmen wie dem Ihren weitergebe. Also, ..."

Na, das kann ja heiter werden! Die Augenbrauen meiner Kollegen wandern erstaunt in die Höhe. Unsere Befürchtungen bestätigen sich. „Ich will Sie als Laien ja nicht mit Details strapazieren, aber um dieser umfangreichen Materie einigermaßen gerecht zu werden, muss ich doch etwas ausholen ..." Das tut er dann allerdings ausgiebig. Erste Ermüdungserscheinungen machen sich breit. Der Leiter unserer Forschungsabteilung, Dr. Fach, will retten, was zu retten ist, und wirft sich in die Schlacht:

„Wenn wir schon so einen Experten hier haben, wie sehen Sie denn unsere Methode A im Vergleich zur Konkurrenz?"

„Wie darf ich denn diese Frage verstehen, Herr Kollege?"

„Na ja, Ihre Meinung interessiert uns eben ..."

Der Besserwisser

„Also, ich muss Sie schon bitten, zuerst meinen Ausführungen zu lauschen, dann werden Sie schon von selbst sehen, wie sich diese Frage beantwortet!"

Herr Dr. Fach zieht sich zurück und wirft innerlich das Handtuch. Der Herr Experte hat seine letzten Sympathien verspielt. Da er seine Ausführungen fast wortwörtlich aus seinen Unterlagen abliest, ist es äußerst schwierig, ihm zu folgen. Zu unserem großen Glück bringt er dann kurzfristig seine Unterlagen durcheinander und verliert so den Faden. Noch einmal rückt er die Brille auf der Nase zurecht und beendet dann ziemlich abrupt seinen Vortrag:

„Ich nehme an, ich habe mich klar ausgedrückt."

Aber sicher!

Abbildung 9: Der Besserwisser

Wenn wir in unseren Seminaren die einzelnen schwierigen Typen durchgehen, erkennen viele Seminarteilnehmer die eine oder andere Nervensäge aus ihrer Umgebung wieder. Aber einen Typ hat so gut wie jeder in seinem Nervensägen-Sortiment: den Besserwisser. Er gehört anscheinend zu den häufigsten Exemplaren von Nervensägen. Warum das so ist? Darüber wollen wir uns bei seiner Entwicklungsgeschichte Gedanken machen. Untersuchen wir zunächst einmal, warum uns gerade dieser Typ so sehr nervt.

Das Auffälligste an ihm ist seine **schulmeisterliche Art**: Überall mischt er sich ein und muss uns mit seiner Meinung beglücken. Er redet belehrend, von oben herab und erinnert uns nicht zuletzt deswegen an einen typischen Oberlehrer. Seine Wortmeldungen sind meist sehr ausführlich. Erklärt er etwas – und das tut er besonders gerne –, beginnt er ganz am Anfang, holt dann noch weiter aus, um auch noch das letzte Detail in seine Ausführungen mit einzubeziehen. Ob ihm seine Gesprächspartner dabei noch zuhören, ist ihm nicht so wichtig. Er erwartet ja gar nicht, dass sie ihm bei seinen geistigen Höhenflügen folgen können. Trotzdem braucht er sein Publikum. Denn schließlich will er ja wegen seines Wissens **bewundert** werden!

Gut dazustehen, ob seines Wissens geachtet zu werden, ist sein vorrangigstes Ziel. Das ist auch der große Unterschied zum Angeber. Während der Angeber auf das Ansehen seiner Person bedacht ist, geht es dem Besserwisser einzig und allein um sein Wissen, sein Können, seine Fähigkeiten. Auf sein Äußeres legt er lange nicht so viel Wert wie der Angeber. Er kleidet sich korrekt, aber eher unauffällig. Er will ja nicht mit modischem Chic glänzen. Er benötigt auch kein tolles Auto, lieber fährt er einen soliden Mittelklassewagen, dessen Vorteile er jedem, der es hören will – oder auch nicht –, **wortreich** erklärt.

Sein eher biederer Auftritt ist Ausdruck seiner **inneren Unsicherheit**. Optisch aufzufallen, aus der Masse herauszustechen wäre ihm unangenehm. Er redet auch nicht gerne vor vielen Menschen, lieber sucht er sich einzelne Opfer. Ist er es jedoch erst einmal gewöhnt, vor Publikum zu sprechen, beherrscht er auch das in seiner gewohnten Art: dozieren ohne Rücksicht auf die Aufmerksamkeit und das Interesse der Zuhörer!

Flexibilität ist nicht seine Stärke. Hat er sich einmal eine Gesprächstaktik zurecht gelegt, geht er ungern davon ab. Sich mitten in einem Gespräch auf eine völlig neue Situation einzustellen fällt ihm äußerst schwer. Da zieht er sich lieber zurück und schaltet sich erst dann wieder ins Gespräch ein, wenn er sicheren Boden unter den Füßen spürt. Fühlt er sich in einem Gespräch in die Enge getrieben, beharrt er stur auf seinen Argumenten. Notfalls wiederholt er immer wieder **dasselbe Argument**, oft sogar mit denselben Worten. Er geht dabei nicht auf den anderen ein, er kann nur seinem eigenen Kommunikationsmuster folgen. Stereotypes Wiederholen von ihm wichtig erscheinenden Details prägt seinen Gesprächsstil.

Überhaupt liebt er vor allem **Details**. Große Zusammenhänge, Hintergründe und Grundsatzüberlegungen interessieren ihn wenig. Er ist Meister der kleinen Dinge, der Einzelheiten. Niemand kann sich so in ein Detail verbeißen wie er. **„Das Schicksal der Menschheit hängt oft an kleinen Dingen"** ist eines seiner Lebensmottos. Und er ist felsenfest davon überzeugt, dass ohne ihn genau diese wichtigen Kleinigkeiten übersehen werden würden. Fakten, Zahlen und technische Daten sind seine Welt. Er kann endlose Excel-Tabellen erstellen, lesen, interpretieren und zur Argumentation heranziehen. Ist in einer Besprechung schon alles geklärt, fällt ihm mit Sicherheit noch ein wichtiges Detail auf, an das ohne ihn wieder einmal keiner gedacht hätte. Die verdrehten Augen seiner Besprechungspartner nimmt er nicht wahr. Jetzt, wo eigentlich alle weg wollen, läuft er zur Höchstform auf. Logisch, dass sich schon jeder in der Sitzung vor genau diesem Zeitpunkt fürchtet. Der Besserwisser ist sehr häufig der größte Zeiträuber in Meetings und Besprechungen. Zeitbeschränkungen bei Wortmeldungen ignoriert er konsequent.

Den Erklärungen anderer kann er nur sehr schwer zuhören. Ständig unterbricht er und muss unbedingt seine Sicht der Dinge klarlegen. Er verschließt sich dabei konsequent der Meinung anderer und erweckt den Eindruck, als hätte er geradezu Angst davor, einen anderen Standpunkt zuzulassen. Krampfhaft hält er an seinem Weltbild fest – nur ja keinen Zentimeter abweichen, nur ja nichts in Frage stellen. Muss er einmal doch eine seiner Einstellungen auf Grund von unübersehbaren Tatsachen revidieren, stürzt ihn das fast in eine Existenzkrise.

Er hat ausgeprägte **Angst vor Neuem**, Unvorhersehbaren. Er mag seine Welt überschaubar, klar strukturiert und ohne Überraschungen. Das gilt nicht nur für seine Ansichten, das bezieht oft auch seine gesamte Lebensweise mit ein. Gerne folgt er immer gleich bleibenden Ritualen. Spontaneität ist ihm verhasst. Probiert er doch einmal etwas Neues aus, ist er sehr skeptisch – meist kommt er dann auch zu dem Schluss, dass er es ohnehin gewusst hat: Vorher war es besser, sein gewohnter Weg ist ja doch der richtige.

Er wirkt meist eher **verkrampft**, manchmal sogar verklemmt, und es fällt ihm schwer, zu entspannen. Auch noch im entlegensten Urlaubsort findet er ein Opfer, das seinen Ausführungen über seinen letztjährigen Urlaub lauschen muss. Dort war eben alles besser. Unordnung, Chaos und schlechte Organisation machen es ihm wieder einmal unmöglich, sich zu erholen.

Er ist Experte für alle Lebenslagen. Egal, ob es um das Werbekonzept der Firma seiner Frau, um den Stundenplan in der Schule seines Sohnes oder die Budgetsanierungsmaßnahmen des Finanzministers geht – er hat immer die richtige Lösung parat. Meist ist dabei seine Meinung über die tatsächlichen Verhältnisse negativ. Würde man ihn nur machen lassen, die Absatzzahlen würden rapide in die Höhe gehen, sein Sohn würde wieder ordentlich lernen und der Staatshaushalt wäre im Lot. Mangelndes Interesse seiner Zuhörer deutet er als Zustimmung. Überhaupt ist er ein Meister des selektiven Gehörs. Er nimmt nur wahr, was seine Sicht bestätigt, Widerspruch versucht er in einem ersten Schritt zu überhören. Weht ihm der Wind weiter entgegen, wird er ärgerlich. Stur und eintönig wiederholt er seine Argumente. Wird er direkt angegriffen, ist er ernsthaft böse und sinnt nach Rache. Wehe dem nächsten Opfer, das seinen Weg kreuzt!

Gerne verbringt der Besserwisser seine Freizeit in Vereinen. Dort ist er auch jederzeit bereit, ein Amt zu übernehmen. Als typischer Vereinsmeier kann er da seine Liebe zum Detail voll ausleben. Ein schöner Funktionstitel, jede Menge Gelegenheit zur Selbstdarstellung und endlose Sitzungen, bei denen sein Wort zählt, sind die ideale Bühne für ihn. „Der macht sich gerne wichtig!", lautet dann oft die Kritik der anderen. „Ohne mich ginge da im Verein nichts weiter – einer muss sich ja um die Angelegenheiten kümmern!" Und bis zu einem gewissen Grad hat er damit sogar Recht: Leute wie er schätzen und pflegen Traditionen und erhalten das Altbewährte.

Die Körpersprache des Besserwissers

Die mangelnde Flexibilität des Besserwissers drückt sich auch in seiner Körpersprache aus. Großräumige, schnelle Bewegungen sind bei ihm selten. Besonders an der Beweglichkeit des Halses zeigt sich die Flexibilität in der inneren Einstellung eines Menschen. Wer seinen Hals neugierig nach oben reckt, den Kopf locker und frei nach allen Seiten dreht, beweist damit auch seine innere Bereitschaft, sich mit neuen Gedanken anzufreunden.

Der Besserwisser

Der Besserwisser dagegen zeichnet sich durch eine sehr **starre Kopfhaltung** aus. Sein Hals wirkt eingezogen, die Schultern leicht nach oben gedrückt. Will er zur Seite blicken, dreht er nicht nur den Hals, sondern bewegt sich mit dem ganzen Oberkörper zur Seite. Man sieht förmlich seine Scheuklappen. Nur ja keine zu offenen Bewegungen, nur ja sich keine andere Meinung einfangen! Insgesamt sind seine Bewegungen eher knapp, sparsam und wirken etwas **verhalten**. Gefühle und Emotionen sind ihm grundsätzlich suspekt, bei ihm zählen nur Wissen und Vernunft. Daher unterdrückt er auch alle Ansätze von körpersprachlichen Gefühlsäußerungen. Heftiges Gestikulieren ist ihm unheimlich – er konzentriert sich lieber auf das gesprochene Wort. Andere lässt er ungern in sein Inneres schauen. Ein Zuviel an Körpersprache würde seine innere Unsicherheit entlarven. Das versucht er mit allen Mitteln zu vermeiden.

Doch gerade dann, wenn er sich in die Enge getrieben fühlt, verrät er sich durch seine kurzen, **fahrigen Bewegungen**. Körpersprache lässt sich eben nicht unterdrücken. Der Besserwisser tendiert in einer solchen Situation zum Beispiel zu einem unruhigen Hin- und Herwippen der Füße. Das zeigt seinen inneren Fluchtimpuls. Der Boden unter den Füßen wird ihm zu heiß, wenn ihm die Argumente ausgehen. Oft tippt er auch nervös mit den Fingern auf die Tischplatte, was vom anderen leicht als Ungeduld ausgelegt wird, vielmehr aber ein Zeichen von Unsicherheit und Fluchtbereitschaft ist. Ergreift er dann tatsächlich auch physisch die Flucht, wird er versuchen, auch diese noch mit Worten zu begründen. „Ihr versteht einfach keine vernünftigen Argumente, es hat ja überhaupt keinen Sinn, mit euch weiterzudiskutieren!"

Hat der Besserwisser Oberwasser, drückt er das auch sehr deutlich mit seiner Gestik aus. Seine Handbewegungen gehen eher nach oben (Richtung Kopf, in die „Vernunftecke"). Der **erhobene Zeigefinger** ist dafür ein deutliches Zeichen: „Seht nur her, da oben steht es geschrieben!" Überhaupt verwendet er gerne den Zeigefinger zum Hinweisen auf Tatsachen und Fakten. Gerne nimmt er als Verstärkung auch noch einen Stift in die Hand und deutet damit vor der Nase seiner Gesprächspartner herum. Oder er klopft damit auf eine Zeile im Text: „Da, da habt ihr es schwarz auf weiß!" Diese Gestik wirkt auf andere nicht nur schulmeisterlich, sondern manchmal geradezu bedrohlich. Kein Wunder, wenn seine Gesprächspartner sofort in innere Abwehrhaltung gehen. Trotzdem sind auch diese Dominanzgesten des Besserwissers meist eckig und sparsam. Er bewegt dabei wirklich nur die Hand, indem er den Zeigefinger nach oben hebt. Bis zur Schulter reicht diese Bewegung nie. Die verharrt starr in derselben Position.

Ein deutliches nonverbales Ausdrucksmittel für den Besserwisser ist sein Blick. Seine innere Unsicherheit drückt sich ähnlich wie beim Angeber durch **Verweigerung des Blickkontaktes** aus. Dabei schweift aber sein Blick nicht ziellos durch den Raum, sondern wandert immer nach oben. Gerade so, als würde er oben (im Gehirn) nach einer Lösung suchen. Oft zucken dabei auch noch seine Augenlider – er benötigt einen klaren Blick, um wieder vernünftig denken zu können. Oft wird dieser nach oben gewandte Blick auch als Hochmut oder Scheinheiligkeit gedeutet. Und ist damit auch Ausdruck der inneren Einstellung des Besserwissers: Er erkennt nur eine höhere Instanz, seine hohen inneren Ansprüche, an und nicht eine noch so gute Meinung eines anderen. Er will sich nicht mit der Meinung des anderen auseinander setzen, deswegen verweigert er ihm auch den Blickkontakt.

Die Entwicklungsgeschichte des Besserwissers

Die Eigenschaften des Besserwissers bilden sich meist schon sehr früh aus, in den ersten drei, vier Lebensjahren. Er wird vom ersten Moment an immer übertrieben wegen seiner Leistungen gelobt und auch angespornt.

→ „Komm, du kannst es noch besser!"
→ „Los, versuch es noch einmal!"
→ „Bravo, das ist aber ein schöner Sandkuchen! Und jetzt mach gleich noch einen!"

Solche Sätze hört er häufig. Immer wird er angetrieben, seine Leistung weiter zu verbessern. Er erhält zwar reichlich Lob, wenn ihm etwas gelingt, aber sofort kommt der Ansporn zu weiteren Leistungen. So ist nie etwas genug, ausreichend. Kein Erfolg hat wirklich Wert, sofort muss er durch einen noch größeren Erfolg überboten werden. So ist er auch später nie zufrieden mit dem Erreichten, nie wirklich glücklich, sondern immer darauf bedacht, noch weiterzustreben.

Liebe und Zuneigung sind in dieser frühkindlichen Prägephase immer sehr eng mit Leistung verbunden. Diese Anerkennung seiner Leistung, seines Könnens und Wissens sucht er sein Leben lang. Je mehr er dabei auf Widerstand stößt, desto mehr muss er sich eben anstrengen, um bei den anderen Anerkennung zu erlangen. Schon in der Sandkiste hat er gelernt, dass er Erwachsene nur lang genug auf seine perfekten Sandkuchen hinweisen muss, bis sie ihn endlich überschwänglich loben (wenn auch nur, um endlich Ruhe zu haben!).

Konkurrenz spielt in seiner Entwicklung ebenfalls eine starke Rolle. Besser zu sein als die anderen ist von klein auf immer eine der wichtigsten Triebfedern. Seine Eltern definieren sich über seine Erfolge. „Wir können schon ganz alleine die Suppe essen", wird da stolz im Kreise anderer Eltern verkündet. Auch in der Familie selbst ist der Vergleich zu anderen Gleichaltrigen ein wichtiges Gesprächsthema: „Hast du gehört, der Kleine von Meyers läuft noch immer nicht! Unser Max konnte das mit 14 Monaten schon lange!"

Es ist ja durchaus verständlich, dass Eltern ihre Kinder fördern wollen. Das Fördern der Talente und Begabungen eines Kindes ist eine wichtige Aufgabe in der Erziehung. Doch manchmal wird dieses Fördern zu weit getrieben, es wird zum „über-fördern". Diese Tendenz ist in der derzeitigen Kindererziehung stark ausgeprägt. Frühkindliches Malen, vorschulische Musikerziehung, Form- und Fühltraining für Babys, frühmathematische Übungen und vieles mehr wird in Kursen angeboten und von übereifrigen Eltern mit Begeisterung belegt. In unserer extrem leistungsorientierten Gesellschaft kann man ja schließlich die geistige Entwicklung seines Kindes nicht einfach dem Zufall überlassen. Ein Ball ist auch nicht mehr einfach nur ein Ball, sondern ein pädagogisch wertvolles Spiel- und Übungsgerät zur frühkindlichen Formenerfahrung.

Diese „Über-Förderung" initiiert naturgemäß die Entwicklung von Besserwissern. Wer schon am ersten Tag seines Kindergartenlebens mitbekommt, dass sein neuer Freund noch nie etwas von „erstkindlicher Gestaltung" gehört hat, der muss sich ja von Anfang an als etwas Schlaueres fühlen!

Später, in der Schule, ist das Betonen der eigenen Leistung auch wichtiger als das Eingliedern in ein soziales Umfeld. „Kümmere dich nicht um die anderen, Hauptsache, du weißt die richtige Lösung! Und sag es ruhig dem Lehrer, wenn dich die anderen necken. Die sind ja doch nur neidisch!" Mit solchen Sätzen entwickelt sich der kleine Besserwisser zum unbeliebten Außenseiter. Er petzt, wenn ihm auffällt, dass irgendjemand sich eines Fehlverhaltens schuldig gemacht hat. Er hat als Einziger die Hausaufgabe, wenn alle anderen in der Klasse sich zum Streik und Aufgabenboykott zusammenschließen. Jeder von uns kann sich noch gut daran erinnern, was mit den „Bitte, Herr Lehrer, ich weiß was!"-Schülern geschehen ist: Sie waren unbeliebt, von allen gemieden, als unkollegial ins Eck gerückt und gnadenlos von der Gemeinschaft ausgeschlossen. Die Verteidigungsstrategie dieser Kinder war jedoch nicht, das eigene Verhalten zu ändern, an das der anderen anzupassen, sondern das genaue Gegenteil. Unterstützt von den ermutigenden Worten der Eltern haben sie sich nur noch mehr in die bisherige Taktik verbissen. Jetzt erst recht zeigen, um wie viel man es besser kann, und trotzig auf seiner Sonderstellung beharren: „Du bist eben anders als die anderen, du brauchst nicht von denen geliebt zu werden. Hauptsache, der Lehrer weiß, wie gescheit du bist. Die anderen werden schon noch schauen, du wirst einmal sicher erfolgreicher werden!"

Diese fatale Strategie hat bewirkt, dass der erwachsene Besserwisser nicht mehr aus seinem selbst errichteten Gefängnis hinauskann. In seinem tiefsten Inneren fühlt sich ein ausgeprägter Besserwisser dort sehr allein, sehr einsam. Denn natürlich will er geliebt und akzeptiert werden, das wollte er ja auch schon in der Schulzeit. Doch wer den anderen immer nur sein großes Wissen unter die Nase reibt, hat ebenso wenig Chancen darauf, geliebt zu werden, wie der Angeber, der sich diese Liebe mit Geld erkaufen will.

So steckt in vielen Besserwissern ein zutiefst einsamer Mensch, der es nicht schafft, Gefühle offen und ehrlich zu zeigen und zu den eigenen Unzulänglichkeiten zu stehen.

Tipps im Umgang mit dem Besserwisser

Killersätze für den Besserwisser

→ „Da haben Sie sicher Unrecht!"
→ „Jetzt denken Sie erst mal nach!"
→ „Das können sie ja gar nicht wissen!"

Der Besserwisser als Kollege

Der Besserwisser im Kollegenkreis stellt eine der größten Nervensägen überhaupt dar. Sein ewiges Einmischen, seine ständigen Verbesserungsvorschläge, seine unangenehme Art, immer wieder die gleichen Sätze zu wiederholen, können gehörig nerven. Es ist schwer, sich dem Besserwisser zu entziehen. Er verfolgt seine Opfer gnadenlos und findet immer Gelegenheiten, seine geistige Überlegenheit unter Beweis zu stellen. Was also tun?

Ähnlich wie beim Angeber macht es auch beim Besserwisser wenig Sinn, seine Bemühungen um Anerkennung konsequent zu ignorieren. Geben Sie dem Besserwisser einmal die Bestätigung, dass Sie sein Wissen erkannt haben. Ein Satz wie:

✓ **„Ich sehe, da hast du dich schon genau informiert."**

rinnt dem Besserwisser hinunter wie Honigwein. Doch auch hier gilt: Ein Mal muss genug sein! Wer immer wieder versucht, dem Besserwisser aus taktischen Gründen zu schmeicheln, hat sich eine Dauer-Nervensäge eingehandelt.

Ein gewisses Maß an **Grenzen zu ziehen** ist daher notwendig: Lassen Sie den Besserwisser zunächst ausreden und hören Sie möglichst unvoreingenommen zu. Sehr häufig hat er ja auch wirklich gute Vorschläge. Auf Grund seines Ehrgeizes, seines Strebens nach Wissen hat er eine ganze Menge zu bieten. Er weiß vieles gut, aber eben nicht immer besser. Machen Sie sich also so weit wie möglich sein Wissen zunutze, manchmal lässt sich ein Besserwisser auch sehr gut im Team als Experte für knifflige Aufgaben einsetzen. Hat er eine **Detailaufgabe** bekommen, mit dem Hinweis, dass das außer ihm wohl keiner so gut bewerkstelligen könne, wird er sich mit Feuereifer in die Arbeit stürzen. Vereinbaren Sie mit ihm jedoch klare Rahmenbedingungen. Nach Möglichkeit sollte ein Besserwisser auch als Einzelkämpfer eingesetzt werden. Er ist oft als Teamspieler ungeeignet, da er das restliche Team immer wieder durch seine Einwände und Selbstdarstellungsversuche blockiert. Sein Arbeitsbereich sollte daher genau abgegrenzt und im Solo durchführbar sein.

Überhaupt arbeitet er effizienter, wenn er ein gewisses Maß an Distanz zu anderen hat. Er muss sich und den anderen dann nicht ständig beweisen, wie gut er ist. Er benötigt für seine Arbeit viele Fakten, alles schriftlich und ausführlich dargestellt.

Visionen und Querverbindungen sind nicht seine Stärke. Sie können daher einen Besserwisser sehr gut in seine Schranken weisen, wenn Sie ihm genau danach Fragen stellen:

- ✓ „Wie siehst du das im Gesamtzusammenhang?"
- ✓ „Wie ist denn deine Unternehmensvision für die nächsten Jahre?"

Auf solche Fragen findet er schwer eine befriedigende Antwort. Lieber zieht er sich aus dem Gespräch zurück. So haben Sie ihn elegant in die Flucht geschlagen und damit auch noch einiges an Nachhaltigkeit erzielt: Leute, die ihn immer wieder nach übergeordneten Zusammenhängen fragen, meidet er grundsätzlich und sucht sich lieber ein Opfer, bei dem er seine Detailverliebtheit ausleben kann.

Lassen Sie den Besserwisser nach Möglichkeit zumindest am Anfang ausreden und hören Sie ihm auch zu. Bremsen Sie ihn aber rechtzeitig ein, noch bevor er so richtig in Fahrt kommt. Achten Sie dabei auf eine sehr klare und bestimmte Art zu sprechen. Streichen Sie alle Möglichkeitsformen (hätte, könnte, müsste, dürfte ...) und vagen Formulierungen (man, eventuell, unter Umständen, vielleicht ...) aus Ihrem Vokabular. Denn merkt der Besserwisser erst einmal eine kleine Unsicherheit in Ihrem Auftreten, hakt er sofort ein.

In Meetings benötigt der Besserwisser klare Vorgaben zur Gesprächskultur. **Zeitlich begrenzte Redezeiten** sind dabei besonders wichtig. Er wird immer wieder versuchen, diese Spielregel zu ignorieren. Wird jedoch konsequent darauf bestanden, muss auch er sich mit der Zeit beugen. Seien Sie also sehr konsequent – bei allen Teilnehmern – und achten Sie auf die Einhaltung der Vereinbarungen. Seien Sie auch hartnäckig – der Besserwisser ist in dieser Beziehung sicher schwer erziehbar!

Natürlich gibt es auch Taktiken, die einen Besserwisser verunsichern:

- ✓ **Stellen Sie ihm sehr persönliche Fragen, Fragen nach seinen Gefühlen. Das ist definitiv nicht sein Spezialgebiet, da zieht er sich zurück.**
- ✓ **Loben Sie seine Kleidung, sein Erscheinungsbild. Das ist er nicht gewohnt, ist ihm auch nicht wichtig, daher fängt er mit Komplimenten in dieser Richtung nichts an.**
- ✓ **Fordern Sie von ihm grafische Darstellungen statt Tabellen. Die fallen ihm sehr schwer, er ist auf Hilfe angewiesen.**
- ✓ **Halten Sie Vereinbarungen mit ihm schriftlich fest, da kann er im Nachhinein nicht behaupten, er hätte dies und jenes nie gesagt. Aus diesem Grund sind ihm solche Vereinbarungen auch sehr unangenehm.**

Achten Sie bei der Verunsicherungstaktik jedoch genau darauf, den Bogen nie zu überspannen, das kann nämlich gefährlich werden. Denn wird der Besserwisser einmal so richtig bloßgestellt, reagiert er äußerst **nachtragend** und sinnt auf wohl durchdachte Rache. Da setzt er dann all seine Talente ein – und findet meist einen Weg, um seinen Feinden zu schaden. Einen Besserwisser zum Feind zu haben ist daher alles andere als empfehlenswert. Er ist ein gefährlicher Gegner.

Der Besserwisser als Chef

Der Besserwisser als Chef hält gerne eine gewisse Distanz zu seinen Mitarbeitern und gibt sich eher **unnahbar**. Er fühlt sich ihnen stets überlegen und lässt sich andererseits ungern in die Karten blicken. So wissen die Mitarbeiter oft lange nicht so genau, woran sie bei ihm sind. Bis er einen (tatsächlichen oder vermeintlichen) Fehler entdeckt hat – dann zeigt er seine wahre Einstellung: Er hat ohnehin immer schon gewusst, dass seine Mitarbeiter allesamt unfähig sind. Wenn er nicht ständig hinter ihnen her ist und im letzten Moment die Kastanien aus dem Feuer holt, geht eben alles schief. Jetzt müssen die Mitarbeiter eine Standpauke über sich ergehen lassen, in der ihnen ihre eigene Unfähigkeit vor Augen geführt wird und dass sie sich letztendlich doch glücklich schätzen müssen, wenigstens so einen fähigen Chef zu haben!

Der Besserwisser-Chef ist seinen Mitarbeitern gegenüber äußerst **skeptisch** und misstraut ihnen. Delegieren fällt ihm daher besonders schwer. Eigenständigkeit fördert er nicht. Sein Motto lautet: „Vertrauen ist gut, Kontrolle ist besser!" So hat man bei ihm ständig das Gefühl, dass er einem über die Schulter schaut. Meist ist er deswegen auch von demotivierten Mitarbeitern umgeben.

Achten Sie daher bewusst auf Ihre innere Motivation, wenn Sie mit so einem Chef beglückt wurden. Fordern Sie genaue **Kontrollrichtlinien**, wenn ihnen eine Aufgabe übertragen wird. Lieber vorher genau abklären, was, wie, bis wann, von wem und mit welcher Kontrolle zu tun ist. Einen Mitarbeiter, der vorher jeden Punkt haarklein abklärt, wird der Besserwisser-Chef zu schätzen wissen.

Grundsätzlich ist es unbedingt erforderlich, mit so einem Chef-Typ alle wichtigen Punkte schriftlich festzuhalten und sich Entscheidungen auch immer schriftlich absegnen zu lassen. So kann er hinterher nicht behaupten, diesem Punkt nie zugestimmt zu haben. Allerdings gilt hier natürlich besonders: Wer seinem besserwisserischen Chef einen Fehler oder mangelndes Wissen nachweisen kann, der sucht sich besser gleich eine neue Stelle!

Geben Sie Ihrem Chef Zeit zum Entscheiden. Ein Besserwisser hasst es, unter Zeitdruck zu stehen. Er muss sich ja vorher alle Details genau überlegen und noch die eine oder andere Excel-Tabelle als Entscheidungshilfe erstellen. Sehr häufig entscheidet er gar nicht. Viele Dinge erledigen sich ja ohnehin von selbst – und wer gar nicht entscheidet, kann auch nicht falsch entscheiden. Das ist mit ein Grund, warum Besserwisser meist über mangelhafte Führungsqualitäten verfügen. Wer seinen Mitarbeitern misstraut, sie demotiviert und entscheidungsschwach ist, der bewährt sich im harten Unternehmenskampf schwer. Ein Großteil der Energie des Besserwissers in Führungspositionen geht daher auch im Verteidigen seiner Position verloren.

Seine Eigenheiten sind auch in der restlichen Führungsetage nicht allzu beliebt. Das schwächt das Netzwerk im Unternehmen, und nicht selten färben schlechte Eigenschaften des Chefs auf die restliche Abteilung ab. Nehmen Sie daher manche Vorurteile im eigenen Unternehmen nicht persönlich, sprechen Sie sie notfalls auch an und bemühen Sie sich bewusst um Ihr eigenes Netzwerk im Haus, pflegen Sie den guten Kontakt zu anderen Stellen.

Oftmals benötigt ein Besserwisser festgelegte Rituale und immer gleich bleibende Arbeitsabläufe. Wer nicht fähig ist, diese manchmal sehr starre und unflexible Arbeitsweise mitzutragen oder zumindest das Beste daraus zu machen, der hat ernsthaft Probleme. Da der Chef Änderungen gegenüber sehr negativ eingestellt ist, bringt es wenig, ihm solche vorzuschlagen. Setzen Sie daher Prioritäten. Ist eine Änderung eines Ablaufes aus Ihrer Sicht unvermeidbar, bereiten Sie Ihre Taktik in seinem Sinn genau vor. Berufen Sie sich auf exakte Recherchen und bringen Sie anerkannte Experten oder wichtige Stellen im Haus ins Spiel:

✓ **„Die Sekretärin von unserem Chefcontroller, Herrn Dr. Huber, macht das auch so und ich habe Ihnen hier eine Aufstellung der in Zahlen belegten Einsparungen zusammengestellt."**

Im Idealfall gelingt es Ihnen, Ihre Idee so zu verkaufen, dass Ihr Chef hinterher der Meinung ist, es wäre seine Lösung:

- ✓ „Ich habe Ihre Anregung neulich aufgegriffen und finde wirklich, dass Sie in diesem Punkt Recht haben. Wenn man das so und so macht, bringt das tatsächlich folgende Einsparungen … So habe ich das ja noch gar nicht gesehen!"

Hört der Besserwisser einmal „Sie haben Recht!", haben Sie meist den richtigen Schalter geknipst. Er stimmt gerne und rückhaltlos zu, so genau will er dann gar nicht mehr hinterfragen, warum und wobei er denn Recht hatte.

Der Besserwisser als Kunde

Beim besserwisserischen Kunden brauchen Sie meist vor allem eines: Zeit! Kein anderer Kunde reagiert so ungehalten auf Zeitdruck wie er. Wenn er nur im Entferntesten das Gefühl hat, Sie würden ihn zu etwas drängen, wird er **stur** und verbeißt sich erst recht in seine Einwände. Rasche Kaufentscheidungen sind ihm ein Gräuel. Bei ihm will alles genau überlegt sein.

Rühren Sie bei ihm Ihre Argumente ruhig mit der großen Kelle an: Er will über jedes **Detail** informiert werden, er verkraftet viele Informationen, viele Fakten und Zahlen. Zahlen und Tabellen geben ihm Sicherheit, ebenso wie das Berufen auf Expertenmeinungen und Konsumentengutachten. Er braucht Referenzen und Erfahrungswerte, um sich entscheiden zu können.

Sprechen Sie sein fundiertes Wissen an, sagen Sie ihm, wie wichtig Ihnen gerade auch seine Meinung ist. So fühlt er sich ernst genommen und in seiner Rolle als **„mündiger Konsument"** bestätigt. Eine Kundenbeziehung mit einem Besserwisser kann auf diese Weise durchaus langfristig werden. Er ist, wenn er einmal zufrieden gestellt wurde, treu und somit der klassische Stammkunde. Machen Sie nur nicht den Fehler, ihn zu übersehen. Denn aus dem treuen Stammkunden kann so auch ein erbitterter Feind werden.

Ein Seminarteilnehmer aus einem firmeninternen Seminar hat uns vor kurzem folgende Geschichte erzählt:

> *„Ich habe da einen Stammkunden, der ist grundsätzlich mit unserer Leistung sehr zufrieden. Trotzdem sind schon alle meine Mitarbeiter genervt, wenn nur sein Name fällt. Er gilt im Haus als ständiger Beschwerdeführer. Einmal hat er drei Minuten warten müssen, dann war wieder der Briefumschlag, den er von uns erhalten hat, in der rechten*

oberen Ecke verschmutzt, dann wieder hat die Kollegin am Empfang nicht richtig gelächelt – irgendetwas findet er immer. Und er hält auch mit Verbesserungsvorschlägen nicht hinter dem Berg. ‚Wissen Sie, ich will mich ja nicht einmischen, aber warum machen Sie das nicht so ...' Dieser Satz aus seinem Mund – und alle im Haus gehen in Deckung. Und weil ich als gutmütig und geduldig bekannt bin, habe natürlich ich die Betreuung dieser Nervensäge übertragen bekommen. So habe ich auch die eine oder andere Stunde damit verbracht, mir die endlosen Erklärungen und Beschwerden anzuhören.

Dass diese Beschwerden eigentlich keine echten sind, habe ich bald erkannt. Er wollte ja gar nicht, dass wir sofort alles ändern, er wollte ja nur unter Beweis stellen, was er für ein unternehmerisch denkender Kunde ist, der sich mit unserer Firma als alter, zufriedener Stammkunde identifiziert. Irgendwann hat es mir aber dann trotzdem einmal gereicht. ‚Und wie sieht denn Ihr Vorschlag im Detail aus?', habe ich ihn nach einem seiner berühmten Vorträge zur Lage unserer Missstände gefragt. Er hat sich am Kopf gekratzt und geantwortet: ‚Ich werde mir das genau überlegen, ich gebe Ihnen gerne Bescheid!' Ich habe ihm mit offnen Mund nachgeschaut, wie er fast glücklich abgezogen ist. Und tatsächlich, einige Zeit später kam er mit einem genau ausgearbeiteten Papier seines Vorschlages. Ich habe mich bedankt und ihn gelobt: ‚Kunden wie Sie machen unseren Erfolg aus!' Seit damals bekommt er gelegentlich eine kleine ‚Hausaufgabe' von mir und wir verstehen uns bestens. Manchmal sind seine Vorschläge auch gar nicht so dumm, wir haben schon die eine oder andere Anregung durch ihn erhalten!"

Dieser Kundenbetreuer hat seinen Besserwisser-Kunden mit eingebunden, ihn sozusagen ins Boot geholt. Das hat ihm nicht nur Sicherheit und Anerkennung gegeben, es hat seinen Selbstwert enorm gehoben. Solange Sie auf klare Grenzen achten, eine durchaus Erfolg versprechende Strategie!

Der Negative

> DIE MENSCHEN STREICHEN MEISTENS DAS NEGATIVE HERAUS, ODER HABEN SIE SCHON EINMAL EIN SCHILD MIT DER AUFSCHRIFT „GUTMÜTIGER HUND" GESEHEN?
>
> UNBEKANNT

Die Verhaltensweise des Negativen

Frau Schwarz ist schon sehr lange im Unternehmen. Ihre Stellenbeschreibung kennt keiner so genau. Irgendwie ist sie für alles zuständig. Sie überwacht die Sitzungszimmer, hat die Logistik des Büromaterials über, verwaltet diverse Personallisten, wartet die Kopierer etc. Keiner weiß genau, wo eigentlich ihr Arbeitsplatz ist. Man trifft sie überall und nirgends. Sucht man sie, ist sie unauffindbar. Plötzlich steht sie mit einer Mappe vor dem Schreibtisch und verlangt eine Unterschrift unter einer Liste, die man noch nie gesehen hat. Lautlos taucht sie unerwartet an irgendwelchen Orten auf. Meist spricht sie sehr leise, oft muss man nachfragen, was sie gesagt hat. Letztens beim Mittagessen haben zwei Kollegen gerätselt, welche Augenfarbe Frau Schwarz eigentlich hat.

„Keine Ahnung, ich glaube, sie hat mir noch nie in die Augen geschaut!"

„Da hast du Recht, ich sehe sie auch immer nur mit gesenktem Blick."

„Na, ist ja auch nicht so wichtig."

Wenn sie jedoch jemand um etwas bittet, seufzt sie zunächst schwer. „Ach, es ist doch immer das Gleiche! Wenn ich nicht wäre, wo würdet ihr nur euer Zeug hernehmen? Ist denn wirklich keiner fähig, sich selbst mit Kopierpapier zu versorgen? Warum immer ich?"

Will man mit ihr die Reservierung eines Sitzungszimmers besprechen, antwortet sie sofort: „Das wird so nicht gehen! Bis elf ist jedes Zimmer belegt, ich kann da unmöglich etwas umplanen! Die Meetings dauern ohnehin immer viel länger, als man mir sagt, keiner haltet sich an die Vorgaben!"

Nervensägen unter der Lupe

Abbildung 10: Der/die Negative

Der Negative

Will sie wieder eine Unterschrift unter eine Personalliste, ist es besser, erst gar nicht zu fragen, wofür die denn gut sei. „Keine Ahnung, wieder einmal so eine sinnlose Anordnung. Aber mich fragt ja keiner, ich führe ja nur aus, was man mir von oben anschafft. Und die da oben überlegen sich doch nichts!" Auf die Führungskräfte im Haus ist sie grundsätzlich schlecht zu sprechen. „Beziehen nur dicke Gehälter und drücken sich um klare Entscheidungen." Aber dem „einfachen Fußvolk" kann sie auch nicht viel Positives abgewinnen. „Keiner weiß mehr, was arbeiten heißt. Als ich hier angefangen habe, da hat noch ein anderer Ton geherrscht. Da hat sich nicht jeder hinter seinem Computer versteckt und gewartet, dass es endlich vier Uhr wird!"

Bei genauer Betrachtung kommt niemand gut weg: Der Busfahrer fährt ihr am Morgen immer vor der Nase davon, der Zeitungsverkäufer an der Ecke grüßt sie nie, das Obst im Supermarkt wird auch immer schlechter und über das Fernsehprogramm will sie schon gar nicht mehr reden. Bei so viel versprühtem Lebensfrust ist es kein Wunder, wenn jeder sie meidet und sich schnell verdrückt, wenn sie mit ihren hängenden Schultern den Korridor entlangkommt.

Während der Angeber und der Besserwisser zu den eher geräuschvollen Nervensägen zu zählen sind, sägt der Negative eher leise an unseren Nerven. Dafür aber umso ausdauernder und nachhaltiger. Der Negative sticht nicht sofort ins Auge, er fällt nicht so auf. Gerne versteckt er sich in der Menge. Er ist keiner, der sich in den Vordergrund stellt. Manchmal wirkt er sogar teilnahmslos. Fragt man ihn jedoch direkt um seine Meinung, merkt man sehr rasch, was sich hinter seiner oft ausdruckslosen Fassade verbirgt.

Er ist grundsätzlich gegen alles und jedes kritisch eingestellt. Seine Annahmen gehen stets vom schlechtesten aller möglichen Fälle aus. Er ist immer davon überzeugt, dass Negatives wesentlich häufiger eintritt als Positives. **„Wenn nur etwas schief gehen kann, dann geht es auch schief!"** lautet sein Lebensmotto.

Es fällt ihm sehr schwer, zu anderen Vertrauen zu fassen. Denn nicht nur das Objekt hat Tücken, auch das Subjekt. Er geht davon aus, dass ihm grundsätzlich jeder Mitmensch feindlich gesinnt ist. Schlechte Eigenschaften am anderen fallen ihm sofort auf. Er ist so darauf fixiert, nur die **Schwächen** des Gegenübers zu sehen, dass ihm positive Merkmale komplett entgehen.

Die kann er höchstens erst dann feststellen, wenn sich dieses Gegenüber einem anderen zuwendet. „Klar, zu dem ist er nett, aber bei mir, da zeigt er sein wahres Gesicht!"

Typisch für den Negativen ist, dass er immer alles Schlechte **auf sich bezieht**. Nur ihm passieren Katastrophen. Negative Selbstgespräche gehören zu seinen häufigsten Beschäftigungen. Jedes weitere negative Erlebnis bestätigt nur wieder seine pessimistischen Theorien. Für ihn ist das Glas immer halb leer.

Der Negative kann durchaus kreativ sein. Allerdings bezieht sich diese Kreativität nicht auf das Finden von Lösungen, sondern eher auf das Aufspüren von möglichen Schwachstellen und das Entwerfen von zukünftigen Horrorszenarien. In seiner Phantasie nimmt er alle möglichen negativen zukünftigen Entwicklungen vorweg. Wer so fest an eventuelle Katastrophen glaubt, der wird auch in der Realität auf die eine oder andere treffen.

Sein Problembewusstsein ist stark entwickelt, und er ist auch in der Lage, Probleme genau zu analysieren. Allerdings ist er nicht an der Lösung von Problemen interessiert, lieber beklagt er sie. Selbst wenn die Lösung schon klar im Raum steht, wird er immer noch ein neues Teilproblem entdecken. Und wenn dann die Angelegenheit für alle anderen abgehakt und gelöst ist, bleibt er weiter skeptisch. „Wenn da nur mal nicht noch das dicke Ende nachkommt!"

Seine Rhetorik ist geprägt von **negativen Worten**. Ein klares und eindeutiges „Ja" kommt ihm kaum über die Lippen. Da bleibt er schon lieber beim „Ja, aber". Er hat eine Riesenauswahl an typischen Killersätzen in seinem Wortschatz:

→ „So wird das sicher nicht gehen!"
→ „Das haben wir aber noch nie so gemacht!"
→ „So einfach ist das nicht!"
→ „Das hat ja sowieso keinen Sinn."
→ „Da wird nichts draus, das spüre ich schon."
→ „Das stellen Sie sich viel zu einfach vor."

Ist sein Gegenüber besonders optimistisch gestimmt und versucht, ihn mit positiver Motivation mitzureißen, verschanzt er sich noch mehr hinter seinen Negativsätzen. Jede Art von Begeisterung ist ihm zutiefst suspekt. Enthusiasten hält er für unrealistische Träumer. Er ist felsenfest davon überzeugt, die Welt realistisch (negativ) zu beurteilen. Positives Denken macht ihn nahezu krank. Da kann er sogar auch einmal aggressiv reagieren, was grundsätzlich nicht seine Art ist. Er zieht sich sonst lieber aus allen Kämpfen zurück – es gibt ja kaum etwas, für das es sich lohnen würde zu kämpfen.

Der permanente **Leidensdruck** ist zu einem festen Bestandteil seines Lebens geworden. Gibt es gerade kein unmittelbares Unglück, das ihn bedroht, versinkt er gerne in eine Stimmung von wehmütiger **Melancholie**. Er hat keinerlei Sinn für Humor. Bei einer wirklich komischen Szene, bei der sich alle rund um ihn die Bäuche halten vor Lachen, huscht höchstens ein kurzes Lächeln über seine Lippen. Fröhliche Menschen hält er für oberflächlich.

Negative **Vorurteile** prägen seine Einstellungen. Wenn er schon so oft hört, dass gewisse Dinge so und so (schlecht) sind, ist er nur allzu gerne bereit, diese Meinung zu übernehmen. Mitjammern ist ja eine seiner Stärken. Da fühlt er sich dann wenigstens ein wenig verstanden. Vorurteile werden für ihn zu echten Lebenshilfen, Orientierungspunkten und Stützen. „Wenn man schon immer hört, dass die EU schlecht für uns ist, brauche ich mir gar nicht mehr den Kopf zu zerbrechen. Die werden schon Recht haben!"

In seinem tiefsten Inneren ist er **unsicher** und **ängstlich**. Er fürchtet Enttäuschungen und Schmerz und erwartet sich schon vorsorglich nicht viel, um nicht enttäuscht und verletzt zu werden. Dann ist auch das Gefühl des Zurückgewiesenwerdens nicht so groß. Bevor eine Beziehung zu eng wird, zieht er sich daher gerne etwas zurück. Lieber beendet er sie, bevor der andere das tut. Lieber allein sein, als von anderen enttäuscht zu werden.

Verstärken sich all diese Verhaltensweisen des Negativen, so entsteht das klassische Krankheitsbild des Depressiven. Wir wollen aber hier nicht von krankhaften Persönlichkeitsbildern sprechen und beschränken uns auf den ganz alltäglichen Negativen. Oft jedoch sind die Grenzen zum Krankheitsbild fließend. Depression ist ein sehr weit verbreitetes Leiden in unserer Gesellschaft und wird häufig und gerade auch von den Betroffenen viel zu spät erkannt. Derzeit besteht ein großer Bedarf an Erkennen und Behandeln depressiver Störungen, wobei die soziale Beeinträchtigung jener bei körperlichen Erkrankungen vergleichbar ist.

Die Körpersprache des Negativen

Wie Frau Schwarz in unserer Eingangsgeschichte, senkt der Negative sehr häufig seinen **Blick zu Boden**. Es fällt ihm äußerst schwer, direkten Augenkontakt zu halten. Sein Blick streift dabei nicht ziellos durch den Raum, sondern fixiert einen Punkt am Boden. Oft legt er die Stirn in Falten und zieht skeptisch die Augenbrauen hoch. Auch seine Mundwinkel wandern häufig nach unten. Dabei presst er manchmal die Lippen zusammen, sein Mund wirkt dann wie ein Strich. Sein Gesichtsausdruck drückt dabei äußerste Skepsis aus. Der **zusammengepresste Mund** lässt darauf schließen, dass er gerade krampfhaft versucht, ein negatives Statement zurückzuhalten. Immer wieder schüttelt er den Kopf – entweder um seine innere Skepsis auszudrücken oder um ein ausgesprochenes „Nein" körpersprachlich zu unterstützen. Der Blick ist dabei wieder direkt auf einen Punkt am Boden gerichtet, er will und wird seine Meinung nicht ändern. Sein Hals ist oft zwischen die Schultern gezogen, eine eindeutige Schutzposition, die „Schildkrötenhaltung".

Generell sind seine Bewegungen nach unten gerichtet. Die Schultern hängen leicht nach vorne, der Kopf bewegt sich ebenfalls nach unten. Er senkt also nicht nur den Blick, er senkt den ganzen Kopf. Er bewegt sich schleppend und hebt dabei kaum die Füße vom Boden. Seine Schritte sind klein und zaghaft. Die Arme hängen dabei nach unten, fast so, als würden sie nicht zum Körper gehören. Die hängenden Schultern lassen den Rücken rund werden. Er wirkt auch im Stehen so, als würde er in sich zusammensinken, so, als wären seinen Knochen elastisch. Das Rückgrat gibt keinen Halt, es fehlt ihm also an Haltung, an einer festen Überzeugung.

Setzt er sich, sinkt er richtig in den Stuhl. Er wirkt immer leicht **erschöpft**. Häufig sitzt er nur auf der Stuhlkante, ganz so, als würde ihm nicht der gesamte Stuhl zustehen, als würde er noch jemandem neben sich Platz machen wollen. Auch im Sitzen zieht er oft den Kopf zwischen die Schultern, vor allem, wenn er sich unbeobachtet fühlt.

Immer wieder seufzt er und bläst dabei die Luft aus den Lungen. Er möchte das Negative gerne aus sich herauslassen. Dabei zieht er die Schultern kurz hoch, um sie nachher wieder fallen zu lassen. Ganz so, als wolle er die allzu schwere Last auf seinen Schultern abwerfen.

Der Negative

Gehen ihm in einem Gespräch die Argumente aus, hebt er die Hände kurz nach oben, um sie dann ebenfalls wieder nach unten sinken zu lassen. Damit drückt er aus: „Na, da kann man eben nichts machen."

Ist er unsicher, hält er sich die **Hand vor den Mund**. Seine Stimme klingt dann leise und monoton. Er ist es ja gewohnt, dass die anderen nicht so viel Negatives hören wollen. Daher versucht er seine Worte mit der Hand zurückzuhalten. Bekommt er zu viel Information vorgesetzt, wirkt sein Gesicht zunehmend verkniffen, alle Gesichtsmuskeln werden zusammengezogen. Er wehrt sich gegen das Eindringen von zuviel Neuem, er will nichts mehr hören. Sein (negatives) Bild ist schon längst fertig, das wird sich nicht mehr ändern.

Oft stützt er den Kopf in die Hände. Ganz so, als würde ihm die Last seiner pessimistischen Gedanken zu schwer. Er wirkt dann müde und ausgebrannt. In Anwesenheit anderer setzt er gerne seine Leidensmiene auf.

So geht es dabei der Arbeitskollegin unserer Frau Schwarz:

> *„Wenn ich nur ihren leidenden Gesichtsausdruck sehe, merke ich, wie sich in mir alles verkrampft. Immer so ein Gesicht wie sieben Tage Regenwetter vor sich zu haben, ist echt eine Zumutung. Egal, ob die Sonne scheint, das Wochenende vor der Tür steht oder der Chef sie lobt – immer dieser leidende Gesichtsausdruck! Sie macht mich noch wahnsinnig!"*

Die Entwicklungsgeschichte des Negativen

Im Unterschied zu den meisten anderen Nervensägen, deren Charaktereigenschaften in den ersten Jahren geprägt werden, kann die negative Grundhaltung in jeder Lebensphase beginnen. Eine Anhäufung von schlechten Erfahrungen, Enttäuschungen und Zurückweisungen können zum Beispiel die Ursache dafür sein. Wer immer wieder mit solchen Negativereignissen konfrontiert wird und dazu auch noch die entsprechende Persönlichkeitsstruktur aufweist, kann zum Negativen werden.

Die Grundvoraussetzung ist eine unsichere Persönlichkeit, ein fehlendes Selbstwertgefühl. Dieses mangelnde Selbstvertrauen rührt allerdings meist aus der Kindheit her. Sehr häufig haben diese Menschen schon von den Eltern hauptsächlich negative Äußerungen gehört.

Nervensägen unter der Lupe

- → „Halte dich in der Schule aus Konflikten heraus, es hört ja sowieso niemand auf dich!"
- → „Der Lehrer ist sowieso immer der Stärkere, da hast du keine Chance!"
- → „Die da oben richten sich es so, wie sie es brauchen. Wir kleinen Leute stehen da auf verlorenem Posten."
- → „Das kannst du nicht, das geht sicher wieder schief!"

Das Selbstvertrauen wurde nicht im konstruktiven Sinn aufgebaut. Zuversicht und Optimismus waren bei der Erziehung Fremdwörter: „Lieber weniger Erwartungen ins Leben setzen, dann wirst du auch nicht so enttäuscht!" Dieses Lebensmotto wurde von frühester Kindheit an geprägt und vorgelebt. Dass ein Kind dadurch kein Vertrauen in die eigenen Fähigkeiten entwickeln kann, ist verständlich.

Kommt dann noch eine Phase mit wirklichen Rückschlägen und Problemen auf einen negativ konditionierten Typ zu, ist die negative Nervensäge entstanden. Manchmal hat ein Außenstehender fast den Eindruck, ein Negativer begrüßt solche Negativereignisse geradezu. Er hat es ja nicht anders erwartet, und seine Urängste werden dadurch nur bestätigt.

Es ist nicht Tatsache, dass im Leben eines Negativen so viel mehr Katastrophen passieren als bei positiv eingestellten Menschen: nur, der Negative nimmt diese kleinen und etwas größeren Katastrophen einfach viel bewusster wahr und macht sie damit oft größer und bedeutungsvoller, als sie eigentlich sind.

Ist ein solcher Typ einmal in seiner Negativ-Spirale gefangen, wird er zunehmend von seinen Mitmenschen gemieden. Damit wird er immer mehr zum Einzelkämpfer. Sein Misstrauen gegen andere verstärkt sich und seine Einsamkeit wird immer größer.

Auch wenn auf einen Menschen mit wenig Selbstvertrauen über längere Zeit hinweg ein zu großer Druck lastet, kann er zum Negativen werden. Dieser Druck kann beruflich sein: Zu viele Aufgaben sind zu bewältigen, die Arbeit ist inhaltlich zu schwierig, die Kenntnisse reichen nicht aus, der Chef ist zu fordernd oder die Mitarbeiter machen Druck. Der Druck kann auch aus den derzeitigen Unternehmenssituationen entstehen. Wirtschaftliche Probleme, strukturelle Veränderungen und Reorganisationen schaffen jede Menge Unsicherheiten und Veränderungen für die Mitarbeiter. Wer labil ist, kann mit diesen veränderten Situationen nicht umgehen. Er rea-

Der Negative

giert mit innerer Abwehr und Resignation. Diese Entwicklungsgeschichte des Negativen ist derzeit eine der häufigsten.

Auch gesellschaftliche Veränderungen vollziehen sich heute in immer kürzerer Zeit. Werte und Regeln unterliegen einem permanenten Wandel. Was heute noch gilt, wird morgen schon wieder in Frage gestellt. Ein hohes Maß an Eigenverantwortung ist notwendig, um sich zu orientieren. Diese Flexibilität ist einem potenziellen Negativen zu viel. Er reagiert mit Rückzug, Verweigerung und Ablehnung. Je mehr Veränderung und rasche Anpassung von ihm verlangt wird, umso mehr entwickelt er seine negativen Seiten.

Nicht selten hat der Negative auch die Erfahrung gemacht, dass seine pessimistische Einstellung, sein Verweigern von Aufgaben für ihn einen bequemen Weg öffnet. Diese Erfahrung bewirkt, dass er die Verhaltensweise weiterhin an den Tag legt. „Wenn ich nur genügend jammere, überträgt man mir diese Aufgabe erst gar nicht." Die Folge ist, dass er immer öfter aus der Verantwortung genommen wird. Das bewirkt zwar auf der einen Seite eine Wegnahme von zu großem Druck, aber auf der anderen Seite wird seine negative Selbstsicht dadurch bestätigt: „Die anderen trauen mir wieder einmal nichts zu. Aber ist auch besser so, ich hätte es ja sicher nicht geschafft."

Die damit entstandene Spirale prägt häufig die Entwicklungsgeschichte eines Negativen. Negative Erwartungen lassen negative Ereignisse eintreten und machen damit gerade diesen Nervensägen-Typ zu einem besonders hartnäckigen und kaum mehr umerziehbaren Zeitgenossen.

Tipps im Umgang mit dem Negativen

Killersätze für den Negativen

→ „Jetzt sehen Sie doch nicht alles so pessimistisch!"
→ „Das wird schon wieder!"
→ „Ist ja halb so schlimm, die Zeit heilt alle Wunden."

Nervensägen unter der Lupe

Der Negative als Mitarbeiter

Wie schon eingangs erwähnt, ist diese Nervensäge eine der hartnäckigsten. Ein negativer Kollege im engeren beruflichen Umfeld kann zur regelrechten Landplage werden. Ständiges Jammern und Krankreden kann einem den schönsten Arbeitsplatz vermiesen.

Der negative Mitarbeiter ist grundsätzlich gegen alles und sieht hinter jeder Ecke ein **Riesenproblem** auf sich zukommen. Er klagt über diese Probleme lautstark und wortreich. Es ist daher entscheidend, sich gegen diese Nervensäge sehr bewusst abzugrenzen. Jammern Sie bloß nie mit einer negativen Nervensäge mit. Sie hätte sonst ein Lieblingsopfer entdeckt. Stellen Sie immer wieder klar, wie Sie die Dinge sehen. Bewerten Sie die negative Sichtweise des anderen dabei nicht, sondern stellen Sie in einer Art Waage seine Sicht der Ihren gegenüber – ohne zu werten:

- ✓ „Du meinst, dass diese Vorgehensweise nicht zum Ziel führt, weil aus deiner Sicht das und jenes dagegen spricht? Ich sehe das so ..."

Eines sollten Sie bei einem negativen Mitarbeiter aber beachten: Überfahren Sie ihn bitte nicht mit übertriebenen Optimismus! Ein echter Negativer ist so von seiner Situation überzeugt, dass ihm zu positive Aussagen nicht weiterhelfen. Sie machen ihn nur misstrauisch und bestärken ihn in der Meinung, dass ihn keiner ernst nimmt und alle anderen – Sie eingeschlossen – nur oberflächliche Träumer sind.

Negative arbeiten nicht gerne in einem Team. Sie sind tendenziell Einzelkämpfer. Übertragen Sie daher einem Negativen klar definierte Detailaufgaben und nehmen Sie ihn aus der zu engen Teamarbeit heraus. Sie tun dabei nicht nur ihm, sondern auch dem Rest des Teams viel Gutes. Niemand muss sich dann das ständige Jammern und Schwarzmalen des Negativen anhören. Der Negative benötigt stets klar umrissene Aufgabenstellungen. Definieren Sie genau, welche Aufgabe in welcher Art und Weise er bis wann wo zu erledigen hat. Geben Sie ihm klare Richtlinien, wie und wann wer kontrolliert, ob er seine Aufgaben erfüllt. Definieren Sie auch Zwischenschritte. Zu große und unübersehbare Projekte und Prozesse machen dem Negativen Angst und verstärken seine innere Abwehr.

Wird die Überforderung für den Negativen zu groß, muss er aus der Verantwortung genommen werden. Besser, er erledigt eine Aufgabe weniger und wird nicht für das gesamte restliche Team zur Belastung. Der Negative muss sein Arbeitsumfeld gut überschauen können, er braucht Sicherheit und klare Regeln, um Aufgaben gut zu bewältigen. Das Aufstellen und Einhalten von gemeinsamen Spielregeln ist daher in der Zusammenarbeit mit einem Negativen entscheidend.

Drängen Sie ihn nicht bei Veränderungsprozessen. Er benötigt **mehr Zeit**, um sich an andere Verhältnisse zu gewöhnen. Überfahren Sie ihn nie mit zu vielen Fragen. Fordern Sie jedoch trotzdem immer wieder auch seine Lösungsvorschläge ein. Wer stets nur äußert, wie etwas nicht funktioniert und sicher nicht gehen wird, der sollte nicht immer so einfach davonkommen. Es wäre gegenüber den anderen Teammitgliedern auch unfair, wenn sich gerade der Negative durch sein Verhalten aus der Verantwortung stehlen könnte. Gleichzeitig würde das auch seine Stellung im Team weiter verschlechtern. Geben Sie ihm zwar etwas mehr Zeit, aber fordern Sie auch und gerade von ihm Lösungsvorschläge, wenn möglich auch in schriftlicher Form. Wenn sich der Negative einmal umfassend mit einem Problem befasst hat, wird er nicht nur mit der Sache vertraut, er gewinnt auch Sicherheit. So kann es passieren, dass sogar ein zunächst mehr als skeptischer Mitarbeiter mit der Zeit und auf Grund seiner eigenen Beiträge zur Problembewältigung zum überzeugten Verfechter einer Sache wird. Hat man einmal auf diese Weise aus einem Negativen einen engagierten Mitstreiter gemacht, besteht die Chance, sein Potenzial letztlich auch zu nützen. Erfährt er dann auch noch Anerkennung und Lob für seine Beiträge, kann dies durchaus einen positiven Prozess in Gang setzten, an dessen Ende aus ihm ein motivierter und überzeugter Mitarbeiter geworden ist.

Negative haben die Tendenz, sich mit anderen Negativen im Mitarbeiterkreis zusammenzutun. Gemeinsam jammert es sich eben leichter, das negative gemeinsame Weltbild verbindet. Man fühlt sich verstanden. Wenn möglich, sollten daher Negative nicht auch noch mit anderen Jammerern in ein Arbeitszimmer verbannt werden. Das mag zwar kurzfristig recht einfach und hilfreich erscheinen, wirkt aber auf Dauer nur als Verstärker: Die negativen Strömungen, die aus so einem Zimmer dringen, können die Arbeitsatmosphäre beeinträchtigen.

Negative im eigenen Team stellen also eine große Verantwortung für die Teamführung dar. Wenn es nämlich nicht gelingt, einen Negativen in einen Positiven umzupolen, besteht die große Gefahr, dass das gesamte Team vergiftet wird. Nach dem Apfelkorb-Prinzip steckt er mit der Zeit auch immer mehr andere an, und so kann recht schnell ein Klima von Skepsis, Verweigerung und sogar offener Ablehnung entstehen. Ein derartiger Prozess muss rechtzeitig erkannt und gestoppt werden. Notfalls gelingt das nur durch Entfernen des „faulen Apfels". Führungskräfte sollten nie den verheerenden Effekt einer negativen Nervensäge unterschätzen! Ganze Unternehmenskulturen können von ein paar wenigen Negativen unterwandert und negativ geprägt werden.

Der Negative als Chef

Endlich einmal eine gute Nachricht: Der Negative ist in den Chefetagen **eher selten** anzutreffen! Auf Grund seiner Verhaltensweise, die geprägt ist von Unsicherheit, Ablehnung, mangelndem Wagemut und geringer Überzeugungskraft, ist er nicht unbedingt prädestiniert für Führungsaufgaben. Was natürlich nicht bedeutet, dass es nicht auch Ausnahmen von dieser Regel gibt. Außerdem kann ein durchaus fähiger Mitarbeiter, der in eine leitende Position aufgestiegen ist, durch negative Erfahrungen – siehe Entwicklungsgeschichte – zum Negativen werden.

Zu Negativen werden Chefs vor allem auch, wenn sie mit ihrer Führerrolle dauerhaft **überfordert** sind. Wird der Druck von oben zu groß, blockiert der Chef alle positiven Prozesse, wird zum **Entscheidungsverweigerer** und Blockierer der gesamten Abteilung. Wenn möglich, sollte man sich dann als Mitarbeiter – so gut es geht – von dieser Tendenz abgrenzen. Dokumentieren Sie in einem solchen Fall ihre Leistungen und Vereinbarungen schriftlich. Übergehen Sie jedoch Ihren Chef nicht, indem Sie Ihre Beobachtungen und Befürchtungen gleich an höherer Stelle deponieren. Versuchen Sie zunächst, ein Gespräch mit dem Negativ-Chef zu führen. Vielleicht lässt sich eine andere Arbeitsaufteilung im Team finden. So ein Gespräch ist zugegebenermaßen äußerst schwierig und erfordert ein großes Maß an Fingerspitzengefühl. Ein Vorgesetzter gibt nur ungern zu, wenn er selbst überfordert ist. Das passt so ganz und gar nicht in das Bild des souveränen Chefs. Das würde ein großes Maß an Selbstvertrauen voraussetzen – und genau das geht unserem Negativ-Chef ab. Sprechen Sie notfalls mit der Personalabteilung, manchmal hilft nur ein Wechsel innerhalb des Hauses. Wer sich jedoch nicht um einen Wechsel bemüht, den wird niemand so schnell aus der betroffenen Abteilung holen. Nur wenn die Vorgesetzten des Negativen merken, dass die fähigen Mitarbeiter aus dessen Abteilung abwandern wollen, werden sie (hoffentlich) reagieren.

Der Negative

Fordern Sie aber auch von einem negativen Chef klare Entscheidungen. Lassen Sie sich nicht durch Allgemeinplätze abspeisen, haken Sie nach. Fordern Sie immer wieder hartnäckig die anstehenden Entscheidungen ein. Bleiben Sie dabei möglichst sachlich und betonen Sie den Vorteil des Chefs. Gerade Negative müssen bei den Argumenten des anderen stets ihren Vorteil erkennen können. Sagen Sie also Ihrem Chef, was er davon hat, wenn er das tut, was Sie vorschlagen. Eine positive Wirkung nach außen ist somit das stärkste Argument.

Ein negativer Chef nimmt seine Führungsaufgabe meist nur eingeschränkt wahr. Das bedeutet auch, dass seine Mitarbeiter über weit reichende Freiheiten verfügen. Oft herrscht daher gerade in solchen Bereichen ein großer Schlendrian. Jeder tut, was er will, und davon möglichst wenig. Dass sich das nicht unbedingt positiv auf den Output auswirkt, versteht sich von selbst. Nützen Sie daher einen auf diese Weise entstandenen Freiraum lieber positiv, indem Sie notwendige Entscheidungen selbst treffen. So eine Situation kann auch zu einer Chance werden, der Chance, eigene Ideen und Vorstellungen zu verwirklichen. Wenn es Ihnen gelingt, Ihren zaudernden und zögerlichen Chef von Ihren Ideen einigermaßen zu überzeugen, erhalten Sie oft leicht die nötige Rückendeckung von oben. Erwarten Sie in der Person Ihres Chefs aber keinen feurigen Mitstreiter. Er wird sich höchstens zu folgenden Äußerungen hinreißen lassen:

→ **„Wenn Sie meinen, dass das so funktioniert, dann bitte, probieren Sie es. Aber sagen Sie nicht, ich hätte Sie nicht gewarnt. Überzeugt bin ich nicht so ganz, aber wenn Sie meinen ..."**

Der negative Chef ist grundsätzlich davon überzeugt, von unwilligen Mitarbeitern umgeben zu sein. Statt seine Leute zu motivieren, raubt er ihnen oft noch den letzten Rest Leistungswillen und Selbstvertrauen. Achten Sie daher bei so einem Chef ganz bewusst auf den Wert **Ihrer** Leistung. Erwarten Sie kein Lob von Ihrem Chef, loben Sie sich selbst. Holen Sie sich das Feedback von anderen, nehmen Sie bewusst positive Äußerungen von anderen wahr. Stärken Sie sich auch gegenseitig im Team. Lassen Sie so die negative Stimmung von oben nicht auf alle überschwappen.

Wirft Ihnen ein negativer Chef bei einem Mitarbeitergespräch nur Kritikpunkte an den Kopf, bleiben Sie zunächst gelassen. Wiederholen Sie möglichst sachlich den Vorwurf und bitten Sie Ihren Chef dann, diesen Vorwurf zu präzisieren:

✓ **"Sie meinen, ich hätte keine Kompetenz in der Statistik und würde alle Listen fehlerhaft erstellen. Auf welche Liste genau beziehen Sie Ihren Vorwurf?"**

Die größte Gefahr so eines Negativ-Chefs ist die Ansteckungsgefahr. Reagieren Sie rechtzeitig, wenn Sie merken, dass Ihre eigene Motivation nachlässt, dass Sie beginnen, auch an sich zu zweifeln. Einen negativen Chef können Sie meist nicht ändern – wenn es Ihnen also nicht gelingt, sich selbst genügend abzugrenzen, sollten Sie rechtzeitig die Konsequenzen ziehen. Denn dieser Chef schafft nicht nur für sich, sondern für den gesamten Bereich und damit auch für alle Mitarbeiter ein starkes Negativ-Image im Unternehmen. Das haftet hartnäckig an allen. Und ist oft jahrelang nicht abzuschütteln.

Der Negative als Kunde

Dieser Typ stellt für jeden Kundenbetreuer eine besondere Herausforderung dar. Er ist grundsätzlich schwer zu einer Zustimmung, einem Ja oder einem Verkaufsabschluss zu bewegen. Er ist voller Zweifel und Einwände. Es kann ganz schön an den Nerven eines Verkäufers zerren, wenn er selbst von seinem Produkt überzeugt ist und sein Kunde trotz aller Überzeugungsversuche eben dieses Produkt immer nur schlecht macht.

→ "Das kann ich mir nicht vorstellen, dass das so funktioniert!"
→ "Das ist ja gut und schön, was Sie mir da erzählen, aber so einfach ist das sicher nicht."
→ "Ich bin mir sicher, dass das in der Praxis ganz anders aussieht!"
→ "Das mag ja auf Ihre anderen Kunden zutreffen, aber bei mir ist das sicher nicht so einfach."

Solche Sätze können einen Kundenberater ordentlich nerven. Das Heimtückische an einem negativen Kunden ist, dass er meist mit seinen Zweifeln und Bedenken erst am Schluss eines Beratungsgespräches herausrückt. Am Anfang des Gesprächs verhält er sich eher ruhig und abwartend. Er lässt den Verkäufer endlos lange reden, sich alles vorführen und erklären. Ohne selbst eine bestimmte Reaktion zu zeigen. Wenn dann der Verkäufer meint, ihm wirklich alle Argumente geliefert zu haben, dann schüttelt er plötzlich den Kopf.

Der Negative

Achten Sie bei einem negativen Kunden daher stets darauf, nicht zu viele Argumente auf einmal vorzubringen. Ein grundsätzlich pessimistischer Mensch ist nicht so schnell zu überzeugen. Je mehr Argumente er hört, je begeisterter ein Verkäufer auf ihn einredet, desto misstrauischer wird er. Ihn zu motivieren, ihn mitzureißen, gelingt nur sehr schwer. Es ist daher viel zielführender, ihn in ganz kleinen Schritten auf die eigene Seite zu holen. Geben Sie ihm Sicherheit, schaffen Sie Vertrauen. Hat ein negativer Kunde einmal zu einem Kundenbetreuer **Vertrauen** gefasst, ist er leichter zu überzeugen. Er wird dann auch immer wieder diese eine Kontaktperson suchen. Flexibilität ist ja nicht gerade die Stärke des Negativen.

Ein negativer Kunde sollte daher stets dieselben Ansprechpersonen vorfinden. Immer wiederkehrende Rituale helfen ihm, bei seinen Besuchen Vertrauen zu fassen. Er benötigt gleich lautende Erklärungen, er stellt auch häufig immer wieder dieselben Fragen.

Betonen Sie beim Negativ-Kunden stets das „Wir", holen Sie ihn in das gemeinsame Boot:

- ✓ „Wir werden uns das gemeinsam anschauen."
- ✓ „Wir klären das miteinander."
- ✓ „Da finden wir sicher eine gemeinsame Lösung."

Sicherheitsargumente spielen beim Negativ-Kunden eine wichtige Rolle. Er will hören, was Sie bisher für Erfahrungen gemacht haben, was andere Kunden dazu meinen, wie erprobt ein Verfahren oder ein Produkt ist. Er will keine neuen Dinge ausprobieren, keine Experimente mit Ihnen starten. Nur Erfahrung und Erprobtes schaffen das Vertrauen, das er benötigt, um sich zu entscheiden.

- ✓ „Wir haben mit diesem Verfahren bisher gute Erfahrungen gemacht."
- ✓ „Unsere Kunden sind damit sehr zufrieden."
- ✓ „Unsere umfassenden Forschungen haben ergeben, ..."
- ✓ „Die Firma X, ein langjähriger Kunde, hat uns bestätigt, ..."

Übertreiben Sie aber nicht mit Ihren Erfahrungswerten und positiven Bewertungen durch andere. Der Negative hört sehr genau heraus, ob Sie versuchen, ihn zu überfahren. Er reagiert empfindlich auf Übertreibungen und Unwahrheiten. Da er ohnehin davon überzeugt ist, dass Sie ihm nur etwas aufschwatzen wollen und einem Verkäufer grundsätzlich jedes Mittel recht ist, um seinen Kunden das Geld aus der Tasche zu ziehen, fühlt er sich durch den leisesten Ansatz einer Übertreibung sofort in dieser Annahme bestätigt.

Lassen Sie einem negativ eingestellten Kunden **Zeit**. Drängen Sie ihn nie zu einer Entscheidung. Stellen Sie in dieser Phase Fragen, die ihm bei der Entscheidung helfen und ihn noch nicht vor die endgültige Wahl stellen. Klären Sie gemeinsam mit ihm die für ihn wichtigen Details.

Bei diesem Kundentyp ist es besonders wichtig, richtig mit seinen Einwänden umzugehen. Hören Sie sich in einem ersten Schritt alle seine vorgebrachten Äußerungen an. Wiederholen Sie, was er gesagt hat – das signalisiert ihm, dass Sie seine Bedenken ernst nehmen.

✓ **„Mhm, habe ich Sie richtig verstanden, es geht Ihnen um Punkt X?"**

Wenn der Kunde nun seinen Einwand wiederholt, können Sie erkennen, ob es sich dabei um einen echten Einwand, eine Besorgnis des Kunden oder um einen Vorwand handelt. Es macht nämlich wenig Sinn, auf einen Vorwand einzugehen, der dem Kunden kein wirkliches Anliegen ist, den er nur äußert, um die Entscheidung hinauszuschieben. Einem echten Einwand können Sie dann ein positives Argument gegenüberstellen. Helfen Sie dem Kunden weiterzudenken. Was ist, wenn der Einwand entkräftet ist?

✓ **„Wenn wir Punkt X gemeinsam klären, ist dann dieses Vorgehen für Sie vorstellbar?"**

Im Gespräch mit einem negativen Kunden sollten Sie immer ganz bewusst vor Augen haben, wo ihr kleinster gemeinsamer Nenner mit ihm ist. Er ist, wie gesagt, grundsätzlich nur sehr schwer zu einem Ja zu bewegen. Der einzige Weg dorthin führt über diesen kleinsten gemeinsamen Nenner:

✓ **„Herr Schwarz, sind wir uns einig, dass Sie mit unserem Produkt X im letzten Jahr zufrieden waren?"**

Dabei ist nicht wesentlich, dass dieser gemeinsame Nenner etwas mit dem derzeitigen Gegenstand des Gesprächs direkt zu tun hat. Das Betonen einer grundsätzlichen Übereinstimmung ist das Hauptanliegen. Hat ein Negativer einmal Ja gesagt, kann das Gespräch wieder durchstarten. Hat er sich jedoch einmal in seiner Negativ-Position verschanzt, wird es schwierig.

Der Negative

Sehen Sie einen negativen Kunden als Herausforderung für Ihre professionellen Fähigkeiten. Lassen Sie sich aber keinesfalls von so einem Typ die grundsätzliche Motivation rauben. Im Mittelpunkt steht nicht Ihre Person, das Problem steckt im Rucksack dieses Kunden, er trägt seine Zweifel, seine Angst und sein Misstrauen mit sich herum.

Helfen Sie ihm, mit dieser Last ein wenig besser fertig zu werden, indem Sie ihm Vertrauen und Selbstvertrauen geben. So kann auch ein Berufspessimist durchaus zum zufriedenen und treuen Kunden werden!

Der Nörgler

> LEUTE, DIE MIT IHRER UNZUFRIEDENHEIT ZUFRIEDEN SIND,
> NENNT MAN NÖRGLER.
> WERNER MITSCH

Abbildung 11: Der Nörgler

Die Verhaltensweise des Nörglers

Mein Nachbar, Herr Wiener, wohnt jetzt seit einem drei Viertel Jahr im Haus und ist grundsätzlich ein sehr netter Mensch. Trifft man ihn im Treppenhaus, ist er jederzeit zu einem Schwätzchen bereit. Er fragt nach Mann, Kind und Hund, gibt Tipps zur Pflege der Balkonblumen und ist stets bestens informiert über die Vorgänge im Haus. Allerdings macht es mich mit der Zeit doch etwas vorsichtig, dass er so viel Negatives über unsere Hausbewohner zu sagen weiß. „Huber vom zweiten Stock parkt sein Auto immer so, dass zwei Parklücken verstellt sind. Seine Frau wirft immer halb volle Flaschen in den Altglascontainer und der Sohn von Familie Meier kann überhaupt nicht grüßen. Na, wie sie halt so sind, die Jugendlichen. Passen Sie nur auf, das Ihre Tochter nicht auch noch so wird.

Und diese Fahrräder im Fahrradraum sind immer dermaßen dreckig, keiner kommt auf die Idee, sein Gefährt einmal zu reinigen. Aber das ist ja auch kein Wunder, man muss ja nur in die Garage schauen, wie viel Zeug die Leute in ihren Autos lassen! Da liegen oft wochenlang alte Zeitungen, Einkaufssäcke und Trinkflaschen herum! Und dann erst der gemeinsame Garten! Kein Mensch räumt seinen Dreck weg, jeder trampelt in dem ohnehin schon so kleinen Stück Wiese herum und die lockere Schraube in der Gartenbank repariert natürlich auch keiner. Aber das könnte ja auch der Hauswart einmal machen, nur der braucht ewig, bis er einmal drei Treppen sauber gewischt hat. Da ist es kein Wunder, dass er zu nichts sonst mehr kommt. Und die Hausverwaltung, die sind überhaupt die Ärgsten: schicken eine Abrechnung für die neuen Sicherheitsschlösser, und dabei funktioniert nicht ein einziges im Haus!"

Ob er wohl schon mein Schloss zu öffnen probiert hat? Und wie spricht er hinter meinem Rücken über unsere Kinder, ganz zu schweigen von unserem Hund? Ich beschließe, ihm in Zukunft nichts mehr zu erzählen.

Zufällig treffen andere Nachbarn Herrn Wiener in einem Urlaubshotel auf Zypern wieder. Sie entdecken ihn an der Bar. Ihr Unmut über diesen nicht unbedingt glücklichen Zufall weicht blankem Erstaunen, als sie seinem Gespräch mit einer älteren Dame zuhören: „Wissen

Nervensägen unter der Lupe

Sie, das Haus, in dem ich wohne, ist ausgesprochen nett.
Alles ist gepflegt, wir haben sogar einen sehr hübschen, gemeinsamen Garten, wo wir uns gemütlich zusammensetzen können. Wir haben ein sehr freundschaftliches Verhältnis und auch mit unserem Hauswart haben wir Glück: so etwas von tüchtig, sag' ich ihnen, nicht so wie hier das Personal ..."

Auf den ersten Blick hat der Nörgler viele Gemeinsamkeiten mit dem Negativen. Auch er stellt alles in Frage, findet überall ein **Haar in der Suppe** und äußert sich vorwiegend negativ. Er neigt zu negativen Vorurteilen und ist schwer zu einer positiven Aussage zu bewegen. Auch er sieht überall Probleme und sucht ungern nach Lösungen. Stets wirkt er frustriert, so, als hätte sich die ganze Welt gegen ihn verschworen.

Doch es gibt einen entscheidenden Unterschied zum Negativen: Beim Nörgler sitzen Unzufriedenheit und Zufriedenheit relativ nah beieinander. Seine negativen Aussagen haben lange nicht so einen pessimistischen Hintergrund wie beim Negativen. Im Grunde seiner Seele ist er ganz zufrieden mit seiner Umwelt. Aber über Dinge zu klagen und zu jammern ist so etwas wie eine liebe Gewohnheit geworden. Und außerdem meint er es mit jedem nur gut, er weist bloß auf sämtliche Missstände hin.

Das ist überhaupt sein größtes Steckenpferd: das **Aufdecken von Unzulänglichkeiten**. Er sucht so lange nach Fehlern und Mängeln, bis er fündig geworden ist. Dann prangert er genau diese Missstände wortreich an. Auch wenn es nur Kleinigkeiten sind, er hat wieder einmal eine Fehlerquelle entdeckt.

Und genau diese Eigenschaft macht ihn zur lästigen Nervensäge für seine Mitmenschen. Der klagende Tonfall, das ewige **Herumnörgeln**, das Schlechtmachen von allem und jedem kann ganz schön nerven. Im Unterschied zum Negativen hält sich der Nörgler nicht so gerne im Hintergrund auf. Er braucht sein Publikum, will, dass man ihm zuhört. Er leidet nicht gerne still vor sich hin. Wird er allein gelassen, macht das Nörgeln keinen Spaß mehr.

Sachliche Hintergründe interessieren den Nörgler wenig. Er argumentiert **emotional** und oft **unsachlich**. Fragt man nach, weiß er meist keine genauen Antworten. Er wiederholt oft und gerne Allgemeinplätze und populistische Aussagen.

Der Nörgler

Manchmal ähnelt er dem Besserwisser. Er entdeckt auch Schwachstellen und erklärt genau, dass es so nie und nimmer funktionieren wird. Aber im Unterschied zum Besserwisser hat er keinen Verbesserungsvorschlag, keine Lösung anzubieten. So genau überlegt er sich die Dinge nicht, er bleibt lieber an der Oberfläche. Er täuscht zwar oft Fachwissen vor, weil er sich auch gerne in fremde Angelegenheiten einmischt. Aber er verfügt nicht über das Detailwissen des Besserwissers. Hört man seiner Argumentation genau zu, beziehen sich seine kritischen Äußerungen nicht auf spezielle fachliche Details, sondern sind so allgemein formuliert, dass sie austauschbar auch für andere Situationen anwendbar sind.

Daher hat es wenig Sinn, die Argumente eines Nörglers sachlich entkräften zu versuchen. Das führt nur zu eigenem Frust, weil der Nörgler überhaupt nicht auf die Argumentation des Gegenübers eingeht. Er wiederholt stereotyp seine Anklagen. Erwarten Sie von einem Nörgler keine Zustimmung. Mehr als ein „Ja, aber" ist bei ihm nicht drin. Er beharrt rechthaberisch und stur auf dem, was er bekrittelt. Das führt bei seinen Gesprächspartnern oft zu einem Gefühl der Lähmung, der Hilflosigkeit. Wenn man selbst mit den logischsten und klarsten Argumenten nicht durchkommt, gibt man irgendwann frustriert auf.

Die gefährlichste Nebenwirkung der Nervensäge Nörgler liegt in seinem **Tonfall**. Das ewig klagende „Geraunze" kann unheimlich nerven. Mit leicht gebrochener, bebender Stimme, zuweilen den Tränen nah, so jammert er vor sich hin. Es fällt schwer, diesen Tonfall zu überhören. Er spricht direkt die Emotion an, dem Zuhörer jagt es Schauer über den Rücken. Und so sägen viele kleine Metallzacken an unseren Nerven. So lange, bis wir die Nerven verlieren und den Nörgler unwirsch in die Schranken weisen. Der reagiert dann mit völligem Unverständnis und kindlicher Beleidigung. Er versteht überhaupt nicht, wie man so heftig reagieren kann! Er hat es doch nur gut gemeint und auf etwaige Fehler hingewiesen.

Der Nörgler ist häufig als **Beschwerdeführer** anzutreffen. Doch gerade seine Beschwerden sind für ein Unternehmen nicht immer hilfreich, weil sie oft ohne realen Hintergrund formuliert werden. Der Nörgler nimmt sich gerne wichtig und erwartet gar keine Lösung oder Wiedergutmachung. Es bringt dem Unternehmen wenig, den Ursachen einer solchen Beschwerde auf den Grund zu gehen, es gewinnt davon kaum hilfreiche Erkenntnisse.

Überhaupt ist der Nörgler nur zufrieden, wenn er über etwas jammern kann. Nimmt man ihm den Anlass dieser Jammerei weg, ist er gar nicht glücklich darüber. Er braucht die Unzulänglichkeiten der anderen oder der Umstände wie die Luft zum Atmen.

Die Körpersprache des Nörglers

Der Nörgler fällt durch seine leicht **schräg gestellte Kopfhaltung** auf. Die Mundwinkel wandern nach unten, die äußeren Augenbrauen ebenfalls. Der leidende Gesichtsausdruck wird zum Markenzeichen so manches Nörglers.

Sehr oft zieht er die Luft kurz ein und bläst sie wieder aus. Die Schultern wandern dabei für einen Moment nach oben und fallen beim Ausatmen gleich wieder nach unten. Diese Körperbewegung drückt deutlich aus: „Ja, was soll man da noch machen!" und wirkt gleichzeitig auch so, als wolle er die Lasten abwerfen. Häufig bewegt er dazu die Hände kurz nach oben und lässt sie wieder fallen. „Ich kann nichts dafür, ich übernehme keinerlei Verantwortung."

Ähnlich wie der Negative zieht er gerne den Kopf etwas zwischen den Schultern ein. Sein ganzer Körper scheint dabei einzusinken und das Rückrat wird zum Fragezeichen. Klare Stellung beziehen, Rückrat beweisen ist eben auch nicht seine Stärke.

Beklagt er Missstände, schüttelt er häufig den Kopf und seine Miene drückt völliges Unverständnis aus: „Wie kann man nur so etwas machen? Das sieht doch ein Blinder, dass das nicht gut geht."

Ist der Nörgler so richtig in Fahrt, wiederholt er oft sehr eindringlich seine Kritikpunkte. Der Kopf wandert dabei immer wieder nach vorne, so, als wolle er seine Ansichten seinem Gegenüber aufdrängen. Dann wieder plustert er sich auf wie ein Hahn im Hühnerstall: „Das ist doch unmöglich, so geht das nicht, was haben sich denn die dabei gedacht."

Der Nörgler macht generell eher **kurze, knappe Bewegungen**. Die können durchaus auch rasch und wendig sein. Sein Blick tastet genau beobachtend die Umgebung ab. Er wirkt wach und nach außen gerichtet, er will ja den anderen mitteilen, woran er leidet und nicht still und nach innen gekehrt vor sich hin leiden, wie das der Negative tut.

Wird der Nörgler angegriffen, ist sein Gesichtsausdruck der eines erstaunten Kindes. Weit aufgerissene Augen, ein offener Mund und ungläubiges **Kopfschütteln** drücken sein völliges Unverständnis ob dieser ungerechten Behandlung aus. Seine Hände wandern mit einer Stopp-Bewegung nach oben und drücken Abwehr aus. Er lässt Kritik so nicht an sich heran, sie prallt an ihm ab.

Bei Gegenargumenten weicht der Nörgler auch körperlich zurück. Er zieht den Kopf ein und wartet in der schon beschriebenen Schildkrötenhaltung auf das Verschwinden des Feindes oder das Auftauchen eines neuen Opfers. Dem wendet er sich dann wieselflink zu, und das Spiel kann von Neuem beginnen. Irgendwie erinnert seine Körpersprache an die eines kleinen, keifenden Hundes, der zwar vor dem großen Hund zurückweicht, dabei aber nicht aufhört zu kläffen. Irgendwann ergibt sich vielleicht ja doch noch die Chance, den Großen ins Bein zu beißen.

Die Entwicklungsgeschichte des Nörglers

Der klassische Nörgler entstammt einem Elternhaus, in dem angepasstes Verhalten einen der wichtigsten Grundwerte darstellt. Er wurde von klein auf zurechtgewiesen, wenn sein Verhalten nicht der Norm entsprochen, wenn er sich zu weit vorgewagt hat.

→ „Das macht man so nicht!"
→ „Das ist viel zu riskant."
→ „Verhalte dich lieber ruhig, da kannst du sowieso nichts ändern."
→ „So ist das Leben nun einmal. Je früher du das lernst, desto besser!"

Wagemut und Durchsetzungskraft wurden im Keim erstickt. Die Folge: Wer sich mit den Ungerechtigkeiten dieser Welt nicht aktiv auseinander setzen kann, dem bleibt nur das Jammern darüber. Dieses Jammern über Gott und die Welt hat die Familiengespräche geprägt. Statt sich mit Problemen auseinander zu setzen, wurden sie stets wortreich beklagt. Fühlte sich das Kind in der Schule von einem Lehrer ungerecht behandelt, sind die Eltern nicht etwa in die Schule gegangen, um die Angelegenheit mit diesem Lehrer zu besprechen. „Das bringt nichts, der rächt sich dann höchstens an dir." Aber im Umfeld wurde lautstark über diesen Lehrer hergezogen.

So entsteht schon in der Kindheit des Nörglers ein verzerrtes Weltbild: Die Dinge werden immer nur aus dem negativen Blickwinkel betrachtet. Selbstmitleid ist eine wesentliche Komponente dieses Weltbildes. Der Nörgler sieht sich schon früh als leidendes Opfer einer grundsätzlich mangelhaften Umwelt. Vor allem Kleinigkeiten sind es, die das Weltbild des Nörglers auf die Negativseite kippen lassen. Im Großen und Ganzen läuft das Leben gar nicht so schlecht, wenn da nicht nur dieser ewige Sand im Getriebe wäre …

Das Elternhaus des Nörglers ist geprägt von einer sehr engen Sichtweise der Dinge, alles ist entweder schwarz oder weiß. Zwischentöne sind nicht zugelassen. Vorurteile sind schnell zur Hand und bestimmen die Werteskala. Sich mit eigenen Unzulänglichkeiten zu beschäftigen passt nicht in dieses Schema. So findet man lieber die Schuldigen im Umfeld. Kritische Selbstanalyse wird unbedingt vermieden. Der Nörgler lernt zeit seines Lebens nicht, sich selbst im richtigen Licht zu sehen und auch einmal eigene Fehler einzugestehen.

Der Nörgler ist ein eher emotional gesteuerter Mensch und spürt daher sehr genau, wo er seine Lieblingsopfer findet. Er erkennt andere Nörgler sofort und sucht ihre Nähe. So nimmt er sich im Laufe seiner Entwicklung nicht selten andere Nörgler als Freunde. Das verstärkt wiederum seine eigene Verhaltensweise. Gemeinsam jammert es sich einfach besser!

Da der Nörgler meist nicht so geprägt ist von negativen Einzelerlebnissen wie der Negative, bleibt seine Negativeinstellung aber eher an der Oberfläche. Gerne verdrängt er auch die echten Konflikte mit sich selbst. Gelingt ihm etwas nicht so, wie er sich das vorstellt, reagiert er frustriert und mit Selbstmitleid. Doch anders als der Negative frisst er dieses Gefühl nicht in sich hinein, sondern trägt es durch lautstarkes Jammern nach außen. So hat er seinen Frust abgeladen und kann wieder durchatmen.

Die Verhaltensweise des Nörglers wird im Laufe seiner Entwicklung stetig weiter verfestigt. Da ihm die Fähigkeit zur Selbsteinsicht fehlt und er immer wieder auf genügend Mitjammerer trifft, wird er laufend in seinem Weltbild bestätigt. Doch er hat gelernt, sehr gut mit diesem Weltbild zu leben. Deswegen will er im Tiefsten seines Inneren auch gar nicht, dass irgendjemand etwas daran verändert. Nimmt man ihm nämlich die Dinge, über die er sich beklagt, vor der Nase weg, reagiert er eher ungehalten als erleichtert. Plötzlich verteidigt er dann genau das, was er vorher so kritisiert hat.

Tipps im Umgang mit dem Nörgler

Killersätze für den Nörgler

→ „Sie haben ja keine Ahnung!"
→ „Aber das ist doch alles halb so schlimm!"
→ „Wenn Sie wüssten, was ich schon so alles erlebt habe!"

Der Nörgler als Mitarbeiter

Wer mit einem Nörgler in einem Büro sitzt, ist nicht zu beneiden. Die ewigen Jammereien können unendlich nerven. Der Nörgler akzeptiert kein Nein, er klagt unausgesetzt weiter und verbreitet damit schlechte Stimmung. Auch hier gilt das Apfelkorb-Prinzip: Ein Nörgler kann ein ganzes Team anstecken und bewirken, dass sich wirklich jeder schlechter fühlt.

Der Nörgler kommt am Morgen ins Büro und beginnt sofort wortreich mit seinen Unmutsäußerungen:

„Also, dieses Wetter heute! Gestern noch so ein Regen und heute ist es plötzlich wieder so warm! Ganz ohne Übergang! Da muss man ja Kopfweh bekommen! Kein Wunder, dass der Busfahrer heute so unfreundlich war und mir die Tür vor der Nase zugemacht hat. Eine Frechheit! Dann hat mich der neue Kollege vom dritten Stock im Auto mitgenommen, der wohnt gleich bei mir um die Ecke. Aber wie der Auto fährt, die reinste Katastrophe! Da gehe ich lieber zu Fuß ... Na, wenn ich mir den heutigen Terminplan so anschaue, kriege ich gleich noch mehr Kopfschmerzen!"

Machen Sie in so einer Situation nicht den Fehler, aus falsch verstandener Höflichkeit ein wenig mitzujammern. Der Nörgler wird ihnen dabei aufmerksam zuhören, heftig nicken und sich durchaus fröhlich auf den Weg zum Kopierer machen. Und Sie? Sie sitzen hoffentlich nicht verunsichert auf Ihrem Platz, betrachten misstrauisch den übervollen Terminplan und horchen in sich hinein, ob nicht schon die ersten Anzeichen der wetterbedingten Kopfschmerzen auftauchen ...

Grenzen Sie sich daher bewusst gegen einen Nörgler ab. Gehen Sie nötigenfalls so weit wie möglich auf Distanz. Zeigen Sie ein gewisses

Maß an Verständnis, aber formulieren Sie dann klar und unmissverständlich Ihre Sicht der Dinge:

> ✓ **„Es tut mir für dich Leid, wenn du so einen schlechten Start in den Tag hattest. Mir geht es gut, ich genieße den Sonnenschein heute, deswegen bin ich zu Fuß ins Büro gegangen und fühle mich richtig fit für den Termin mit unserem Lieblingskunden."**

Bei so viel geballtem Optimismus zieht sich der Nörgler sofort zurück und begibt sich auf die Suche nach einem anderen Opfer.

Besonders wichtig ist das Abgrenzen vom Nörgler dort, wo es um Kritik von abwesenden Dritten geht. Nicht selten sind Nörgler die ersten Initiatoren von Mobbing. Wer dann mitkritisiert, hat Öl ins Feuer gegossen. Sagen Sie so einem Nörgler klipp und klar, dass er seine Kritikpunkte mit dem Betroffenen selbst klären soll.

Wird der Nörgler im Team zum Störfaktor, indem er allen Anordnungen mit negativen Kommentaren begegnet und eine destruktive Atmosphäre schafft, muss die Teamleitung aktiv werden. Entweder er ändert seinen Zugang zur gemeinsamen Tätigkeit oder er wird im Team isoliert.

Fordern Sie seine konkreten Verbesserungsvorschläge ein. Meist macht er sich nicht die Mühe, in die Tiefe zu gehen: „Ist ja gut, machen wir es halt so und so!" Er gibt sich dann lieber rasch und widerstandslos mit der Situation zufrieden und sucht sich einen anderen Gegenstand der Kritik, als sich weiter in Einzelheiten zu verbeißen. Überhaupt mag er Fragen zu Details nicht so gerne. Da zieht er sich schnell zurück.

Versuchen Sie nie, einen Nörgler sachlich zu überzeugen. Das funktioniert schlecht, da seine Unzufriedenheit nicht auf Grund einer klar definierten Sachlage zu Stande gekommen ist. Bleiben Sie lieber distanziert-höflich. Spiegeln Sie notfalls seine Übertreibungen und geben Sie ihm so seinen Rucksack wieder zurück:

> ✓ **„Du meinst also, unser Chef ist völlig unfähig, weil er dem Marketingplan zugestimmt hat. Er sollte deiner Meinung nach endlich in diesem teuren Hochglanzmagazin inserieren und nicht in der Fachzeitung, die alle unsere Kunden lesen. Und du willst endlich einen Kinospot über unsere Produkte sehen, obwohl du nie ins Kino gehst bei diesem Angebot ..."**

Der Nörgler als Chef

Ähnlich wie der Negative ist auch der Nörgler **selten in Chefetagen** anzutreffen. Er ist ungeeignet, anderen Visionen vorzugeben und sie zu motivieren. Er denkt viel zu kleingeistig, um in unternehmerische Dimensionen vorzudringen. Trotzdem kann der eine oder andere Chef auch gelegentlich zum Nörgler werden, wenn er mit sich unzufrieden ist und diesen Frust auf diese Weise verarbeitet. Meist ist seine Kritik ziemlich unsachlich und bezieht sich selten auf einen konkreten Fall, sie bleibt allgemein.

→ „Sie kommen immer zu spät und haben dann die Unterlagen nicht mehr rechtzeitig fertig! Ich stehe dann wieder wie der Idiot da, der seinen Mitarbeiter nichts delegieren kann!"

Reagieren Sie nicht persönlich betroffen und rechtfertigen Sie sich nicht sofort. Oft meint er sich selbst, wenn der Nörgler kritisiert. Er drückt damit die Wut auf seine eigene Unzulänglichkeit aus. Reagieren Sie lieber ruhig und mit einer sachlichen Gegenfrage. Klären Sie ab, auf welchen konkreten Fall sich die Kritik bezieht:

✓ **„Wann konkret haben Sie die Unterlagen zu spät erhalten?"**

Zwingen Sie den Nörgler-Chef, klar Stellung zu beziehen. Sehr oft schwächt er dann seine Kritik ab oder zieht sie ganz zurück.

Er formuliert emotional und verallgemeinernd:

→ „Manchmal glaube ich, ich bin nur von Idioten umgeben. Sieht denn hier keiner, was getan werden muss? Muss denn wirklich immer ich alles selbst machen?"

Er sieht sich gerne in der Rolle des Retters der Nation. Immer und überall muss er einspringen, um die Unzulänglichkeiten seiner Mitarbeiter auszugleichen. Lassen Sie ihm diese Illusion und überhören Sie nach Möglichkeit die Jammerei. In seinem Innersten weiß er oft sein Team und dessen Fähigkeiten sehr wohl zu schätzen. Es kann durchaus vorkommen, dass er seine Leute in der Vorstandssitzung wie ein Löwe verteidigt. Wehe, wenn im Haus irgendjemand ein schlechtes Wort über seine Mitarbeiter verliert!

Nervensägen unter der Lupe

Der Nörgler als Kunde

Manche Kunden können einfach nie zufrieden gestellt werden. Egal, welche Maßnahme Sie auch ergreifen, Kunde X nörgelt ständig weiter, findet immer wieder das berühmte Haar in der Suppe. Lob und Anerkennung werden Sie von ihm nie hören. Sind Sie sich dieser Tatsache einfach bewusst und nehmen Sie es nicht persönlich. Der nörgelnde Kunde, der sich beklagt, ist immer noch Ihr Kunde. Und er würde seine Verhaltensweise nicht ändern, egal, wer vor ihm steht. **Er meint nicht Sie persönlich**, er braucht ganz einfach die Plattform für die Verarbeitung seines ganz persönlichen Frustes.

Der Nörgler als Kunde fällt in die Kategorie: „Schimpft und kauft!"

Das ist sein Lebensmotto. Wenn er über etwas nicht schimpfen kann, hat es für ihn keinen emotionalen Wert. Lieber bei einer Firma immer ein offenes Ohr für Kritik und Beschwerden vorfinden, als bei einer anderen Firma fehlerlose Produkte ohne die geringste Chance einer Beschwerde angeboten zu bekommen!

Der Nörgler-Kunde braucht also unbedingt den persönlichen Kontakt zu seinem Kundenbetreuer. Anonyme Bestellungen im Internet oder automatische Telefonanlagen verunsichern ihn. Er muss ein echtes Visavis aus Fleisch und Blut haben. Nur so fühlt er sich wahrgenommen.

Bleiben Sie freundlich, neutral und bestätigen Sie Ihrem Kunden sein Interesse an den Verbesserungsmöglichkeiten. Fühlt er sich so ernst genommen, kann er durchaus zum Stammkunden werden.

Anders liegt der Fall, wenn ein Nörgler ständig unrealistische Forderungen stellt. Er hat gelernt, mit seiner Taktik der permanenten Kritik sehr erfolgreich Vorteile für sich zu erlangen. So übt er Druck aus, indem er droht, schlecht über Sie, Ihr Unternehmen oder Ihr Produkt zu sprechen. Egal, was Sie ihm gewähren, er wird nie zufrieden sein. Es hat also wenig Wirkung, sich durch seine Drohungen zu überzogenen Zugeständnissen hinreißen zu lassen. Sie haben nachher ein schlechtes Gewissen dem eigenen Unternehmen gegenüber und auf der anderen Seite keine positive Reaktion beim Kunden erreicht. Zeigen Sie so einem Nörgler besser klar die Grenzen auf.

✓ „Herr M., unsere Spielregeln sind klar definiert: Wir gewähren bei um zwei Tage verspäteter Lieferung folgenden Rabatt: ... Im Sinne unserer Kunden achten wir auf eine exakte Einhaltung dieser Regel."

Der Nörgler

Wie geht ein Mitarbeiter mit der Drohung des Kunden um, seine Negativansichten in seinem Umfeld zu verbreiten? Am besten ist es, Sie ignorieren diese Drohung. Der echte Nörgler wird ohnehin nicht davon abzuhalten sein, seine Vorwürfe zu verbreiten. Was Sie auch tun, Sie werden ihn nicht zum Gegenteil bekehren können. Doch Sie können auch davon ausgehen, dass man ihm nur begrenztes Gehör schenken wird. Nörgler sind oft damit konfrontiert, nicht ganz ernst genommen zu werden. „Ach, du immer mit deiner Jammerei!"

Lassen Sie sich also von einem Nörgler als Kunden nicht zu sehr aus dem Konzept bringen, achten Sie auf das strikte Einhalten der eigenen Richtlinien und begegnen Sie ihm stets freundlich, verständnisvoll, aber distanziert. Lassen Sie sich nicht die Energie rauben und jammern Sie nicht mit ihm mit, schon gar nicht über die Konkurrenz! Und nehmen Sie es nie persönlich, wenn Ihr Nörgler-Kunde schon das nächste Haar in der Suppe entdeckt hat. Womit wir wieder bei den Haaren wären …

*Es gibt Leute,
die nur aus dem Grunde in jeder Suppe ein Haar finden,
weil sie, wenn sie davor sitzen,
so lange den Kopf schütteln, bis eins hineinfällt.*
Friedrich Hebbel

Der Vulkan

> Es gibt Menschen,
> die umso roher werden,
> je mehr sie kochen!
>
> *Unbekannt*

Abbildung 12: Der Vulkan

Die Verhaltensweise des Vulkans

Die Energiewelle ist schon durchs Treppenhaus spürbar. Niemand öffnet so dynamisch die Tür, bei keinem sonst wird plötzlich die Luft im Raum knapp. Das kommt sicher daher, dass er immer hörbar die Luft einzieht, wenn er einen Raum betritt. Wie ein Stier, der in die Arena kommt. Doch heute haben wir Glück: Er erscheint mit einem strahlenden Lächeln und schmettert uns ein fröhliches „Guten Morgen, Kinder!" entgegen. Ich merke, wie diese „Kinder" merklich ihre Anspannung lösen und die hochgezogenen Schultern wieder nach unten wandern. Gott sei Dank, unser Chef hat gute Laune! Dabei stehen heute ein paar wirklich unangenehme Termine auf dem Programm.

Als Erstes muss das wichtige Telefongespräch mit dem Zulieferer in Italien geführt werden. Da läuft vieles nicht rund, und der Ansprechpartner ist eine heikle, sehr empfindliche Persönlichkeit. Schon oft herrschte nach so einem Telefongespräch mit unserem Chef monatelang Funkstille, was sich auf die Geschäftsabwicklungen auch nicht gerade positiv ausgewirkt hat.

Wie immer lässt unser Chef die Tür zu seinem Büro offen. So hören wir den Verlauf des Gespräches mit. Sein Italienisch ist zwar auch heute nicht viel besser, aber dafür macht er sprachliche Schwächen durch umwerfenden Charme wett. Man meint, er sitze in einem toskanischen Restaurant und unterhalte sich über die Qualität des letzten Brunello-Jahrgangs! Nach dem Auflegen reibt er sich zufrieden die Hände. „Wunderbar, Kinder, dem haben wir es aber gezeigt! Der frisst mir wieder aus der Hand!" Also. Mit Volldampf weiter im Programm! Ich bringe die Verträge zur Überprüfung in sein Büro und gehe die unklaren Punkte durch. Er stimmt mir in den meisten Punkten zu – mit Details hat er sich noch nie gerne beschäftigt. „Ich weiß ja, dass ich mich auf meine Mitarbeiter verlassen kann! Toll, wie ihr den Laden schmeißt. Auch die Neue passt da wunderbar ins Team, finden Sie nicht?" Ich bejahe und bin froh, dass diese Bemerkung auch von „der Neuen" gehört wird. Sie hat ziemlich Angst vor unserem Chef.

Auch der Besuch des Finanzchefs aus unserem Mutterhaus verläuft zufrieden stellend. So, damit wären heute ja schon fast alle Klippen umschifft. Ein richtig erfolgreicher Tag! Jeder ist von der positiven Energie beflügelt und auch der Humor kommt nicht zu kurz. Ist ja wirklich ein netter Kerl, unser Chef. Kurz vor vier soll die neue Kollegin noch schnell eine Besprechungsnotiz für die morgige Sitzung ausdrucken. Ganz in ihrem positiven Arbeitseifer gefangen, gestaltet sie noch rasch alles in eine übersichtliche, farbig gestaltete Tabellenform und geht dann stolz mit ihren 20 Ausdrucken (für jeden Sitzungsteilnehmer einen, sie hat sich extra noch nach der Teilnehmerzahl erkundigt) zum Chef.

Der runzelt die Stirn: „Was soll das sein?" „Die ... Notizen ... für morgen", stammelt sie unsicher. „Ja und? Glauben Sie etwa, ich teile meine Gedächtnisstützen an alle aus? Denken Sie denn gar nicht mit?" Mittlerweile ist er aufgestanden, stützt sich mit beiden Händen auf den Schreibtisch und sein Gesicht bekommt diesen verräterischen rötlichen Schimmer. Die arme Kollegin murmelt eine Rechtfertigung. „Reden Sie gefälligst deutlich und zucken Sie nicht zurück, ich bin ja kein Unmensch! Aber ich hasse unfähige Mitarbeiter, auf die man sich nicht verlassen kann! Sehen Sie zu, das Sie das möglichst schnell kapieren!" Das ist zu viel für sie. Ihre Mundwinkel zucken nach unten und ihre Atemzüge werden kurz und hektisch. Oje, das ist das Signal für ihn, komplett auszurasten. „Ich sage Ihnen das nur ein Mal! Ich erwarte Mitdenken von meinen Leuten! Nur, weil Sie jung sind, gibt es da für Sie keine Ausnahme! Und schauen Sie mich gefälligst an, wenn ich mit Ihnen rede!" Gott sei Dank läutet in diesem Moment das Telefon und den Rest des Wutausbruches bekommt der Personalchef ab.

Ich versuche, die Kollegin zu trösten: „Du wirst sehen, morgen entschuldigt er sich bei dir und dann hat er das Ganze vergessen! Ich habe erst letzte Woche wieder Blumen von ihm bekommen. Wenn er schlecht drauf ist, haben wir alle früher oder später zu Hause einen ganzen Blumenladen!"

Ob das die junge Kollegin getröstet hat? Der Vulkan ist eine Nervensäge, die sehr stark **polarisiert**. Je nachdem, wie wir veranlagt sind, kommen wir recht gut oder überhaupt nicht mit diesem Typ klar. Wer die nötige Gelassenheit aufbringt und so einen Ausbruch einfach über sich ergehen lassen kann, der wird mit dieser Nervensäge weniger Probleme haben. Wer jedoch empfindlich reagiert, für den wird ein Vulkan zum unüberwindlichen Hindernis. Kaum eine andere Nervensäge scheidet daher so stark die Geister. Man kann eben mit ihm oder nicht.

Was macht sein Verhalten für manche Menschen so mühsam? Da sind zunächst seine **unvorhersehbaren Reaktionen**. Er ist nur sehr schwer berechenbar. Dinge, die ihn heute zur Weißglut treiben, lassen ihn morgen ziemlich kalt. Kleinigkeiten, die er bisher nicht einmal bemerkt hat, werden plötzlich zum Funken, der das Lava-Fass zum Überlaufen bringt. Strahlender Sonnenschein wird durch ganz plötzlich und völlig unerwartet aufziehende Gewitterwolken abgelöst. Es ist daher schwer, den Stein des Anstoßes zu vermeiden. Es ist auch schwer, sich gegen Ausbrüche zu schützen. Sie treffen einen meist völlig unerwartet und daher unvorbereitet.

Gott sei Dank funktioniert dieses Wechselspiel der Gefühle auch in die andere Richtung. Ein heftiger Ausbruch kann genauso gut in Sekundenschnelle verebben. Der Vulkan ist ein sehr **gefühlsgesteuerter** Mensch. Er gibt allen seinen Gefühlsregungen uneingeschränkt nach. Vernunftgründe spielen dabei keine Rolle. In Momenten gefühlsmäßiger Entladung ist er unfähig, auch nur einen Schritt weit logisch zu denken. Alles wird von seinem Gefühl, meist Wut und Zorn, dominiert. Mitten in so einem Anfall ist er unfähig, seine Gefühle und Reaktionen zu beherrschen. Ungebremst schwappen sie nach außen. Er verliert dabei völlig den Blick für Grenzen und Distanzen. Seine Äußerungen können zutiefst beleidigend sein. Auch wenn er dabei ist, noch so verletzende Dinge von sich zu geben, ist er unfähig, sie zurückzuhalten. Er merkt sehr wohl, dass er den Bogen dabei überspannt. Er sieht, dass seine Pfeile treffen und den Gegner schwer verwunden. Aber er kann nicht mehr bremsen, der nächste Pfeil wird sofort nachgeschossen, mitten in die Wunde des anderen hinein.

Ist das Feuerwerk vorbei, kann er wieder klarer sehen. Und merkt genau, was er angerichtet hat. Seine stark ausgeprägte emotionale Seite bewirkt, dass er jetzt mit seinen Opfern mitleiden kann. Das wollte er nicht! Und genauso wenig, wie er zuerst den Kampf gescheut hat, scheut er jetzt die Konfrontation, das Zugehen auf das Opfer. Sein Gewissen ist erst wieder beruhigt, wenn er sich entschuldigt hat. Auch seine Entschuldigung ist oft überzeichnet. Er ist großzügig in seinen Geschenken und Wiedergutmachungen. Dann muss aber Ruhe sein. Die Sache ist für ihn gegessen, vergeben und vergessen. Basta!

Er ist ein **energiegeladener** Mensch. Ehrgeizig und direkt strebt er seine Ziele an. Er tritt selbstbewusst und sicher auf. Sich in die zweite Reihe zu stellen ist seine Sache nicht. Er kämpft an der Front, scheut selbst keine Verletzung. Er ist mutig bis wagemutig und stürzt sich ohne allzu viele Vorsichtsmaßnahmen in die Schlacht. Er kann mit seiner Energie auch andere mitreißen und motivieren. Wenn er will, kann er sehr überzeugend sein. Er übernimmt jedoch stets gerne die Führerrolle – unterordnen will er sich nicht. Entscheidungen trifft er rasch und entschlossen. Egal, ob die Entscheidung sich als richtig oder falsch herausstellt – er hält stur daran fest. Selbstsicher geht er davon aus, dass ausschließlich die anderen irren. Und zwar nach dem Motto: Besser im Kampf untergehen als klein beigeben.

Er übernimmt auch gerne **Verantwortung**. Dann kämpft er für seine Schutzbefohlenen mit der Energie und Hartnäckigkeit eines Löwen. Allerdings nur solange er seine Horde dominieren kann. Bootet ihn jemand aus, reagiert er beleidigt und zieht sich in seinen Schmollwinkel zurück. Dann kann er auch sehr abweisend und überheblich wirken. Kann er eine Gruppe nicht dominieren, kämpft er lieber alleine.

Der Vulkan ist **immer in Bewegung**. Seine inneren Antriebskräfte sind so stark, dass er seiner Umwelt oft als Getriebener erscheint. Nicht selten stürzt er sich in die Arbeit wie ein Besessener. „Arbeitswut" ist die passende Bezeichnung dafür. Er hasst den Stillstand und die Langsamkeit. Menschen, die etwas bedächtiger ans Werk gehen, machen ihn krank. Er ist daher stets ungeduldig mit seinen Mitmenschen. Seine stete Unzufriedenheit mit anderen rührt nicht von seinem übertriebenen Perfektionismus her, sondern vielmehr von dieser Zeitkomponente. Alle könnten noch viel produktiver sein, wenn sie schneller ans Werk gingen, nicht ständig so lange überlegen und prüfen würden, sondern einfach handeln!

Der Vulkan ist nicht der große Stratege und Planer. Er ist lieber verantwortlich für die **Umsetzung**. Er ist immer eher der Praktiker und hegt nicht selten ein großes Misstrauen gegen Menschen, die sich zu lange ihren Studien gewidmet haben. Details sind ihm nicht so wichtig, die große Linie muss stimmen. Er hat dabei durchaus auch Visionen, allerdings müssen die immer machbar, praxisbezogen sein.

Er nimmt Dinge immer ganzheitlich wahr. Alle seine Sinne sind sehr ausgeprägt, er fühlt genauso viel, wie er sieht und hört. Daher kann er Situationen rasch erfassen, übersieht dabei aber oft Details. Er kann sich in andere Menschen hineinversetzen und gut auf sie eingehen. Allerdings nützt er diese Fähigkeit mehr dazu aus, andere zu manipulieren. Er ist sehr ichbezogen und verfolgt manchmal auch äußerst rücksichtslos seine eigenen Ziele.

Auch in der Freizeit braucht er Bewegung, Aktion. Sich mit einem guten Buch in eine Ecke zu verziehen, entspricht nicht seinen Vorstellungen von Entspannung. Er braucht Abwechslung, neue Anregungen und Beschäftigungen. Er will vieles ausprobieren und kosten. Seine Sinnenfreude lebt er gerne und großzügig aus. Er liebt es, gut und reichlich essen zu gehen, nicht selten ist er ein Kenner und Liebhaber guter Weine.

Er will alles und von allem viel! Maßhalten ist nicht sein Ding. Meist ist er sehr **großzügig** im Umgang mit anderen. Materielle Werte sind für ihn da, um sie auszugeben, um damit das Leben in vollen Zügen zu genießen.

Was er tut, tut er laut. Seine Stimme dröhnt, auch wenn er gerade friedlich ist. Hat er einen seiner emotionalen Ausbrüche, schwillt die Lautstärke noch weiter an. Er hat aber auch Sinn für Humor. Manchmal kann es sogar passieren, dass er mitten in einem Anfall die Komik der ganzen Situation wahrnimmt und urplötzlich in schallendes Gelächter ausbricht. Er freut sich laut, er leidet aber auch laut. Zwischentöne überhört und übersieht er.

Genauso übertreiben kann er auch mit seinen Meinungen und Einstellungen. Oft neigt er zu **Vorurteilen** und vorschnellen Urteilen. Allerdings können diese Meinungen auch genauso schnell und ohne Begründung wechseln wie seine Launen. Was er gestern gesagt hat, interessiert ihn heute nicht mehr. Und was morgen ist, wird sich weisen. Er lebt im Hier und Jetzt, mit aller Präsenz und Energie.

Die Körpersprache des Vulkans

Wie in unserer Eingangsgeschichte erwähnt, gleicht der Vulkan in seinem Auftreten einem **wütenden Stier** in der Kampfarena. Sein ganzer Körper ist stets unter Anspannung, jede Bewegung drückt Energie und Kraft aus. Er bewegt sich athletisch und geschmeidig, wie ein Raubtier auf Beutefang. Seine Schritte sind federnd, jederzeit bereit zum Sprung. Er steht ungern still, ist in irgendeiner Form **immer in Bewegung**. Sitzt er auf einem

Stuhl, rückt er vor und zurück. Dann wieder streckt er die Arme nach oben, lässt sie wieder sinken, lockert die Schultern – ganz so wie ein Leichtathlet vor dem Start zum Hundertmeterlauf.

Sein Gesicht drückt **Wachsamkeit** aus. Seine Augen wandern schnell und rege durch den Raum. Er nimmt alles wahr und erkennt blitzschnell, woran er ist. Die inneren Gefühlsregungen, die ihn so oft beherrschen, zeigen sich auch heftig in seiner Mimik. Er bläht gerne die Nasenflügel auf, um den Geruch bzw. die Witterung seiner Umgebung aufzunehmen. Denn der Geruchssinn ist für ihn eine wichtige Informationsquelle. Sein Mund bewegt sich häufig, auch wenn er nicht spricht. So lässt er sich gerade ein Argument seines Gesprächspartners auf der Zunge zergehen und macht dabei leichte Kaubewegungen: „Wie schmeckt mir das?" **Heftiges Schlucken** ist schon ein eindeutiges Alarmzeichen – er versucht, den aufkommenden Ärger hinunterzuschlucken. Zieht er den Mund kurz zusammen oder kaut er auf den eingezogenen Lippen herum, droht ebenfalls Gefahr. Durch die vermehrte Durchblutung seines „Sprechwerkzeuges" macht er es kampfbereit. Gleich werden die verbalen Pfeile abgeschickt. Einmal noch kräftig durchatmen, und dann los!

Häufig bewegt er auch seine **Augenbrauen**. Ist er misstrauisch, zieht er sie nach unten. Sein Blick wird stechend und kann den Gegner schon dadurch einschüchtern. So richtig gefährlich wird es aber erst dann, wenn er die Augenbrauen hochzieht und die Stirn dabei leicht in Falten legt. Das ist meist der Startschuss für den Angriff. Bei genauer Beobachtung ist der Vulkan mit seiner Mimik ein offenes Buch, in dem sich alle Gefühle widerspiegeln. Er macht sich nicht die Mühe, das, was in seinem Inneren vorgeht, hinter einem Pokerface zu verstecken.

Ein **drohender Angriff** ist also am ehesten an seiner Körpersprache erkennbar. Nicht nur das Gesicht liefert Hinweise, auch seine gesamte Körperhaltung. Kurz vor dem Ausbruch wird er plötzlich ganz ruhig. Die Schultern werden etwas hochgezogen, die Hände leicht zur Faust geballt, das Gewicht auf die Vorderfüße verlagert. Doch der ganze Körper steht unter Spannung. Er ist wie ein straffer und bis zum Äußersten gespannter Bogen. Wer einen Vulkan genau beobachtet, kann diese Anzeichen gut erkennen. Seien Sie also auf der Hut, wenn sich der rastlos im Büro herumlaufende Chef plötzlich ruhig irgendwo hinstellt und den Kopf leicht einzieht. Volle Deckung, gleich kracht's!

Der Vulkan

Während eines Anfalls versprüht der ganze Körper des Vulkans seine Energie. Die Augen funkeln und blitzen, die Mundwinkel zucken, und der ganze Körper bewegt sich drohend nach vorne. Um nicht wirklich zuzuschlagen, stützt sich der Vulkan gerne auf einen Tisch auf oder stemmt die Hände in die Hüften. Oft vergräbt er seine geballten Fäuste auch in den Hosentaschen, was seinen Auftritt noch bedrohlicher macht. Was verbirgt er da in seinen Taschen? Welche Waffe zückt er als Nächstes?

Lässt er seinen Händen freien Lauf, bewegt er sie wirklich wie Waffen in Richtung seines Gegners. Er streckt den ausgestreckten Zeigefinger angriffslustig nach vorne und schlägt auf die Tischplatte. Die reine Körpersprache reicht ihm oft nicht aus, er benötigt noch Requisiten, um seine nonverbale Kommunikation zu unterstreichen. Ein drohend als Waffe eingesetzter Kugelschreiber, ein Lineal, das auf die Tischplatte saust, ein Buch, das auf den Boden geknallt wird, oder gar ein Gegenstand, den er durch den Raum schleudert. Die Grenze zur echten physischen Gewalt ist dann oft nur mehr sehr schmal.

Auch wenn wir das Bild des Raubtiers zum Vergleich mit dem Vulkan herangezogen haben, so unterscheidet er sich doch in einem wesentlichen Punkt von diesem Bild: Der Vulkan ist nie leise! Er schleicht sich nicht an sein Opfer heran, er begegnet ihm offen, von vorne und meist sehr laut. Sein fester Fersengang ist schon von weitem zu vernehmen. Türen öffnet und schließt er auch nicht unhörbar. Gerne macht er auch mit seinen Händen Geräusche. Fällt ihm etwas ein, schnippt er mit den Fingern. Gefällt ihm etwas, klatscht er laut in die Hände. Will er seinen Standpunkt unterstreichen, klopft er auf eine harte Unterlage. Er rückt Stühle heftig zur Seite, lässt sich lautstark auf die Sitzfläche fallen und hämmert mit Begeisterung auf seine PC-Tastatur ein. Oft kommentiert er dabei auch seine Handlungen: **„So, das wäre erledigt!"**

Will er eine Sache begreifen, setzt er dafür alle seine Sinne ein. Er kann nicht nur zuhören oder nur lesen. Er muss beides gleichzeitig tun, und außerdem will er die Unterlagen auch noch anfassen, darin herumblättern und mit bunten Stiften kennzeichnen. Dinge, die er nicht anfassen kann, erfasst er auch nicht. Will er etwas besonders gut hören, dreht er auch den Kopf zur Seite.

Er argumentiert stark mit der linken Hand, der Gefühlshand. Unsere linke Körperhälfte wird ja von unserer rechten Gehirnhälfte gesteuert. Und in der rechten Gehirnhälfte sitzt unser kreatives Gefühlszentrum. Von hier aus werden unsere Gefühle, unsere intuitiven Fähigkeiten, unser Sinn für Zusammenhänge und Hintergründe und unser räumliches Vorstellungsvermögen koordiniert. Diese Gehirnhälfte ist beim Vulkan im Dauereinsatz. Die gefühlsmäßige Durchdringung, das Durchschauen der Hintergründe ist seine Stärke. Gerne telefoniert er auch mit dem Hörer am linken Ohr, da hat er dann die direkte Leitung zur rechten Gehirnhälfte.

Wenn sich die meisten Bewegungen eines Negativen nach unten richten, beim Besserwisser nach oben gehen, so richten sich die Bewegungen des Vulkans stets nach vorne. Er geht direkt auf alles zu, scheut kein Hindernis. Immer nur geradewegs drauf los ist sein Motto, das sich auch in seiner Körpersprache widerspiegelt.

Die Entwicklungsgeschichte des Vulkans

Beim Vulkan wird deutlich, wie sehr auch unsere genetischen Veranlagungen einen Menschen prägen. Der emotionale Vulkan hat die Grundlagen seines Wesens zum Großteil in die Wiege gelegt bekommen. Er ist der klassische kynesthätische Typ, der sehr gefühlsbetont und mit allen seinen Sinnen reagiert. Seine Reaktionen fallen spontan aus.

Jedes Kind durchläuft eine Entwicklungsphase, in der die spontanen Gefühlsausbrüche das Verhalten beherrschen. Im Falle unseres Vulkans hat das Kind aber nicht gelernt, diesen Gefühlsausbrüchen einen Filter vorzuschieben. Ungehindert konnte es seinen Gefühlen freien Lauf lassen. Oft sind genau diese Kinder als überbehütete Einzelkinder aufgewachsen. Sie waren die uneingeschränkten kleinen Prinzen oder Prinzessinnen, nach denen sich alles und jeder gerichtet hat. Sehr oft waren die Eltern mit den starken Gefühlsausbrüchen ihres Kindes restlos überfordert. Sie haben alles Mögliche versucht, um das Kind wieder zu beruhigen. Sie haben versucht, das Kind abzulenken oder anderwärtig zu beschäftigen. „Komm, wir schauen uns ein Bilderbuch an!" – wusch, in weitem Bogen fliegt das Bilderbuch durch das Kinderzimmer! „Schau, willst du nicht ein Puzzle machen?" – zack, und das Puzzle landet neben dem Bilderbuch, der Schreianfall wird heftiger. Auch die Bausteine, ein Stück Schokolade und das Kuscheltier landen in den Ecken. Vielleicht bringt dann doch noch das Fernsehen eine Verschnaufpause für die gestressten Eltern ... Dieses Theater beginnt sofort bei den ersten Anzeichen eines nahenden Schreianfalles. Das Kind hat damit vor allem eines gelernt: Je lauter ich schreie, desto mehr geht man auf mich ein, schenkt mir Beachtung, und ich erreiche praktisch jedes Ziel.

Bis zu einem gewissen Grad kennen wohl alle Eltern ähnliche Szenen. Doch normalerweise versuchen sie, den Trotzanfällen ihrer Kinder auch auf andere Weise zu begegnen. Zum Beispiel, einfach ruhig aus dem Zimmer zu gehen und das Kind einmal kurz allein zu lassen. Oder einfach stumm daneben bleiben, ohne auf das laute Gebrüll zu reagieren. So lernt das Kind, dass es mit uneingeschränkten Gefühlsäußerungen nichts erreicht, und sucht nach anderen Ausdrucksformen.

Kommt der kleine Prinz dann in Kontakt mit anderen Kindern, zum Beispiel im Kindergarten oder in der Schule, reagieren diese Kinder nicht so wie die Eltern. Sie wenden sich eher ab. Meist suchen jedoch die überbehütenden Eltern einen Kindergarten aus, in dem jedem einzelnen Kind sehr viel Beachtung geschenkt wird – was ja auch gut und legitim ist! Doch wenn nun der kleine Vulkan merkt, dass sich zwar die anderen Kinder abwenden, aber die erwachsene Bezugsperson wieder mehr auf ihn eingeht als auf die „braven" Kinder, wird er wieder in seinem Verhalten bestätigt. Auch die gutmütigeren unter den anderen geben ihm dann lieber freiwillig das eingeforderte Spielzeug, und er lernt, andere zu dominieren, jeweils mit der Androhung eines ungebremsten Wutanfalles. Seine angeborene starke Persönlichkeit hilft ihm dabei.

Seine Eltern haben sein Selbstwertgefühl von Anfang an sehr gestärkt, er ist felsenfest davon überzeugt, der Mittelpunkt des Universums zu sein. Teilen und Rücksichtnahme waren in seiner Erziehung nicht wichtig. Wollte er den gleichen Traktor wie der Nachbarjunge, hat er ihm eben den Traktor weggenommen. Damit er ihn auch wieder zurückgibt, haben ihm die Eltern sofort zugesichert, dass er auch so einen bekommt – was natürlich auch passiert ist! Wenn ich etwas will, nehme ich es mir einfach, dann bekomme ich es auch! Nach diesem Grundsatz geht er dann zeit seines Lebens vor.

In der Schule kamen dann auch seine anderen Qualitäten zum Vorschein. Er zeigte seinen Humor, konnte andere überzeugen und mitreißen, war nicht selten der Anführer, wenn es um waghalsige Streiche ging. Stets war er der Mutigste, der Unerschrockenste. Grenzen akzeptierte er nur schwer. Dafür erntete er Bewunderung unter seinen Kameraden und erlangte so leicht die Führerrolle. Und wehe dem, der diese Rolle anfocht. Er schreckte vor keinem Kampf zurück und kam nicht selten mit zerschundenen Knien heim. Da wurde er dann wieder mit jeder Menge Liebe und Fürsorge überschüttet, eine weitere Belohnung seines Verhaltens. Er stand wieder einmal im Mittelpunkt. Was er nicht mit Wutanfällen erreichte, machte er mit Charme, den er durchaus auch versprühen kann. Außerdem war er schon als Kind nicht nachtragend und hat sich auch bei seinem Kampfgegner entschuldigt, wenn er einmal zu heftig hingelangt hatte. Mit dieser Taktik hat er sich meist einen sehr guten Platz in der Gesellschaft der Gleichaltrigen erkämpft. Und den möchte er nie mehr aufgeben.

Eine ganz andere Entwicklungsgeschichte haben die Vulkane, die mit derselben Veranlagung in einem Umfeld groß geworden sind, in dem sie wenig gefühlsmäßige Nähe erfahren haben. Sie konnten immer nur dann ein wenig Beachtung finden, wenn sie sich besonders auffällig und laut verhielten. Sie haben von früh an gelernt, sich durchzuboxen. Ihren gefühlvollen Kern haben sie verschlossen. Um nicht von anderen verletzt zu werden, haben Sie zuerst losgeschlagen. Angriff ist die beste Verteidigung, nach diesem Motto erkämpften sie sich ihre Position, ihre Anerkennung. Wurde ihnen die Zuneigung untersagt, kämpften sie umso zielstrebiger und entschlossener um ihren Platz an der Sonne. Ihre aufbrausende Art hat ihnen dabei Respekt verschafft. Lieber gefürchtet als geliebt werden, das wurde zu ihrem Ziel.

Beiden Entwicklungsgeschichten ist gemeinsam, dass der kleine Vulkan sehr früh gelernt hat, andere zu manipulieren, für die eigenen Zwecke einzusetzen. Echte Freundschaften sind ihm daher nicht so wichtig, er geht eher Zweckgemeinschaften ein.

Tipps im Umgang mit dem Vulkan

Killersätze für den Vulkan

→ „Jetzt reg dich nicht so auf!"
→ „Bleib doch sachlich!"
→ „Beruhigen Sie sich erst einmal!"

Der Vulkan

Der Vulkan als Mitarbeiter

Ein Vulkan im Team stellt immer einen extremen **Unruheherd** dar. Man weiß nie, wie er reagiert, was als Nächstes kommen wird. Er ist unberechenbar und seine Ausbrüche kommen meist im ungünstigsten Moment. Er setzt sie auch zielgerichtet ein, um dem Team seinen Willen aufzudrängen. Sein Ehrgeiz und seine Entschlossenheit, die eigenen Ziele zu erreichen, machen ihn eher zum Konkurrenten denn zum Mitstreiter. Lassen Sie daher den Vulkan neben sich nie ganz aus den Augen und achten Sie auf eine klare **Aufgabenabgrenzung**. Oft ist es besser, den Vulkan mit Einzelaufgaben zu betrauen, um unnötigen Konfliktstoff zu vermeiden.

Ist ein Vulkanausbruch nicht zu vermeiden, bleiben Sie möglichst gelassen. Zugegeben, das fällt beim Vulkan schwer, weil seine Verbalangriffe sehr persönlich und verletzend sein können. Doch so schwer das auch zu glauben ist, **er meint nicht Sie persönlich**: Es wäre völlig egal, wer gerade vor ihm steht, es geht ihm ausschließlich um den Abbau der eigenen aufgestauten Gefühle.

Versuchen Sie nicht, ihn während seines Ausbruchs zu stoppen. Das wäre ein Kampf gegen Windmühlen. Er ist nicht zu bremsen, man kann nur das Verebben des Lavastroms abwarten. Ein Appell an seine Vernunft geht in seinem Toben unter. Sparen Sie sich diese Vorschläge für später auf, wenn er wieder ansprechbar ist.

In einer ruhigen Phase ist es aber durchaus angebracht und nötig, mit dem Vulkan über sein Verhalten zu sprechen. **Sagen Sie ihm, wie sehr er Sie verletzt hat.** Zeigen Sie dabei ruhig auch Ihre Gefühle, das ist eine Sprache, die er versteht. Argumentieren Sie also nicht nur logisch, sprechen Sie bewusst auch seine Gefühlsebene an. Vereinbaren Sie notfalls mit ihm ein Zeichen, ein Ritual, das ihm helfen kann, seine Wutausbrüche besser zu kontrollieren. „Wenn du dich wieder einmal so schrecklich ärgern musst, geh einfach ins Nebenzimmer und hau kräftig gegen den Sandsack. Dann dreimal ein- und wieder ausatmen." Mache Vulkane sind dankbar für solche Hilfen, so simpel sie auch klingen mögen. Es ist sehr schwer für einen ausgewachsenen Vulkan, sich zu ändern. Aber lassen Sie nicht locker, auch er ist für sein Verhalten verantwortlich. „Ich kann halt in so einem Moment nicht anders" kann nicht als Freibrief für Rundumschläge gelten!

Entschuldigt er sich für einen Ausbruch, nehmen Sie die Entschuldigung an. Klären Sie die Angelegenheit gleich – während seiner Entschuldigung, nicht während des Anfalls! –, später hat er alles bereits vergessen. Er ist ja weder selbst nachtragend, noch kann er mit nachtragenden Menschen umgehen.

Spielen Sie aber gegenüber dem Vulkan nie den oder die völlig „Überlegen-Coole(n)". Das stachelt ihn erst recht an. Wollen doch einmal sehen, ob wir diese coole Fassade nicht knacken können! Ein überlegenes Lächeln wirkt auf ihn wie das berühmte rote Tuch auf den Stier! Zeigen Sie ruhig auch eigene Emotionen, aber weichen Sie nicht zurück. Behaupten Sie auch körpersprachlich ihren Platz. Wer zurückweicht, macht nur mehr Platz für seine Ausbrüche!

Der Vulkan ist einer der wenigen Nervensägen-Typen, denen man auch mit **Humor** begegnen kann. Tricksen Sie ihn doch einfach einmal aus, indem Sie in plötzlich strahlend anlachen. „Was ist denn da so komisch?", wird er zunächst brüllen. Wenn es Ihnen nun gelingt, die Situation aus der komischen Sichtweise zu beleuchten, kann es leicht sein, dass er plötzlich mit ihnen mitlacht. Ein herzhaftes Lachen kann auch ein Ventil für seinen Gefühlsstau sein – und sicherlich ein weit harmloseres als ein Wutanfall!

Der Vulkan als Chef

In der Chef-Position finden sich **viele Vulkane** wieder, denn sie haben zahlreiche Qualitäten, die eine Führungspersönlichkeit benötigt: Ehrgeiz, Willensstärke, Durchsetzungskraft, Entscheidungswillen und klare Ziele. Zeigt sich ein Vulkan von seiner positiven Seite, strahlt er Energie und Überzeugungskraft aus. Nutzen Sie solche Phasen bewusst und lassen Sie sich ruhig von seiner Begeisterung anstecken! Der Vulkan kann eine große Energiequelle darstellen und sein Team zu Höchstleistungen antreiben!

Er bringt Dinge voran, kann neue Maßnahmen umsetzen und rasche Entscheidungen treffen. Auch wenn Sie mit diesen Entscheidungen nicht immer zufrieden sind, wissen Sie diese Eigenschaft zu schätzen. Denn ein Chef, der gar nicht entscheidet, kann viel mühsamer sein.

Was aber tun, wenn die Energiequelle plötzlich zum wandelnden **Pulverfass** wird? Seine bedrohlichen Auftritte werden durch seine Machtposition noch verstärkt. Umso wichtiger ist es, sich innerlich gegen den Ausbruch zu wappnen. Auch hier gilt, **nehmen Sie den Angriff nicht zu persönlich**, sie sind im Moment einfach nur sein „Sandsack"! Demonstrieren

Der Vulkan

Sie auf alle Fälle Selbstbewusstsein, vor allem körpersprachlich. Weichen Sie nicht zurück, stehen Sie auf, wenn er vor Ihrem Schreibtisch steht, und setzen Sie sich nicht hin, wenn Sie zu ihm ins Büro gehen. Bleiben Sie mit beiden Füßen fest auf dem Boden stehen, so bekommen Sie die nötige Standfestigkeit.

Halten Sie den **Blickkontakt**. Wer die Augen zu Boden schlägt, hat schon verloren und begibt sich in die Rolle des Opferlamms. Wenn Sie beide sitzen, bleiben Sie in einer möglichst aufrechten Haltung und sinken Sie nicht im Stuhl zusammen. Achten Sie auch im Sitzen auf „Standfestigkeit": volles Ausnützen der Sitzfläche und beide Fußsohlen fest auf dem Boden, nicht Hilfe suchend um die Stuhlbeine geschlungen. Behalten Sie eine offene Körperhaltung bei, gehen Sie nicht in die Abwehrposition, indem Sie sich seitlich wegdrehen oder die Arme fest verschränken. Halten Sie keine Unterlagen als schützenden Panzer vor den Oberkörper, das reizt ihn nur noch mehr, diesen Panzer zu durchdringen.

Da der Vulkan ein emotionaler Typ ist, will er von seinem Gegenüber auch emotional wahrgenommen werden und reagiert empfindlich auf Abwehrgesten. Die Bauchebene ist seine wichtigste Kommunikationsplattform, daher versteht er in so einer Situation auch die nonverbalen Ausdrucksmittel wesentlich besser als alle Worte.

Wenn Sie spüren, wie Ihre eigenen Emotionen ins Negative kippen, das heißt, wenn Sie sich persönlich zu sehr betroffen fühlen, versuchen Sie nicht, sich zu verteidigen. Legen Sie sich lieber einen Trick zurecht, um das Donnerwetter unbeschadet zu überstehen. Stellen Sie sich zum Beispiel vor, Sie wären ein(e) Casting-Agent(in) für einen Film und müssten die Rolle eines tobenden Chefs besetzen. Ist der Kandidat, der gerade vor ihnen steht, der geeignete? Oder könnte er seine Rolle etwa noch besser und überzeugender spielen?

Oder Sie konzentrieren sich auf ein bestimmtes Detail. Zum Beispiel auf die kleine rote Ader an seinem Hals, die immer anschwillt, sobald er so richtig in Fahrt kommt. War die letztes Mal genauso groß? Wird die nicht platzen, wenn sie noch mehr anschwillt? So banal diese Tricks klingen mögen, sie helfen, Distanz zur jeweiligen Situation zu schaffen. Haben Sie einmal gelernt, souveräner mit dem Vulkanausbruch umzugehen, sucht er sich nächstes Mal ein anders Opfer.

Der Vulkan als Chef hat aber auch noch eine andere unangenehme Eigenschaft, die ihn zur Nervensäge macht. Er versteht seine Führungsrolle meist sehr **patriarchalisch**. Seine Mitarbeiter behandelt er gerne wie seine Kinder. Ist er ihnen wohl gesinnt, klopft er ihnen aufmunternd auf den Rücken und verteilt großzügig Streicheleinheiten und Belohnungen. Diese Belohnung erfolgt stets auf der emotionalen Ebene, wirkt eher wie eine Wiedergutmachung und nicht wie die Anerkennung einer Leistung. So fühlt man sich als Mitarbeiter leicht in die Kinderecke gedrängt, in seinen fachlichen Qualitäten nicht wahrgenommen. Es kann ganz schön nerven, immer wie ein Achtjähriger behandelt zu werden. Sprechen Sie dieses Problem offen an, wehren Sie sich bewusst gegen diese Kindrolle. Danken Sie für sein Lob, aber bitten Sie ihn auch um ein fachliches Feedback Ihrer Leistung. Antworten Sie stets in der Erwachsenensprache, auch wenn er immer wieder in der typischen Elternsprache mit Ihnen kommuniziert.

→ „Na, Kindchen, was haben wir denn da wieder?"
✓ „**Ich bearbeite im Moment den Fall X.**"

Fühlt sich ein Vulkan-Chef in die Enge getrieben, stößt er bei seinen Vorgesetzten auf Gegenwehr, können seine Ausbrüche durchaus beängstigende Formen annehmen. Ein überforderter Vulkan ist eine echte Naturgewalt. In diesem Fall müssen Sie nicht als Sandsack herhalten. Lassen Sie den Tobenden einfach stehen, so hat er die Chance, sich abzureagieren, ohne noch mehr Schaden anzurichten. Wenn er Sie am Weggehen hindern will, sagen Sie ihm ruhig, dass Sie erst mit ihm reden, wenn er sich wieder beruhigt hat, weil Sie das Problem in diesem Ton nicht besprechen wollen.

Haben Sie erst einmal gelernt, sich mit einem Vulkan-Chef zu arrangieren, steht wahrscheinlich nicht nur häufig ein überdimensionaler Strauß Blumen als Wiedergutmachung auf Ihrem Schreibtisch, Sie haben auch einen Chef, der für Sie durch dick und dünn geht!

Der Vulkan als Kunde

Bei einem emotional aufgeladenen Kunden hilft grundsätzlich nur eines: austoben lassen! Nehmen Sie sich die Zeit, ihm bis zum letzten Rest seines Unmutes zuzuhören. Bleiben Sie bei einer offenen Körpersprache und **signalisieren Sie Verständnis**.

Der Vulkan

- ✓ „Ich verstehe Ihre Verärgerung."
- ✓ „Ich sehe, diese Angelegenheit hat Sie persönlich sehr betroffen!"

Solche Sätze rinnen dem Vulkan-Kunden hinunter wie Honig. Er fühlt sich auf der emotionalen Ebenen angenommen. Diese Sätze stellen ja noch lange kein Eingeständnis von eigenen Fehlern dar. Um das geht es in dieser Phase auch gar nicht. Der Kunde will einfach seinen Unmut abladen, egal, ob von Ihrem Produkt/Unternehmen verursacht oder nicht.

Setzen Sie ruhig noch einen Trick drauf: Zwingen Sie ihn mit einer Frage, das Gesagte noch einmal zu wiederholen!

- ✓ „Habe ich Sie richtig verstanden, es geht für Sie um ...?"

Wenn er seine Anschuldigungen noch ein Mal wiederholt, ist meist schon der ärgste Dampf verraucht. Beim zweiten Mal hört sich das Ganze schon viel zahmer an, Sie haben gute Chancen, jetzt in ein konstruktives und klärendes Gespräch mit Ihrem Kunden einzusteigen.

Oft erkennen Sie aber in dieser Zweit-Formulierungs-Phase, dass sich der Unmut eigentlich nicht gegen Sie richtet. Er braucht nur ganz allgemein ein Ventil für seinen Ärger, und Sie kommen ihm dafür gerade recht. Er erwartet im Grunde von Ihnen auch gar keine bereinigende Handlung. Zeigen Sie Verständnis und nehmen Sie sich die Zeit, um sie in die Kundenpflege zu investieren.

Zum eigentlichen Problem wird so ein Vulkan-Kunde nur dann, wenn noch andere Kunden anwesend sind. Die versprühten Emotionen wirken nämlich leicht ansteckend auf andere. Die Zuhörer und Beobachter wissen ja nicht, was diesen Anfall ausgelöst hat und welcher Kundentyp sich da gerade so lautstark beschwert. Denn ihn zu überhören fällt schwer. Versuchen Sie daher, den Vulkan zu isolieren. Bitten Sie ihn in einen Nebenraum, holen Sie ihn weg von der Bühne.

Ist das nicht möglich, sprechen Sie ihn unbedingt mit Namen an.

- ✓ „Herr Meier, ich kläre gerne mit Ihnen noch einmal den Liefertermin."

Die anderen sollen ruhig wissen, wer sich da so ins Zeug legt. Anonym schimpft es sich ja auch immer leichter. Manchmal genügt dieser kleine

Trick schon. Tobt er aber weiter, bleiben Sie trotzdem gelassen. Wird er gar beleidigend, können Sie mit Sicherheit davon ausgehen, dass sich das Publikum mit Ihnen solidarisiert. Aggressive Angreifer stellen sich selbst ins Abseits. Die Zuschauer haben Mitleid mit dem vermeintlich Bedrohten, Schwächeren. Ums so wichtiger ist es, sich nicht krampfhaft zu rechtfertigen zu versuchen.

Der Vulkan am Telefon ist oft eine große Herausforderung. Er wird noch leichter ausfallend, weil ihm das persönliche Gegenüber fehlt. Sein einziges Ventil ist der Telefonhörer. Da fährt er schon einmal mit besonders scharfen Geschützen auf! Muss man sich das immer gefallen lassen? Geht der Kunde-ist-König-Status so weit, alles zu schlucken? Hier gilt klar, und wir betonen das in allen unseren Kundenbetreuungs-Seminaren: „Auch Kunden brauchen Grenzen!" Sie haben also nicht nur das Recht, sondern auch die Pflicht, Ihren Kunden diese Grenzen klar und höflich aufzuzeigen. Achten Sie darauf, auch in so einer Situation die Zügel in der Hand zu behalten. Steigen Sie bewusst aus so einem Gespräch aus. Legen Sie sich für solche Fälle einen Standardsatz zurecht, etwa so:

✓ **„Im Sinne einer Klärung bitte ich Sie um einen anderen Ton, sonst beende ich dieses Gespräch."**

Ist der Vulkan trotzdem schneller und legt einfach auf, dann haken Sie das Gespräch ab. Meist ist es bei so einem Anruf ja auch nicht um Sie oder Ihr Produkt gegangen.

Der Vulkan als Kunde will immer eine umfassende Betreuung. Er will als etwas Besonderes behandelt werden. Er will den roten Teppich sehen, fühlen und riechen. Er will die Produkte besonders genau vorgeführt bekommen. Sie überzeugen ihn nicht mit reinen Sachargumenten. Malen Sie ihm Bilder, sprechen Sie seine Emotion an. Sprechen Sie alle seine Sinne an: Erklären Sie die Vorzüge, geben Sie ihm eine möglichst schön gestaltete Unterlage mit, lassen Sie ihn ausprobieren und angreifen. Er wird ungern ein Produkt kaufen, von dem er nicht weiß, wie es sich anfühlt. Betonen Sie seinen Sonderstatus und die gute Beziehung abseits von Zahlen und Fakten. Smalltalk und Kunden-Events sind für ihn besonders wichtig. Zufriedene Vulkane sind treue Stammkunden!

Der Machthungrige

> WENN EIN MÄCHTIGER TEILT,
> BETRÄGT SEINE HÄLFTE
> MINDESTENS SECHZIG PROZENT.
>
> GEORGES CLEMENCEAU

Abbildung 13: Der Machthungrige

Die Verhaltensweise des Machthungrigen

Der Leiter einer Abteilung hatte einen auffälligen Verschleiß an Mitarbeitern. Vor allem die Besetzung seines Sekretariats wechselte ständig. Er war im ganzen Haus verschrien, jeder ging ihm aus dem Weg. Schon seit einiger Zeit verbreitete sich das Gerücht, seine Abteilung solle mit einer anderen, größeren zusammengelegt werden. So würde sich das Problem mit diesem Abteilungsleiter von allein lösen, denn er würde dann sicher in eine andere Funktion, in einen anderen Bereich wechseln. Da entschloss sich Frau Berger, den gerade wieder freien Sekretariatsjob in seiner Abteilung zu übernehmen. „Es ist ja nur vorübergehend", meinte der Personalchef und ließ durchblicken, dass jemand anderer die Leitung der neuen Abteilung übernehmen würde.

Vom ersten Tag an hatte Frau Berger Probleme mit ihrem neuen Chef. Er brüllte durchs Büro, wenn er einen Fehler eines Mitarbeiters entdeckt hatte. Er wurde dabei beleidigend und ausfallend. Er enthielt ihr wichtige Informationen vor und ließ Arbeiten, die sie erledigt hatte und die an seinen Vorgesetzten weitergeleitet werden sollten, auf seinem Schreibtisch liegen. Auf dessen Beschwerde hin wies er alle Schuld von sich und schob ihr den schwarzen Peter zu. „Sie wissen ja, ich habe eine neue Sekretärin, und die kennt sich einfach noch überhaupt nicht aus." Das ärgerte Frau Berger sehr. Sie fasste sich ein Herz und sprach ihren Chef auf diesen Vorwurf an. „Ach, nehmen Sie das doch nicht so tragisch! Das war ja nur Taktik. Je später die da oben Bescheid wissen, umso besser!" Am Telefon musste sie ihn ständig verleugnen, Rückrufe tätigte er nur dann, wenn es ihm passte, und sie musste sich immer wieder für sein Verhalten rechtfertigen. Sie merkte schnell, dass sie seinem Wort nicht trauen konnte. Heute ordnete er etwas an und morgen stritt er ab, je etwas Derartiges gesagt zu haben. Sie wusste nie so recht, woran sie mit ihm war.

Da sie aber schon lange im Haus tätig war, kannte sie viele Hintergründe und merkte schnell, dass er all seine Energie dazu einsetzte, andere auszubooten und die geplante Zusammenlegung der Abteilungen zu hintertreiben. Als er merkte, wie gut sie über die Vorgänge im Haus informiert war, begann er sie auszuhorchen. Plötzlich war er freundlich und zuvorkommend und lud sie zum Mittagessen ein. Er lobte sie vor anderen über den grünen Klee und alle waren froh, dass der ewig Unzufriedene endlich eine akzeptable Sekretärin gefunden hatte. Doch Frau Berger wurde immer unzufriedener. Wie sollte Sie reagieren? Sie beschloss, möglichst neutral zu bleiben, vor ihrem Chef lieber die Ahnungslose zu spielen und sich Notizen über die Vorgänge in ihrer Abteilung zu machen. Doch der Druck auf sie nahm zu. Weil sie ihren Chef mit keinen wichtigen Details beliefern konnte, rächte er sich, indem er ihr extrem unangenehme Aufgaben übertrug, sich nie an Zeitvereinbarungen hielt und sie gerade dann länger im Büro brauchte, wenn er genau wusste, dass sie dringend weg musste. Seine Methoden waren so hinterhältig, dass es ihr unmöglich wurde, sich dagegen zu wehren.

So warf sie eines Tages das Handtuch: Sie ging zum Personalchef und erkundigte sich nach Alternativen. „Der wird mich sicher überreden wollen, weiter in dieser Abteilung zu bleiben, wo er doch so froh ist, endlich eine passende Lösung für diesen schwierigen Typen gefunden zu haben", dachte sie, bevor sie in die Personalabteilung ging. Umso größer war ihr Erstaunen, als ihr der Personalchef eröffnete: „Ich bin froh, dass Sie von sich aus zu mir kommen. Ihr Chef hat mir schon gesagt, dass sie bei ihm restlos überfordert sind und private Probleme haben. Nehmen Sie sich doch eine Auszeit, Sie haben ja noch genug Resturlaub, dann sehen wir weiter. Schauen Sie zu, dass Sie erst mal Ihre Probleme in den Griff bekommen!"

In seinem äußeren Erscheinungsbild hat der Machthungrige oft sehr viele Ähnlichkeiten mit dem Vulkan. Auch er kann sehr **forsch und laut** auftreten. Wenn es die Situation erfordert, wirft er sich aggressiv und ohne Rücksicht auf Verluste in den Kampf. Er kann toben, drohen und seine Gegner damit **einschüchtern**. In seinem Inneren unterscheidet er sich jedoch wesentlich vom Vulkan. Seine Triebfeder ist das Erlangen und Verteidigen der Machtposition und nicht der Abbau seiner aufgestauten Gefühle. Diesem Machttrieb ordnet er alles unter. Deswegen sind seine Attacken auch gefährlicher. Er schlägt nicht blindlings um sich, er versucht, gezielt zu treffen. **Seine Angriffe sind durchaus persönlich gemeint!**

Der Machthungrige will immer gewinnen, führen, beherrschen. Hat er einmal ein Revier erobert, verteidigt er es mit allen Mitteln. Er ist der klassische Platzhirsch. In der Wahl seiner Waffen ist er dann nicht zimperlich. Er riskiert viel und geht hart vor, um seinen Platz zu verteidigen. Dabei kann er auch Härte gegen sich selbst beweisen. Er ist bereit, jedes Opfer dafür zu bringen, sein Ziel zu erreichen. Dabei schont er weder sich noch andere.

Für ihn gibt es nur ein Prinzip: gewinnen oder verlieren. Und verlieren bedeutet, den Gegner zu **vernichten**. Mitleid und Nachsicht gibt es höchstens gegenüber Schwächeren, die ohnehin nie eine potenzielle Gefahr darstellen. Hat er aber einen Gegner ausgemacht, rüstet er sich für den Kampf.

Für diesen Kampf hält er viele Waffen bereit. Er kann nämlich nicht nur toben und drohen, er kann auch nett und freundlich sein. Jede Taktik ist ihm recht. Gerne kämpft er daher auch im Verborgenen. **Intrigen** beherrscht er genau. Er setzt seine Beziehungen ein, verbreitet Gerüchte, verleumdet und lässt sich verleugnen. Jedes Mittel ist passend, wenn es nur hilft, seine Ziele zu erreichen.

Nichts fürchtet er mehr als die eigene Schwäche. Nach außen muss er immer und in jedem Fall stark und unantastbar wirken. Daher wird er auch nie einen eigenen Fehler eingestehen. Lieber schiebt er ihn einem anderen in die Schuhe. Sich zu entschuldigen kommt ihm nie in den Sinn. Er ist sich ja auch keiner Schuld bewusst, es fehlt ihm an Einsicht gegenüber seinen eigenen Unzulänglichkeiten. „Der Zweck heiligt die Mittel" ist einer seiner Leitsprüche.

Genauso wenig, wie er seine eigenen Fehler anerkennen kann, ist es ihm möglich, die Leistung eines anderen anzuerkennen. Zumindest öffentlich kann er sich dazu nicht positiv äußern. Insgeheim erkennt er die Gefahr und sucht sofort nach Gegenstrategien.

Im Unterschied zum Vulkan kann er auch **nachtragend** sein. Wer ihm einmal zu nahe getreten ist oder ihn gar besiegt hat, bei dem sinnt er auf Rache. Er ist überzeugt, dass irgendwann seine Chance kommen wird. Er vergisst nie und schlägt oft erst viel später zu. Auch wenn er zu diesem Zeitpunkt keinen Vorteil mehr davon hat – es geht ihm dann nur um „Gerechtigkeit". Dieses Motiv schützt er überhaupt gerne vor. Er wäre ja nur um gerechte Verhältnisse bemüht, er setze sich ja nur im Dienste der Allgemeinheit ein. Wie viele andere Nervensägen leidet auch er unter einer verschobenen Wahrnehmung.

Damit er in seiner Taktik zur Zielerreichung effizient ist, hat er auch gelernt, andere genau zu beobachten. Er kennt so die Schwachstellen seiner

Gegner und weiß, wann er wo zuschlagen muss. Jede noch so kleine Schwäche kann dann ausgenützt werden. Er wählt seine Taktik jeweils situations- und gegnerabhängig. Führt eine Taktik nicht zum erwünschten Erfolg, wechselt er sie einfach. Er kann sich in einen solchen Kampf richtig verbeißen und nimmt lieber auch eigene Verluste in Kauf, bevor er aufgibt. Er ist also sehr hartnäckig in seinen Bestrebungen und lässt nicht so leicht locker.

Auch wenn der Machthungrige manchmal verdeckt und im Geheimen kämpft, seine Erfolge möchte er doch öffentlich feiern. Anerkennung und Bewunderung sind ihm äußerst wichtig. Macht muss auch nach außen wirken. Ein Sieg, den keiner bemerkt, ist der größte Frust für den Machthungrigen. Macht ist ja nicht zuletzt deswegen so erstrebenswert, weil sie mit Anerkennung und Achtung der anderen verbunden ist.

Häufig findet man die typischen Eigenschaften eines Machthungrigen im Spitzensport, vor allem natürlich in Einzelsportarten. Auch dort ist es wichtig, besser zu sein als die anderen, selbst hart zu trainieren und den kleinsten Fehler des Gegners eiskalt zu nutzen. Nur so winken Sieg, Medaille und Rampenlicht. Dieses Rampenlicht möchte er mit niemandem teilen, es ist Motivation genug, es gleich wieder zu versuchen. **Macht und Sieg sind wie eine Sucht**, sie lassen den Machthungrigen nie mehr los.

Die Körpersprache des Machthungrigen

So wie der Machthungrige viele unterschiedliche Taktiken verfolgt, so hat er auch **viele Gesichter**. Einmal bewegt er sich leise und unauffällig. Er kann sich geradezu anschleichen an seine Gegner. Dann hält er sich ruhig im Hintergrund, den Kopf leicht schief gelegt und mit einer Miene der reinsten Unschuld. Weit geöffnete Augen, ein breiter Mund sollen ausdrücken: „Ich? Ich bin hier nur der Zuhörer, ich will mich ja gar nicht einmischen!" Doch der genaue Beobachter sieht in seiner Mimik deutlich seine **gespannte Aufmerksamkeit**. Er ist hellwach, sein Blick wandert rasch und immer auf der Suche nach neuen nützlichen Informationen durch seine Umgebung. Hat er etwas Wichtiges entdeckt, zucken seine Augenbrauen kurz in die Höhe, er fixiert die Informationsquelle, bevor sein Blick scheinbar arglos weiterwandert.

Hat er eine Schwäche beim anderen bemerkt, schiebt er angriffslustig das Kinn vor. Seine **Wachsamkeit** drückt sich auch in der ständigen Anspannung seiner gesamten Muskulatur aus. Er ist immer bereit zum entscheidenden Angriff, zum Sprung. So gleicht seine Körpersprache tatsächlich der eines gefährlichen Raubtiers: leise anschleichen, das Opfer umkreisen und im geeigneten Moment sich mit lautem Gebrüll auf das Opfer stürzen.

Der Machthungrige kann aber auch laut und aggressiv auftreten. Seine Augenbrauen sind dann nach unten gezogen, sein Blick wirkt finster und bedrohlich. Sein Brustkorb schwillt an, er schiebt die Schultern nach oben und leicht nach hinten. Er macht sich dadurch größer, versucht, mehr Raum einzunehmen. Gerne steht er breitbeinig vor seinem Gegner, die Hände leicht seitlich angewinkelt. Er ist jederzeit bereit, zuzuschlagen. Seine Haltung erinnert an einen **Wildwest-Darsteller** beim entscheidenden Duell.

Auch wenn kein unmittelbarer Kampf bevorsteht, ist der Machthungrige stets um eine seine Überlegenheit ausdrückende Körpersprache bemüht. Er trägt den Kopf selbstbewusst erhoben und versucht immer, von oben herab auf die anderen zu blicken. Gelingt ihm das auf Grund seiner Körpergröße nicht so ganz, muss zumindest sein Blick Herablassung ausdrücken.

Die Körpergröße spielt beim Machthungrigen oft eine zentrale Rolle: Sehr häufig findet sich dieser Nervensägen-Typ bei **kleineren Männern**. Männlichkeit und Macht drücken sich seit Urzeiten auch durch Körpergröße und -stärke aus. Wer damit von Natur aus nicht genügend gesegnet ist, der versucht oft mit anderen Mitteln, dieses vermeintliche Manko wettzumachen. Schon in der Geschichte ist feststellbar, wie oft besonders ehrgeizige und erfolgreiche Herrscher, Feldherren und Politiker von eher kleiner Statur waren. Nicht von ungefähr spricht man bei klein gewachsenen Machthungrigen oft vom „Napoleon-Effekt".

Eine geringe Körpergröße wird beim Machthungrigen auch durch besonders große, **raumgreifende Schritte** kompensiert. Jeder soll hören, dass da ein wichtiger Mann im Anmarsch ist. Steht er, so bewegt er sich gerne wippend von der Ferse auf die Zehen und zurück. Auch das verleiht ihm zusätzliche Größe. Oft stemmt er dabei die Hände in die Hüften und streckt die Ellenbogen nach außen. Eine weniger starke Drohgebärde in der Körpersprache kennen wir kaum.

Auch im Sitzen hat er die Beine meist weit geöffnet, sitzt **breitbeinig** und somit provokant vor seinem Gegenüber. Mitunter verschränkt er bei einer Mitarbeiter-Besprechung die Arme hinter seinem Kopf und legt diesen weit in den Nacken. Diese Geste wirkt zwar auf den ersten Blick ziemlich entspannt, ist jedoch alles andere als das, vor allem dann, wenn sie jemand hartnäckig und über einen längeren Zeitraum hinweg einnimmt. Das entscheidende Signal für seine Gegner ist dabei nämlich der weit nach oben gestreckte und dadurch entblößte Hals. Diese **provokante Geste** soll ausdrücken: „Ich nehme euch als Gegner nicht wirklich ernst, ich traue mich, euch meinen verletzlichsten Teil, meine Halsschlagader offen und ungeschützt zu präsentieren. Bis ihr überhaupt in die Nähe meines Halses kommt, habe ich euch längst erledigt!" Unsere Körpersprache drückt ja viele urzeitliche Verhaltensweisen aus, die auch in der Tierwelt zu finden sind. Gerade die Bedeutung des Halses im Kampf ist bei Tieren gut zu beobachten. Instinktiv wissen zwei Kämpfer, dass ein Biss in den Hals und damit das Durchtrennen der Halsschlagader zur tödlichen Bedrohung wird.

Die Entwicklungsgeschichte des Machthungrigen

Der Machthungrige weist in seiner frühkindlichen Entwicklung viele Ähnlichkeiten mit dem Vulkan auf. Auch er stammt meist aus einem höchst behüteten Umfeld. Die Eltern haben ihn von klein auf bewundert und gefördert. Er war der uneingeschränkte Herrscher im Elternhaus. Seine Bedürfnisse haben das Leben seiner Familie bestimmt, seinen Wünschen wurde nach Möglichkeit unverzüglich nachgekommen. Doch anders als beim Vulkan, der die emotionale Nähe besonders wahrgenommen hat, ging es dem Machthungrigen schon früh um ein gewisses Gefühl von Macht.

→ „Wenn ich schreie, bekomme ich, was ich will."

So waren es nicht nur die Wutausbrüche, die ihm zu seinen „Erfolgen" verhalfen, er hat auch gelernt, durch ein Lächeln oder das Zeigen einer anderen Leistung zum gewünschten Erfolg zu kommen. Gerne und bereitwillig ließ sich sein Umfeld manipulieren. Er hat in seiner ersten Kindheit viel Selbstvertrauen getankt und die feste Überzeugung erlangt, einfach zum Führen geboren worden zu sein.

→ „Du kannst alles erreichen, was du willst. Du bist der Beste!"

Diese Sätze seiner Eltern sind bei ihm auf fruchtbaren Boden gefallen. Dass man beim Erreichen seiner Ziele auch auf andere Rücksicht nehmen muss, haben sie ihm aber nicht gesagt. Entweder war er ohnehin Einzelkind oder sehr dominant im Kreis seiner Geschwister.

Im Unterschied zum emotionalen Vulkan hat er sehr wohl gelernt, seine eigenen Gefühle zu kontrollieren. Er hat gelernt, sie nur dort zu zeigen, wo es ihm nützt. So sind es vor allem sein Ärger und seine Ungeduld mit Schwächeren, die er gerne zeigt. Er hat außerdem gelernt, die Gefühle anderer zu erkennen und zu seinem eigenen Nutzen zu manipulieren. Von seiner Veranlagung her ist er weitgehend vernunftbetont, und vor allem Mitgefühl ist ihm fremd.

Von seinen Eltern wurde er auch in der Erkenntnis gefördert, dass meist die anderen schuld sind, wenn etwas nicht so klappt, wie er sich das vorgestellt hat. Die Geschichten aus dem Kindergarten, in denen immer die anderen die Bösen waren, wurden nicht hinterfragt. Er wurde aufgefordert, sich zu wehren. Was er dann auch getan hat!

Sein dominantes Verhalten unter den gleichaltrigen Kindern wurde von diesen nicht sehr geschätzt, sehr bald fand sich unser Machthungriger naturgemäß in der Rolle des ungeliebten, aber gefürchteten Außenseiters. Traf er jedoch auf Ablehnung, hat ihn das in seinem Kampfeswillen nur bestärkt. Sein Ehrgeiz hat ihn immer wieder zu – meist sportlichen – Achtungserfolgen angetrieben. Er hat früh gelernt, hart für seine Siege zu trainieren. Nicht selten war er schon bald ein guter Sportler und damit einigermaßen akzeptiert.

Später, in der Schule, hat er gelernt, weitere Fähigkeiten einzusetzen, um seine angestrebte Führerrolle zu erlangen. Er war bereit, Mehrarbeit auf sich zu nehmen, wenn er dadurch zum Klassensprecher gewählt wurde. Er war auch bereit, einmal einem anderen zu schmeicheln, sich von seiner besten Seite zu zeigen, wenn ihm derjenige nützlich sein konnte. So hat er schon früh sein Repertoire an Machterreichungsstrategien entwickelt.

Auf Freundschaften hat er dabei nicht viel Rücksicht genommen. Freunde sind auch später für den Machthungrigen nicht von großer Bedeutung. Er pflegt zwar Beziehungen zu anderen, die nach außen durchaus freundschaftlichen Charakter haben können, es geht ihm aber immer nur um das Ausnützen dieser Beziehungen für die eigenen Zwecke. Selbstlosigkeit ist ihm fremd. So ist er schon in seiner Jugend gut ohne echte Freunde zurecht gekommen.

Der Machthungrige

Tipps im Umgang mit dem Machthungrigen

Killersätze für den Machthungrigen
→ „Jetzt nehmen Sie sich nicht so wichtig!"
→ „Ich nehme dich nicht mehr ernst!"

Der Machthungrige als Mitarbeiter

Das Wichtigste bei einem Machthungrigen im Kollegenkreis ist, dass Sie ihn als solchen identifizieren. Oft zeigt er nämlich erst spät sein wahres Gesicht, erst dann, wenn es zu spät ist und Sie ihm schon „ins offene Messer gelaufen" sind. Er zeigt sich am Anfang verständnisvoll und kooperativ. Er ist bereit, sich voll und ganz ins Team zu fügen. Wer ihm dann arglos seine eigenen Arbeiten zu Verfügung stellt, erlebt nicht selten sein blaues Wunder. Plötzlich liegen die eigenen Ideen beim Chef auf dem Schreibtisch, versehen mit dem Namen des „netten" neuen Kollegen!

Sichern Sie sich ab vor dem **„Ideenklau"** eines Machthungrigen. Dokumentieren Sie Ihre Arbeiten, achten Sie auf Ihre Unterschrift unter Ihrem Dokument und **stellen Sie klare Spielregeln** auf. Stecken Sie die Grenzen der Aufgabenverteilung genau ab und pochen Sie immer wieder auf deren Einhaltung. Ist ein Fehler im Team passiert, achten Sie darauf, dass er diesen Fehler nicht sofort jemand anderem unterjubelt.

Sind Sie für einen Machthungrigen im Team verantwortlich, beobachten Sie sehr genau, ob er nicht einen Störfaktor für die anderen darstellt. Oft wird seine gesamte Energie nur auf das Erlangen einer höheren Position gerichtet. Stecken Sie dann klar seine Grenzen ab, besprechen Sie mit ihm seine beruflichen Perspektiven. Er braucht Ziele, die er anstreben kann. Diese Ziele müssen zumindest mittelfristig mit Prestigegewinn verbunden sein. Karrierepläne sind ihm wichtig. Hat er ein klares Ziel, kann er sich auch kurzfristig ganz in den Dienst der Sache stellen und seine Energien nutzbringend für das Team einsetzen.

Gestehen Sie ihm ruhig Teilerfolge zu, das stimmt ihn positiv, er fühlt sich wohl mit einem Siegerimage. Solange das nicht auf Kosten anderer geht, sei es ihm auch gegönnt. Spürt er jedoch Gegendruck, wird er aktiv und greift zu allen Mitteln. Überlegen Sie daher genau, welchen Kampf es sich zu kämpfen lohnt, und wo Sie besser einen Kompromiss eingehen. Denn die Nervensägen-Qualität des Machthungrigen liegt in seiner hartnäckigen Furchtlosigkeit. Er gibt nie auf, es ist ihm auch nicht zu viel, an mehreren Fronten gleichzeitig zu kämpfen. Das kann einen friedliebenden Mitmenschen ganz schön nerven. Es erfordert viel Kraft und Energie, sich auf diese Dauer-Verteidigung einzustellen.

Formulieren Sie klar und präzise. Sprechen Sie seinen Sinn für Logik an, da versteht er Sie wesentlich besser, als wenn Sie von Gefühlen sprechen. Formulieren Sie sicher und bestimmt. Wer zum Beispiel häufig Konjunktive und Worte wie „man" und „eventuell" verwendet, den hat er schnell als schwach eingestuft, da kann er mit rhetorischen Waffen leicht siegen.

Sagen sie ihm, was er für einen Vorteil davon hat, wenn er so handelt, wie Sie es ihm vorschlagen. Sein Vorteil, sein Nutzen, das sind Argumente, auf die er hört. Nur wenn er sich etwas davon verspricht, ist er bereit zuzuhören.

Machen Sie nicht den Fehler, ihn offensichtlich zu unterschätzen. Wenn er sich nicht ernst genommen fühlt, kränkt ihn das zutiefst. Er will gehasst, gefürchtet, geachtet, manchmal sogar geliebt, aber sicher nie unbeachtet bleiben. Wer seine Fehler aufzeigt, ihn vielleicht auch noch vor Publikum lächerlich macht, der hat einen Feind gewonnen. Denn er vergisst so eine Schmach nie. Der Sieg mag zwar kurzfristig befriedigen, aber er wird meist teuer bezahlt. Er wird einen Weg finden, sich zu rächen. Und er kann auch geduldig auf seine Chance warten.

Der Machthungrige als Chef

Es ist nur eine logische Folge, dass viele Machthungrige bei all dem Eifer und dem Einsatz, den sie an den Tag legen, auch tatsächlich oft in die Chefetage aufrücken. Ist seine Position im Unternehmen ungefährdet, kann er sich allerdings auch nicht entspannen. Er meint, seine Stellung gegen alles und jeden verteidigen zu müssen. Oft wittert er Gefahren, wo gar keine sind. Er erlebt dann Mitarbeiter als Bedrohung, die für ihn tatsächlich keine darstellen. Manche Machthungrige können regelrecht unter **Verfolgungswahn** leiden. Geben Sie so einem Chef klar und deutlich zu verstehen, dass Sie loyal sind und nicht an seinem Sessel sägen. Weichen Sie aber auch nicht ängstlich zurück, sondern behaupten Sie Ihre Stellung. Wen er ein-

Der Machthungrige

mal als schwach eingestuft hat, den sucht er sich gerne als „Demonstrationsobjekt" für seine Machtausübung. Da deckt er dann **gnadenlos** jeden Fehler auf, diffamiert den armen Mitarbeiter vor versammelter Runde und schreckt auch vor persönlichen Beleidigungen nicht zurück.

Manche Machthungrige können als Chefs zu richtigen **Tyrannen** heranreifen. Sie errichten ein wahres Schreckensregime – und genießen es, wenn ihre Mitarbeiter nur mit eingezogenem Kopf und angsterfüllt durchs Büro eilen. Unberechenbar und scheinbar willkürlich reitet er seine oft sehr aggressiven und groben Attacken. Jeder kleinste Fehler ist ihm als Anlass willkommen. Und Fehler kommen in so einer Atmosphäre von Angst und Schrecken sicher vor. Da hilft nur eines: Rückzug! So ein Chef ändert sich sicher nicht, auch wenn Sie noch so sehr versuchen, sich mit ihm zu arrangieren, er wird nie zufrieden sein. Dazu genießt er seine Vorgehensweise viel zu sehr. Wenn Sie seinen Ausbrüchen und Anschuldigungen nicht mehr mit Gelassenheit begegnen können, rüsten Sie sich lieber für den geordneten Rückzug. Dokumentieren Sie die ungerechten Vorfälle und geben Sie ihm, wenn Sie den Mut dazu aufbringen, auch zu verstehen, dass Sie sich wehren werden, bevor Sie kündigen:

✓ „Wie haben Sie mich eben genannt? Ich möchte nur sichergehen, dass ich das richtig wiedergeben kann."

So extrem sind Gott sei Dank nicht alle machthungrigen Chefs. Manche geben sich im Großen und Ganzen mit ihrer Führerrolle zufrieden. Zeigen ihm seine Mitarbeiter den nötigen **Respekt**, lässt er sie in Ruhe arbeiten. Hat er einmal erkannt, dass fähige Mitarbeiter auch seine Machtposition stärken, ist er auch bereit, sie aktiv zu fördern. Beachten Sie diesen Aspekt, wenn Sie ihm gegenüber argumentieren.

Machthungrige Chefs haben oft die Angewohnheit, sich bei unliebsamen Gesprächspartnern verleugnen zu lassen und angekündigte Rückrufe nicht zu tätigen. Nehmen Sie diese Schuld nie auf sich, sondern machen Sie dem anderen klar, wie Sie vorgehen:

✓ „Ich habe es ihm ausgerichtet, ich sage es ihm gerne noch einmal!"

Machen Sie aber Ihrem Chef dann auch klar, dass sein Ruf unter diesem Verhalten leidet, nicht der Ihre! Das überzeugt ihn eher, denn sein Ruf, sein Image nach außen sind ihm ja sehr wichtig.

Stehen Sie selbstbewusst zu Ihren Stärken. Stellen Sie Ihr Licht nie unter den Scheffel, weisen Sie ruhig auf Ihre Qualifikationen, Ihre Erfahrung und Ihre Ausbildung hin. Formulieren sie bestimmt und klar. Er will keine langen und umständlichen Erklärungen, er will knappe, klare Informationen. Legen Sie ihm nur gut überarbeitete Unterlagen vor. Erkundigen Sie sich vorher genau nach den Richtlinien und halten Sie Vereinbarungen wenn möglich schriftlich fest. Wenn Sie ihm etwas vorschlagen wollen, dann liefern Sie ihm gleich auch die Argumente für seine Vorgesetzten mit – das überzeugt ihn mehr, als was Sie davon haben. Appellieren Sie an seine Eitelkeit, sein Siegerimage. Mit etwas Schmeichelei ist schon so mancher Machthungrige überlistet worden!

Der Machthungrige als Kunde

Ein machthungriger Kunde will immer Recht haben, er will beweisen, dass er auf dem längeren Ast sitzt. Er verwendet gerne Drohungen:

→ „Wenn Sie mir diese Konditionen nicht gewähren, werde ich mich anderweitig umsehen!"

Gehen Sie auf solche Drohungen nicht direkt ein, aber nehmen Sie so einen Kunden stets ernst. Zeigen Sie Respekt und Anerkennung. Dazu gehört, ihn mit seinem Namen anzusprechen und dabei auch nicht seinen Titel zu vergessen, so er über einen verfügt. Sprechen Sie seine Bedeutung an, wie wichtig er Ihnen als Kunde ist.

✓ „Ihre Hinweise sind für uns sehr hilfreich, Herr Dr. Müller."

Materielle Vorteile überzeugen einen machthungrigen Kunden. Er will keine technischen Details hören, sondern seinen Nutzen erkennen. Wenn er sich nicht schnell entscheidet, wird es oft schwierig. Dann beginnt er nach Nachteilen zu suchen, es geht ihm nicht um den Kauf, sondern um den Machtkampf. Er will das Gefühl haben, als uneingeschränkter Sieger vom Platz zu gehen. Stecken Sie daher vor dem Verkaufsgespräch sehr genau den Rahmen ab, den Sie zur Verfügung haben. So lassen Sie sich weniger leicht überfahren und erpressen. Auch ein machthungriger Kunde braucht seine Grenzen!

Der Machthungrige geht gerne einmal ein Risiko ein. Er ist durchaus bereit, ein Produkt als Erster zu erwerben, das schafft ihm den so wichtigen

Vorsprung. Nützen Sie diese Eigenschaft und streichen Sie heraus, wie viel er gewinnen kann, wenn er dieses Risiko eingeht. Bleiben Sie mit Ihren Argumenten jedoch immer ehrlich und realistisch. Entdeckt er Lücken in Ihrer Argumentation, reagiert er sehr nachtragend und kann Beschwerden bis ganz nach oben bringen.

Seine Beschwerden sind eingehend zu behandeln. Halten Sie das Gesagte schriftlich fest, **antworten Sie ausführlich** und schriftlich auf seine Anschuldigungen. Informieren Sie alle betroffenen Stellen im Haus und machen Sie das auch ihrem Kunden klar. Er spielt nämlich gerne verschiedene Stellen im Unternehmen gegeneinander aus. Schieben Sie da bewusst und von Anfang an einen Riegel vor, indem Sie sehr offen und vollständig kommunizieren.

Geben Sie dem Machthungrigen seine Anerkennung, seine Wichtigkeit, aber machen Sie nicht zu viele Ausnahmen für ihn. Er wird nie zufrieden sein, und jedes Nachgeben als Aufforderung zum Stellen neuer Forderungen auffassen. Womit wir wieder bei den klaren Grenzen sind. Spielregeln gelten für alle, auch für alle Nervensägen!

Der Scheinheilige

> MORALISCHE ENTRÜSTUNG
> IST NEID MIT EINEM KLEINEN HEILIGENSCHEIN.
> HERBERT GEORGE WELLS

Die Verhaltensweise des Scheinheiligen

Wir alle schätzen unsere Frau Werter. Sie ist in unserer Abteilung zuständig für Moral und Anstand. Ohne sie wüssten wir nicht, was „man" tun darf und was nicht. Sie ist unser ständiges schlechtes Gewissen, unsere moralische Instanz. Keiner kennt die Grenzen dessen, was sich gehört, so genau wie sie. Und diese Grenzen sind sehr eng!

Abbildung 14: Die/der Scheinheilige

Der Scheinheilige

Letzten Freitag unterhielt ich mich mit Herrn Dr. Fürst, einem langjährigen Kunden. Sein Gespräch mit unserem Chef verzögerte sich um ein paar Minuten, und so blieb Zeit für ein kleines Schwätzchen. Ich fragte ihn nach seinen halbwüchsigen Kindern und er berichtete mir voller Sorge, dass sein 17-jähriger Sohn gerade in Amsterdam sei und er sich große Sorgen mache, weil man ja viel von der dortigen Drogenszene höre. Ich versuchte ihn zu beruhigen. „Ich war auch mit 18 Jahren in Amsterdam und meinte, alles ausprobieren zu müssen. Aber das Leben dort ist so teuer, da kann man sich nicht auch noch teurere Drogen leisten!" Ich hörte, wie Frau Werter hinter mir scharf die Luft einzog. Das reizte mich irgendwie, noch etwas nachzulegen. „Außerdem sind ja die Drogen nicht die einzige Gefahr in Amsterdam. ..." „Na, Sie machen mir ja Mut!", seufzte Herr Dr. Fürst. Da kam auch schon unser Chef und führte unseren Gast ins Besprechungszimmer.

„Also wirklich, was haben Sie sich nur dabei gedacht!", begann Frau Werter sofort mit ihrer Gardinenpredigt. „Mit einem Kunden über solche Themen zu sprechen! Wo bleibt da unsere Seriosität? Was glauben Sie, denkt der jetzt über Sie? Ist Ihnen denn Ihr Ruf völlig egal?" Ich wusste genau, dass jetzt noch einige ihrer Standardsätze folgen würden und wurde auch prompt nicht enttäuscht: „Also, wo kommen wir denn da hin! Das geht doch in einem seriösen Haus wie dem unseren so nicht! Wenn da jeder so daherreden würde ... Und wenn das unser Chef erfährt ...!" Ich nickte, lächelte und verschwand zum Kopierer. Ich wusste ja, es hatte keinen Sinn, sich zu rechtfertigen.

Als Herr Dr. Fürst nach der Besprechung in unser Büro kam, setzte Frau Werter sofort zu einer Entschuldigung an: „Also. Ich muss mich in aller Form für meine junge Kollegin entschuldigen! Es steht uns überhaupt nicht zu, Spekulationen über das Verhalten Ihres Sohnes anzustellen ..." Herr Dr. Fürst schaute sie verdutzt an. „Ach was, ich sehe doch, dass Ihre junge Kollegin eine durchaus nette und seriöse Person ist, die ich sehr schätzen gelernt habe! Da habe ich ja noch Hoffnung für meinen Sohn! Täte Ihnen vielleicht auch einmal gut, so ein kleiner Trip nach Amsterdam ..."

Im Zentrum des Denkens und Handelns eines Scheinheiligen stehen stets seine **hohen moralischen Ansprüche**. Auf die pocht er und davon will er keinen Zentimeter abrücken. Hartnäckig verschanzt er sich dahinter wie hinter einem Schutzschild. Auf Argumente, die diese moralischen Ansprüche infrage stellen, geht er erst gar nicht ein. Er gehört eindeutig zu den stursten Nervensägen.

Er weist durchaus Parallelen mit dem Besserwisser auf. Auch er hat zu allem einen Kommentar abzugeben. Der warnend hochgestreckte Zeigefinger ist auch bei ihm immer einsatzbereit. Vor allem ist er Experte darin, wie etwas nicht funktionieren wird. Im Nachhinein hat er es ohnehin immer schon gewusst. Hätte man ihn nur vorher gefragt!

Besonders gerne kommentiert er hinterher. Er hat immer genau im Blick, was alles nicht korrekt verläuft, wo Fehler passieren und jemand etwas „Unpassendes" sagt. Seine Besserwisserei bezieht sich aber weniger auf fachliche Dinge, wie beim Besserwisser, sondern stets auf Anstand und Moral. Er lebt nach dem Motto:

→ „Wer immer anständig ist, der kann auch nichts falsch machen!"

Die Moral interpretiert er allerdings immer nach eigenem Gutdünken.

Auch er leidet unter einer verzerrten Wahrnehmung. Denn nicht immer entsprechen seine Handlungen seinen hohen inneren Ansprüchen. Das versucht er dann mit einer Vielzahl von Ausflüchten und Schuldzuweisungen an andere und an die Umstände zu rechtfertigen. Oder er negiert seine eigenen Verfehlungen einfach. **Fehler kann er nicht zugeben**, er wird immer versuchen, sie zu verbergen oder anderen in die Schuhe zu schieben. Sehr häufig „predigt er Wasser und trinkt Wein". Deswegen ist er eben auch nicht heilig, sondern nur scheinheilig!

Der Glanz seines vermeintlichen Heiligenscheins ist ihm sehr wichtig. Er lässt keine Gelegenheit aus, auf seine hohen moralischen Ansprüche hinzuweisen, wobei der Schein für ihn mehr Bedeutung hat als die tatsächlichen Gegebenheiten. Egal was passiert, Hauptsache, er steht gut da!

Er ist vollkommen **humorlos**. Macht sich jemand über ihn lustig, erkennt er das meist nicht. Daher ist ihm auch nicht mit Ironie und Witz beizukommen – dafür fehlt ihm jegliches Verständnis. Leute, die sich fröhlich und ausgelassen benehmen, sind ihm äußerst suspekt. „Fröhlichkeit ist aller Laster Anfang!" lautet ein weiteres seiner Lebensmottos. Lieber setzt er eine leidende Miene auf, denn nur, wer in gewissem Maße auch leidet, ist

Der Scheinheilige

für ihn ein guter Mensch. Lieber unglücklich auf dem Pfad der Tugend wandeln als glücklich knapp daneben.

Er predigt Härte gegen sich und andere, schreckt aber selbst bei der kleinsten Schwierigkeit zurück. Er ist im Grunde seines Wesens **ängstlich** und **risikoscheu**. Er klammert sich an immer gleiche Rituale und mag es nicht, etwas Neues auszuprobieren. Verändern sich die Umstände in seinem Leben zu stark, gerät er leicht aus der Bahn und kann ernsthafte psychische Probleme bekommen. Er ist extrem unflexibel und sehr traditionsbewusst.

Gerne sonnt er sich in der Anerkennung anderer. Dafür ist er auch bereit, sich zuweilen für andere einzusetzen oder **Freiwilligenarbeit** zu verrichten. Er engagiert sich aufopfernd in wohltätigen Vereinen und möchte dafür auch bewundert werden. Er ist jedoch gleichzeitig sehr bald frustriert, weil „man ja doch nie die Anerkennung bekommt, die man verdient".

Im Berufsleben strebt er nach der **Anerkennung** seiner Vorgesetzten. Er tut alles, um sie zu erlangen. Bereitwillig spielt er den Spion des Chefs, und es würde ihm nicht im Traum einfallen, einem Vorgesetzten zu widersprechen. Er betont ständig seine Loyalität und Opferbereitschaft gegenüber dem Unternehmen. Er schreckt auch vor Verleumdungen seiner Kollegen nicht zurück, allerdings nur hinter deren Rücken. Für offene Konflikte fehlt ihm eindeutig der Mut. Konfrontiert ihn jemand mit so einem Gerücht, hat er nie im Leben so etwas gesagt! Daher ist der Scheinheilige sehr häufig eine der Keimzellen für Mobbing.

Allseits bekannte Killerphrasen sind wichtiger Bestandteil seines Vokabulars. Einige Kostproben gefällig?

→ „So etwas würde ich mir nie anmaßen!"
→ „Das können wir doch so nicht machen, wie sieht denn das aus!"
→ „Was werden denn da die anderen denken?"
→ „So etwas gehört sich doch einfach nicht!"
→ „Wo kommen wir denn da hin, wenn das alle so tun würden?"
→ „Es steht mir zwar nicht zu, das zu beurteilen, aber ..."

Jeder von uns, der eine Nervensäge mit Heiligenschein in seinem Umfeld hat, könnte diese Liste noch endlos verlängern. Dabei behauptet der Scheinheilige ständig, es ja nur gut mit seiner Umwelt zu meinen. Er ist auch wirklich felsenfest davon überzeugt, dass ohne ihn die wahren Werte verloren gehen würden.

Der Scheinheilige wirkt immer irgendwie gehemmt. Und dieser Eindruck täuscht auch nicht. Er versucht ständig, seine wahren Gefühle zu unterdrücken. Denn ganz in seinem Innersten würde er nichts lieber tun als einmal so richtig ausbrechen, alle seine Grundsätze und moralischen Fesseln abzuschütteln und einem bunten Treiben ungehemmt nachgehen. Doch dieses Szenario macht ihm Angst. So versucht er permanent, jedes noch so kleine Gefühl von Spontaneität und Triebhaftigkeit zu unterdrücken.

Die Körpersprache des Scheinheiligen

Die äußeren Fesseln, die sich der Scheinheilige ständig auferlegt, prägen auch seine Körpersprache. Seine Bewegungen wirken meist gehemmt, sie sind ruckartig und oft mitten im Bewegungsablauf abgebrochen. Wie zum Schutz zieht er häufig den Kopf zwischen die Schultern. Die Schultern wandern nach vorne und schränken so die Möglichkeit ein, frei durchzuatmen. Der Scheinheilige schränkt auch unbewusst die Beweglichkeit des Halses ein, er ist **nicht flexibel**, will andere Meinungen gar nicht hören. An seiner Haltung sieht man förmlich die Scheuklappen, die alles Fremde abblocken sollen.

Sein Mund ist häufig **zusammengekniffen**, er blockiert die Aufnahme von anderen Meinungen und möchte auch um jeden Preis vermeiden, dass ihm das falsche Wort entschlüpft. Deswegen fährt er sich auf oft mit der Hand zum Mund, so, als wolle er die Worte zurückhalten.

Häufig legt er den **Kopf schief** und richtet den Blick nach oben. Er sucht förmlich bei einer höheren Instanz nach Worten, die Eingebung kommt direkt von oben. Er vertritt eben nicht mit hocherhobenem Kopf seine eigene Meinung, sondern „betet" eine übernommene Meinung nach. Er vermeidet dabei auch jeden Blickkontakt mit seinem Gesprächspartner. Er will sich ja nicht persönlich festlegen, er ist nur quasi das Sprachrohr der Moral. Böse Zungen behaupten, er würde nach oben blinzeln, um zu überprüfen, ob sein Heiligenschein noch glänzt.

Sein Lächeln wirkt aufgesetzt, **starr** und **unecht**. Er versucht, mit seiner Miene bewusst Güte auszustrahlen. Der schief gelegte Kopf ist auch ein Zeichen von Demut. „Seht her, ich nehme mich nicht so wichtig, ich stelle mich ganz in den Dienst der guten Sache."

Der Scheinheilige

Da er ständig Angst davor hat, seine innersten Emotionen könnten einmal hervorbrechen, meidet er auch bewusst zu engen Körperkontakt. Er weicht sofort zurück, wenn ihm jemand zu nahe kommt. Dann verschränkt er die Arme vor dem Körper, wie zum Schutz vor eindringenden und ausströmenden Gefühlen. Gegenüber anderen, zum Beispiel sehr fröhlichen Menschen, die er als Bedrohung empfindet, dreht er oft seine Knochenseite nach vorne. Diese seitliche „Front" aus Armen, Hüftknochen und Beinen soll ihn schützen und die anderen wegschieben. Er lässt sie nicht heran an seine verletzlichen „Weichteile", wo Bauch und Herz sitzen.

Seine Angst vor der gefühlsbetonten „Bauchkommunikation" geht so weit, dass er zum Schutz am liebsten einen Ordner oder eine Tasche vor seinen Oberkörper klemmt. Muss er warten, hält er alle seine Unterlagen fein säuberlich auf dem Schoß. Er ist mit seiner Haltung auch stets um **große Korrektheit** bemüht. Schlamperei ist ihm ein Gräuel, deswegen sitzt er stets ordentlich auf dem Stuhl. Aufrecht, starr, so, als hätte er den berühmten Besen verschluckt. Diese Haltung drückt Selbstgefälligkeit aus. Er sitzt dabei oft nur auf der Stuhlkante. Er will sich ja nicht festlegen, wird es zu „heiß", kann er sich schnell verziehen. Er scheint immer auf dem Sprung zu sein, einer unangenehmen Situation entkommen zu wollen.

Im Stehen steigt er oft von einem Fuß auf den anderen. Ein fester Standpunkt bereitet ihm Probleme. Obwohl er seine Moraltheorien teilweise überzeugend von sich gibt, ist er doch in seinem Innersten von deren Richtigkeit nicht so ganz überzeugt. Diese unruhigen Füße verraten ihn. Körpersprache entlarvt. Sie zeigt, wie es wirklich in unserem Inneren aussieht. Und unsere Füße sind dabei die größten Verräter, denn die haben wir am wenigsten unter Kontrolle.

Sehr oft verrät der Scheinheilige seine innere Spannung, den Kampf von Trieb und Beherrschung durch nervöses Bewegen seiner Hände. Entweder er spielt mit einem Gegenstand oder er ordnet scheinbar ziellos die Dinge auf seinem Schreibtisch. Irgendetwas muss er tun, um diese innere Spannung abzubauen.

Drohen bei anderen die Emotionen durchzubrechen, versucht er das sofort zu stoppen. Er bewegt die Hände beruhigend nach unten:

→ „Kinder, Kinder, nur nicht aufregen, beruhigt euch doch!"

Dazu nickt er auch noch „begütigend" mit dem Kopf. Er schiebt die aufbrausenden Gefühle mit den Händen zurück, möchte sie unter den Teppich kehren. Dann wieder faltet er die Hände wie zum Gebet:

→ „Ich bitte euch, vertragt euch doch, so kann man doch nicht miteinander umgehen!"

Die Entwicklungsgeschichte des Scheinheiligen

Der Scheinheilige entstammt häufig einem Elternhaus mit hohen moralischen Ansprüchen. Oft war ein Elternteil eine starke Persönlichkeit, die wirklich nach diesen Ansprüchen zu leben verstand. Dieses übermächtige Vorbild versucht der Scheinheilige zeit seines Lebens nachzuahmen. Auf Grund seiner eigenen, eher ängstlichen Persönlichkeitsstruktur gelingt ihm das jedoch nicht. Dieser Konflikt hat ihn von Kindheit an frustriert und zu immer stärkeren Anstrengungen angespornt. Wenn er schon diese edlen Grundsätze nicht selbst leben kann, hat er doch gelernt, sie anderen aufzudrängen.

Konflikte wurden in seinem Elternhaus nicht ausgetragen, sondern von vornherein als negativ bewertet, so dass man sie lieber ganz verleugnet hat. Nach außen heile Welt zu spielen war der Familie sehr wichtig. „Was werden sich da nur die Nachbarn denken?" war ein häufig gehörter Satz. Der Scheinheilige hat schon als Kind erfahren, dass man Probleme um jeden Preis unterdrücken muss und dass es viel wichtiger ist, wie man nach außen erscheint, als wie man wirklich ist.

Emotionen haben in seiner Entwicklung keine Rolle gespielt, sie wurden unterdrückt:

→ „Ein so großes Mädchen kommt nicht mehr zu den Eltern ins Bett!"
→ „Ein Junge weint doch nicht!"

Das Bedürfnis nach Nähe und Körperkontakt wurde eher negativ bewertet. So hat der Scheinheilige früh ein Schuldgefühl entwickelt, wenn es um das Ausdrücken seiner Gefühle geht. Diese Spannung, die aus seinem schlechten Gewissen entsteht, lässt ihn sein Leben lang nicht los.

Später, in der Schule, sucht er dann weiter nach der Liebe und Zuwendung, die er im Elternhaus oft vermisst hat. So versucht er, durch besonders konsequentes Befolgen aller Regeln sich beim Lehrer beliebt zu machen. Er scheut auch nicht davor zurück, sich auf jede erdenkliche Weise beim Lehrer einzuschmeicheln, auch durch „Verpetzen" seiner Mitschüler. Das macht ihn aber im Kreis der Gleichaltrigen schnell zum Außenseiter. Er geht ihnen aus dem Weg und sein früh entwickelter Hang zum Leiden kommt wieder zum Vorschein: „Der Weg eines Heiligen ist eben einsam." Jemand, der seine Gefühle so gut versteckt, wird von anderen auch nicht geliebt. So wird der Scheinheilige zunehmend zur tragischen Figur. Zerrissen zwischen dem Bedürfnis nach Nähe, nach dem Ausleben seiner Gefühle und dem Bestreben, den hohen Ansprüchen seiner Erziehung gerecht zu werden, kultiviert er sein Leiden. Nicht umsonst ist dieser Menschentyp sehr häufig im Dunstkreis von Sekten oder religiösen Fanatikern zu finden. Eine Religion, die Eigenverantwortung verlangt, befriedigt ihn nicht. Es muss schon eine Richtung mit strengen Regeln und klaren Vorgaben sein. Alle fundamentalistischen Strömungen bieten ihm da mehr Hilfe, er muss nicht entscheiden, was gut und böse ist, er bekommt es klar vorgeschrieben.

Tipps im Umgang mit dem Scheinheiligen

Killersätze für den Scheinheiligen

→ „Steh doch einmal zu deinen Bedürfnissen!"
→ „Man redet schon über dich."
→ „Pass auf, unser Chef kann Heuchler nicht ausstehen."

Der Scheinheilige als Mitarbeiter

Wie in unserer Eingangsgeschichte beschrieben, nerven Scheinheilige ihr Umfeld durch ihre permanenten „Bekehrungsversuche". Ständig kritisieren Sie das Verhalten anderer. Versuchen Sie daher, diese Äußerungen zunächst so weit wie möglich zu ignorieren. Wenn Sie nicht weiter darauf eingehen, so wie die junge Kollegin in der (von uns frei erfundenen) Geschichte, sucht sich der Scheinheilige ein anders Opfer. Wird das Moralisieren zu aufdringlich, sprechen Sie das in einem sehr sachlichen Ton an. Versuchen Sie dabei bewusst Sache und Emotion zu trennen.

✓ „Ich weiß, du bewertest mein Verhalten negativ, ich sehe das anders und bitte dich, mich jetzt in Ruhe arbeiten zu lassen."

So **stellen Sie die Standpunkte klar**, ohne einen offenen Konflikt zu provozieren. Ein solcher Konflikt würde den Scheinheiligen nur noch mehr in die Defensive treiben und seine Versuche, sich zu rechtfertigen, weiter intensivieren. Sie geben ihm damit auch klar zu verstehen, dass Sie seine Missbilligung wahrgenommen haben. Er muss sie also nicht wiederholen.

Müssen Sie im Team mit dem Scheinheiligen zusammenarbeiten, wird er oft und gerne seine Allgemeinplätze von sich geben, vor allem dann, wenn er sich überfordert fühlt. Bringen Sie ihn dann auf andere Gedanken, indem Sie ihm eine Sachfrage stellen, möglichst zu einem Detailgebiet, auf dem er sich einigermaßen auskennt. Denn ist er fachlich überfordert, beginnt er sofort wieder mit der Wertediskussion.

Grenzen Sie sich klar ab, wenn er beginnt, über andere herzuziehen. Lassen Sie sich ja nicht dazu hinreißen, aus falsch verstandener Solidarität oder Verständnis zuzustimmen. Schon Schweigen wird vom Scheinheiligen als Zustimmung und Unterstützung aufgefasst. Sehr schnell verbreitet er dann das Gerücht:

→ „Frau Schranz aus meiner Abteilung hat das auch gesagt!"

Um dem vorzubeugen, sollten Sie dem Scheinheiligen klar machen, dass Sie mit ihm nicht einer Meinung sind, und ihn bitten, die Angelegenheit direkt mit dem Betroffenen zu besprechen.

✓ „Ich habe das noch nicht beobachtet, aber wenn dich sein Verhalten so stört, dann wende dich doch direkt an ihn!"

Das wird er wahrscheinlich nicht tun, aber er wird möglicherweise Sie nicht mehr damit belästigen und sich auf die Suche nach einem anderen Opfer machen. Werden seine Mobbing-Versuche zu offensichtlich und für das gesamte Team zum Störfaktor, sollten Sie die Angelegenheit mit Ihrem Chef besprechen.

Da der Scheinheilige in seinem Innersten immer unsicher ist, überfordern ihn rasche Änderungen. Er braucht Sicherheit und Überschaubarkeit. Stellen Sie ihn daher nie zu plötzlich vor vollendete Tatsachen. Geben Sie ihm Zeit, sich mit neuen Gegebenheiten anzufreunden. Überfahren Sie ihn nicht mit Veränderungen. Er braucht klare Strukturen, um seine Leistung erbringen zu können. Geben Sie ihm eindeutige Anweisungen, wenn Sie ihm etwas delegieren. Vereinbaren Sie klare Rahmenbedingungen für die Zusammenarbeit.

Der Scheinheilige als Chef

Der Scheinheilige fühlt sich in der Chefrolle oftmals **überfordert**. Er will nicht entscheiden. Er will auch nicht gerne Verantwortung übernehmen. Viel lieber kritisiert er im Nachhinein. Das tut er auch in der Chefrolle meist sehr ausgiebig. Wer mit auch manchmal ungerechtfertigter Kritik nicht umgehen kann, sollte sich lieber einen anderen Arbeitsplatz suchen. Es erfordert eine „harte Haut", mit der wortreichen Kritik eines Scheinheiligen-Chefs klarzukommen. Er kritisiert weniger die fachliche Seite, es geht ihm immer um Grundsätzliches:

→ „Wenn das jeder so machen würde, wo kämen wir da hin!"
→ „Sie müssen das schon im Gesamtzusammenhang sehen! Das ist im Sinne des Unternehmenszieles nicht machbar."
→ „Da sprechen einfach grundsätzliche Überlegungen dagegen."

Solchen Pauschalanklagen ist schwerlich zu begegnen. Der Scheinheilige genießt es, wenn er die Macht hat, dass ihm andere einfach zuhören **müssen**. Man kann seinen Chef ja unmöglich einfach stehen lassen, wenn er gerade einen Grundsatzvortrag über die Unternehmensethik hält. Er untermauert all seine Ausführungen mit gewichtigen Argumenten, die auf ein größeres Ziel hin immer sehr vage formuliert sind.

Geben Sie sich aber trotzdem nicht mit diesen Pauschalkritiken zufrieden. Es geht um die Sache und nicht um eine Plattform für seine Grundsatzvorträge.

✓ **„Was konkret meinen Sie?"**
✓ **„Welcher Teil war für Sie mangelhaft?"**
✓ **„Wo genau fehlen noch Zahlen?"**

Zwingen Sie den Scheinheiligen-Chef, konkret Stellung zu beziehen. Seien Sie dabei hartnäckig. Das erfordert zwar einiges an Zeit, aber es lohnt sich. Wer geduldig auf seine Chance beim Scheinheiligen wartet, kann durchaus erleben, dass er seine gesamte Kritik zurücknimmt. So hat er es dann auch wieder nicht gemeint!

Bringen Sie ihn durch Fragen dazu, seinen Standpunkt klar zu definieren. Lassen Sie sich seine Entscheidungen schriftlich bestätigen. Vereinbaren Sie auch mit ihm möglichst klare Spielregeln. Will er überhaupt nicht entscheiden, bleiben Sie hartnäckig. Argumentieren Sie dabei mit seiner Außenwirkung, seinem Image im Haus. Er ist so bedacht auf seine gute Wirkung nach außen, dass Sie sich das unbedingt zunutze machen sollten – frei nach dem Motto:

✓ **Wenn du einen Typ so behandelst, wie du ihn gerne haben würdest, wird er vielleicht auch so!**

Sagen Sie ihm zum Beispiel, wie sehr man seine raschen Entschlüsse beim letzten Projekt im Haus lobt. Das hört er nicht nur äußerst gerne, es wird ihn vielleicht dazu motivieren, sich in der Rolle des entschlussfreudigen Chefs zu gefallen. Selbstgefälligkeit ist eine seiner großen Schwächen, nützen Sie das aus. Auch ein Chef wird gerne gelobt!

Ein Scheinheiliger als Chef kann manchmal **penibel bei Kleinigkeiten** sein. Er will alles unter Kontrolle haben und mischt sich oft in nebensächliche Details ein. Das kann unheimlich nerven. Vereinbaren Sie daher sehr genau, wann und in welcher Form Kontrolle bei Projekten zu erfolgen hat. Nützen Sie dafür den Freiraum, den er Ihnen auf fachlichem Gebiet oft gewährt. Wenn es seinem Ruf dient, ist er bereit, seinen Mitarbeitern viele Freiheiten einzuräumen, solange er das Gefühl hat, dass sie ihm gegenüber loyal sind.

Der Scheinheilige als Kunde

Diesem Kundentyp ist **Seriosität** besonders wichtig. Er will nur mit Unternehmen zu tun haben, die hohe Ansprüche an die Ethik stellen. Weisen Sie auf Ihr neues Umweltprojekt oder eine Wohltätigkeitsaktion hin. Das überzeugt ihn. Betonen Sie stets die Seriosität Ihres Angebotes. Fragen Sie ihn um seine Meinung und bleiben Sie gelassen, wenn er Ihnen längere Vorträge über seine Weltanschauungen hält.

Er schätzt Unternehmen mit **Tradition**. Technische Neuerungen sind ihm nicht so wichtig, er vertraut mehr auf Erfahrungswerte. Betonen Sie, wie viele Kunden mit Ihrem Produkt zufrieden sind, und nennen Sie ihm Referenzen. Da er stets misstrauisch ist, garantieren Sie ihm größtmögliche Sicherheit.

Der Scheinheilige

Überfahren Sie ihn nicht mit zu vielen Details. Weisen Sie lieber auf die langjährige Kundenbeziehung hin. Er ist stolz auf seinen Status als Stammkunde. Begegnen Sie ihm mit betont offener Körpersprache. Wenn Sie merken, dass er sich körpersprachlich zurückzieht, versuchen Sie ihn wieder für Ihre Argumente zu öffnen, indem Sie ihm zum Beispiel ein Schriftstück, einen Prospekt oder eine Warenprobe reichen. Sobald er danach greift, hat er seine Haltung wieder geöffnet, Sie haben seine Abwehr zumindest für kurze Zeit durchbrochen.

Achten Sie stets auf korrekte und immer gleich bleibende Rahmenbedingungen. Einmal vereinbarte Konditionen will er beibehalten. Das gibt ihm Sicherheit.

Gerne zieht er – nicht offensichtlich – über die Konkurrenz her. Bleiben Sie dabei immer neutral und lassen Sie sich ja nicht dazu verleiten, ihm zuzustimmen. Das wird er sonst sicher irgendwann gegen Sie verwenden. Bei Beschwerden bringt er oft völlig ungerechtfertigte Anschuldigungen vor. Fragen Sie genau nach, was er wirklich meint. Hinter seiner Beschwerde steckt oft ganz etwas anderes, als er ihnen sagt. Es fällt ihm zum Beispiel ausgesprochen schwer, über den Preis zu reden.

- ✓ **„Wenn wir dieses Detail ändern, ist dann für Sie der Vertrag akzeptabel?"**

So muss er sich deklarieren und Ihnen den wahren Grund nennen, der ihn noch zögern lässt.

Der Harmoniesüchtige

> WENN ZWEI MENSCHEN IMMER DIE GLEICHE MEINUNG HABEN,
> IST EINER VON IHNEN ÜBERFLÜSSIG!
>
> WINSTON CHURCHILL

Die Verhaltensweise des Harmoniesüchtigen

Der Harmoniesüchtige gibt vor, alles zu verstehen, alles zu akzeptieren, obwohl er in seinem Inneren das eine oder andere ablehnt oder gar nicht gut findet. Er hat ganz einfach nicht den Mut, zu seiner Meinung zu stehen.

Er ist der klassische **Jasager**. Bereitwillig teilt er jede Meinung, weil er sich gerne im Gefühl der Harmonie und gegenseitigen Übereinstimmung sonnt. Er will um jeden Preis mit allen gut auskommen und Wohlwollen um sich verbreiten. Er will geachtet, akzeptiert und vor allem geliebt werden. In seinem Innersten ist er ein großer Romantiker, der stets von der „perfekten" Welt träumt. Er liebt Bücher und Filme mit Happyend und schaltet im Fernsehen schnell auf einen anderen Kanal, wenn eine heftige Diskussion tobt. Friede, Harmonie und Liebe sind für ihn hohe Güter.

Genauso wie er diese Harmonie stets sucht, vermeidet er auch um jeden Preis den Konflikt. Streit und Zank, seien sie auch noch so harmlos, sind ihm ein absolutes Gräuel. Es ist ihm schon extrem unangenehm, wenn er als unbeteiligter Dritter einen Konflikt miterleben muss. Wird er in diesen **Konflikt** hineingezogen, ist er **hilflos**. Er versucht in so einer Situation, möglichst beide Seiten zu beruhigen und den Konflikt herunterzuspielen:

→ „Jetzt streitet doch nicht, das lässt sich doch auch sicher anders klären!"

Solche und ähnliche Sätze gehören zu seinem Standard-Repertoire. Er sieht sich daher überall als großer **Friedensstifter**. So erhebt er seine Konfliktunfähigkeit geradezu zu seiner Mission. Ohne ihn gäbe es in seinem Umfeld immer nur Streit. Er ist der Einzige, der die anderen zu Vernunft und Einsicht bringt. Durch Streit ist noch nie ein Konflikt gelöst worden, ist einer seiner Grundsätze. Dass er damit oft falsch liegt und ein Konflikt oft notwendig ist und bereinigend wirkt, will er nicht wahrhaben.

Der Harmoniesüchtige

Abbildung 15: Der Harmoniesüchtige

Er ist ein typischer **Mitläufer**, der seine Fahne immer nach dem Wind dreht. Und er erkennt meist genau, woher der passende Wind weht. Die Mächtigen zu umschmeicheln ist eine seiner herausragenden Fähigkeiten.

Nervensägen unter der Lupe

Wird er von einem Gesprächspartner direkt um seine Meinung gefragt, redet er sich zunächst heraus, indem er allgemeine Statements von sich gibt. Fragt der andere nach, ist er Meister darin, das Gespräch mit Fragen geschickt umzudrehen, so dass er die Meinung des anderen erfährt. Da kann er dann getrost einfach zustimmen. Und ist felsenfest davon überzeugt, dem anderen eine nützliche Orientierungshilfe gewesen zu sein.

So erscheint er seiner Umwelt oft als guter Zuhörer, der sich gerne in die Probleme anderer hineindenkt und sich für andere Meinungen genau interessiert. „Endlich einer, der mir zuhört, der nicht immer gleich von seiner eigenen Sicht der Dinge anfängt zu reden!" Doch genau da schnappt die Falle des Harmoniesüchtigen zu. Er ist nämlich in Wirklichkeit alles andere als tolerant und interessiert. Er hat oft **vorgefasste Meinungen** und stimmt mit der Ansicht des anderen ganz und gar nicht überein. Es ist allerdings auch nicht so, dass er in dem Moment, in dem er seine Übereinstimmung bekundet, lügen würde. Er glaubt dann sogar, was er sagt. Deswegen klingt es ja so überzeugend. Doch im Nachhinein kommt Ärger in ihm hoch. Wieder einmal hat er es nicht geschafft, Farbe zu bekennen. Die Wut, die sich unbewusst gegen ihn selbst richtet, richtet er in seinen bewussten Gedanken nun gegen seinen Gesprächspartner.

→ „Der hat mich wieder einmal total überfahren!"
→ „Immer muss er Recht behalten und seine Meinung anderen aufdrängen!"

Solche und ähnliche Ausflüchte sucht er, um die Schuld dem anderen zuzuschieben. So fällt es im dann auch leicht, hinter dessen Rücken über ihn herzuziehen. Fragt ihn nämlich ein Dritter nach seiner Meinung, hat er keine Mühe, über einen Nichtanwesenden mit aller Schärfe zu urteilen. Da ist von seiner Friedensliebe plötzlich nichts mehr vorhanden. In sehr harten Worten verurteilt er andere und deren Meinung. Er beschwert sich auch gerne an höherer Stelle, am liebsten schriftlich oder per E-Mail, da muss er sich noch weniger persönlich deklarieren.

Das macht den Harmoniesüchtigen als Nervensäge so heimtückisch. Sie sind der Meinung, er wäre völlig mit allem einverstanden und Sie seien als die besten Freunde auseinander gegangen. Umso unvorbereiteter trifft Sie dann die Rückmeldung Ihres Chefs: *„Sag mal, was war denn mit Herrn X los? Der hat sich ja massiv über dich beschwert!"*

Sie fallen aus allen Wolken und sind fassungslos: *„Aber wir waren doch in allen Punkten einer Meinung und er hat sich am Schluss auch noch freundlich für alles bedankt!"*

Diese Anschuldigungen sind eben oft nicht nur **heimtückisch**, sondern auch völlig **überzogen** und **böswillig**. Sie sind Ausdruck seiner aufgestauten Wut. Diese Wut auf sich selbst braucht ein Ventil. Und dieses Ventil ist das heftige Herabwerten anderer.

Doch dieses Verhalten hinterlässt auch Spuren beim Harmoniesüchtigen. Er ist von Selbstzweifeln und schlechtem Gewissen geplagt. Um eine Rechtfertigung für sein Verhalten zu bekommen, sucht er dann bei seinen Mitmenschen nach Negativem. So bekommt er leicht ein negatives Bild von seiner Umwelt, das seinen Unsicherheiten nur weitere Nahrung verleiht. Wird er von einem Betroffenen zur Rede gestellt und mit seinem unehrlichen Verhalten konfrontiert, fühlt er sich in die Enge getrieben und reagiert verletzt, zieht sich zurück. Er versucht um jeden Preis, die Schuld anderen zuzuschieben oder die Bedeutung einer Sache herunterzuspielen. Die innere Stärke, wenigstens jetzt zu seiner Meinung zu stehen, hat er nicht. Er befindet sich – wie alle anderen Nervensägen-Typen auch – in einem ewigen Kreislauf. Sein Verhalten provoziert Reaktionen und eigene Erklärungsversuche, die wiederum sein Weltbild bestätigen und seine Verhaltensmuster weiter verstärken.

Die Körpersprache des Harmoniesüchtigen

Der Harmoniesüchtige wirkt in seiner Körpersprache zunächst durchaus **offen** und **kommunikativ**. Er geht gerne auf andere zu, solange ein freundliches und harmonisches Klima herrscht. Dann breitet er seine Arme wie zum Willkommensgruß aus und entblößt so seine verletzlichen „Weichteile". In der Körpersprache heißt das so viel wie: „Ich fürchte dich nicht, ich erwarte von dir keine Bedrohung, ich muss mich nicht schützen."

Dann nimmt der Harmoniesüchtige sehr bald die typische **Zuhörhaltung** ein. Er legt den Kopf leicht schräg, wie um seine Ohren an den höchsten Punkt zubringen, damit alles „hineinrinnen" kann. Häufig nickt er, wie um zu bestätigen, dass er ganz der gleichen Meinung ist. Seine Augenbrauen gehen in der Gesichtsmitte leicht nach oben, sein Blick signalisiert Mitgefühl und Verständnis. Die Pupillen weiten sich, was immer ein Zeichen von Aufnahme und Offenheit ist. Speziell diese Pupillenöffnung ist ein Signal, das das Gegenüber nie bewusst wahrnimmt, jedoch im Unbewusstsein sehr wohl als klares Zuhörmerkmal gedeutet wird.

Ein ganz ähnliches Signal geht vom leicht geöffneten Mund aus. Auch der signalisiert Offenheit und Aufnahmebereitschaft. Dieses Zeichen wird jedoch viel bewusster wahrgenommen. Wird der Harmoniesüchtige etwas skeptischer gegenüber dem eben Gehörten, schließt er den Mund sofort. Er **nickt** zwar noch weiter, aber die Lippen ziehen sich zusammen und bilden nur mehr einen Strich. Das Signal des Kopfnickens wird von ihm bewusst gesteuert und überdeckt in der Wahrnehmung seines Gesprächspartners auch das Zusammenziehen des Mundes. Der redet also arglos weiter, weil er das Übereinstimmungssignal als Bestätigung nimmt. Hier wird deutlich, wie genau man beim Entschlüsseln der Körpersprache beobachten muss und wie viele widersprüchliche Signale unser Gegenüber ausstrahlt.

Wird die innere Abwehr des Harmoniesüchtigen größer, zeigt er auch noch andere Zeichen des Verschließens. Seine Pupillen verleugnen sich oft nur reflexartig für den Bruchteil einer Sekunde. Dieses Phänomen ist von ihm absolut nicht steuerbar, aber auch für den anderen kaum wahrnehmbar. Deutlicher ist da schon das Verändern der Körperhaltung: Die Schultern werden unmerklich vorgezogen, die „Knochenseite" (seitliche Körperhälfte) schiebt sich leicht nach vorne, die Beine werden übereinander geschlagen. In extremen Fällen hält er auch noch die Arme vor den Körper oder nimmt einen anderen Gegenstand, zum Beispiel ein Schriftstück, als Schutzschild vor den Körper. Oder er streckt die Fußspitzen nach oben. Trotz allem bleibt meist noch das verräterische Kopfnicken aufrecht. Und die Worte signalisieren ebenfalls Zustimmung. Nur allzu leicht kann dadurch ein Missverständnis beim Gesprächspartner zu Stande kommen!

Wie können Sie nun den pseudotoleranten Harmoniesüchtigen von einem echten Toleranten unterscheiden? Müssen Sie jedem, der Ihnen zustimmt und mit dem Kopf nickt, misstrauen? Oder müssen Sie gar unter den Tisch schauen, um auf seine überkreuzten Beine und seine hochgezogene Fußspitze zu achten? Ganz so schlimm ist es nicht. Den echten Toleranten erkennen Sie vor allem daran, dass er auch bei Fortdauer des Gespräches seine offene Körperhaltung beibehält. Sein Kopf sitzt entspannt und locker auf dem Hals, dieser bleibt flexibel und wendig. Sein Mund ist ebenfalls entspannt und seine Augen aufmerksam und ruhig. Sein Lächeln beim Abschied wirkt ehrlich, er hält den Augenkontakt, während der Harmoniesüchtige in seiner Freundlichkeit eher unverbindlich bleibt, sein Lächeln oft nicht bis zu den Augen reicht und er rasch den Blickkontakt beendet.

Wird der Harmoniesüchtige in einen Konflikt hineingezogen, zieht er zunächst leicht seinen Kopf zwischen den Schultern ein. Diese Situation behagt ihm gar nicht, seine Aufmerksamkeit – und damit auch seine Augenbewegungen – gilt dem Auffinden einer **Fluchtmöglichkeit**. Muss er sich der Situation stellen, wandern seine Unterarme sofort leicht nach oben, um dann beruhigend wieder in leichte Abwärtsbewegungen zu verfallen: „Kinder, beruhigt euch doch!" Ähnlich wie beim Scheinheiligen will auch er die Probleme lieber unter den Teppich kehren, unterdrücken. Seine obere Körperhälfte, auch seine Oberarme bleiben dabei ganz starr und unbeweglich. Sie ziehen sich in die so genannte Schildkrötenhaltung zurück.

Beschwert sich der Harmoniesüchtige bei Dritten, kann seine Miene sehr anklagend werden und seine Körpersprache der des Besserwissers gleichen (warnender Zeigefinger, von oben herab blicken etc.). Doch bleibt er körpersprachlich stets in der **Defensive**. Er tritt auch gerne von einem Fuß auf den anderen, es könnte ja sein, dass der Angesprochene plötzlich den Raum betritt, dann müsste er rasch flüchten. Diese Überlegungen haben nichts mit Logik zu tun, sie laufen im Unbewusstsein ab und sind unabhängig von der tatsächlichen Wahrscheinlichkeit. Der Körper reagiert also genau gleich, ob der eben Herabgewertete im Nebenzimmer sitzt oder sich auf einem anderen Kontinent befindet.

Die Entwicklungsgeschichte des Harmoniesüchtigen

Häufig entstammt der Harmoniesüchtige einem sehr strengen, aber auch liebevollen Elternhaus. Dort gab es klare Gesetze. Jede Nichteinhaltung dieser Gesetze wurde mit Liebesentzug bestraft.

→ „Wenn du nicht folgst oder dagegen redest, haben wir dich nicht mehr lieb."

Dieser Satz hat seine Kindheit geprägt. Liebesentzug der Eltern ist eine der härtesten Strafen für ein Kind. Und genau deswegen haben seine Eltern sie so häufig eingesetzt.

Was er dachte oder wollte, war nicht gefragt. So hat er gelernt, schon sehr früh seine eigene Meinung zurückzuhalten. Lieber folgte er den Eltern und galt weiter als braves, geliebtes Kind. Bei so einem Verhalten wurde er dann auch vor anderen gelobt und stand bewundert im Mittelpunkt. Diese positive Zuwendung sucht er sein Leben lang.

Das schlimmste Vergehen seiner Jugend war jedoch Streit mit anderen, zum Beispiel mit seinen Geschwistern. Die Eltern legten großen Wert auf „gewaltfreie Erziehung". Jeder Konflikt wurde sofort als negativ bewertet. Die Kinder hörten bei jedem kindlichen Kampf:

→ „Jeder Konflikt lässt sich doch besser mit Worten klären, schlagt euch doch um Gottes willen nicht gleich die Köpfe ein!"

Doch wie sie mit Worten Probleme lösen sollten, wussten die Kinder nicht, das hatten sie auch in anderen Situationen nie geübt. Daher nahmen sie nur die Botschaft mit, dass Kampf an sich absolut negativ und zu vermeiden ist.

Gab es Streit im Kindergarten oder in der Schule, gingen die Eltern zum verantwortlichen Lehrer oder Pädagogen und verlangten eine Klärung und Präventivmaßnahmen. Die Unruhestifter waren dabei für sie meist die anderen Kinder. So sahen es die Eltern als ihre Pflicht an, sich in jeden kindlichen Konflikt einzumischen, und nahmen damit ihren Kindern jede Möglichkeit, sich selbst in der Situation zurechtzufinden.

Äußerte der Harmoniesüchtige einmal den Wunsch nach einem auch nur im Entferntesten einem Kampfgegenstand ähnlichen Spielzeug, war die Familien-Katastrophe perfekt. Die Eltern reagierten völlig überzogen mit gegenseitigen und eigenen Schuldzuweisungen, wer wohl diesen „verwerflichen Trieb" in ihrem Kind ausgelöst haben könnte. Entgegnete das Kind als Rechtfertigung, dass auch sein bester Freund dieses Spielzeug hätte, wurde die Kinderfreundschaft ernsthaft in Frage gestellt (und damit auch meist die Beziehung zu den Eltern dieser Kinder).

Auch Sport war nur dort positiv bewertet, wo es um Gemeinsames, um ein Teamgefühl ging. Einzelkämpfe, Sichmessen und Siegen waren eher suspekt.

→ „Gönne doch dem anderen den Sieg, freu dich mit ihm und sei froh, dabei gewesen zu sein!"

Soziales Engagement, Rücksichtnahme auf Schwächere und Leben in Frieden und Harmonie waren die höchsten Erziehungsziele.

Doch wie schon beschrieben, wollen wir diese Werte in der Kindererziehung nicht grundsätzlich in Frage stellen und zur „gewaltvollen Erziehung" aufrufen. Aber das Überbetonen dieser durch und durch erwachsenen Werte wird einer natürlichen kindlichen Entwicklung nicht gerecht. Kleinkinder zum Beispiel haben nun einmal zunächst den Trieb, sich mit ihrer eben entdeckten physischen Kraft die Sandschaufel zurückzuholen. Sie wollen damit weder den Weltfrieden in Frage stellen, noch bewusst ihrem Spielkumpanen schaden. Sie wollen wissen, was geschieht, wenn sie so reagieren. Manche Erwachsene bewerten dieses durchaus normale kindliche Verhalten sofort als übertriebene Aggression und versuchen es zu verhindern. Besser ist es, ruhig zu bleiben und dem Kind gelassen klar zu machen, dass man dieses Verhalten nicht passend findet. Die anderen Kinder reagieren dann in der Folge auch ablehnend auf dieses Aggressionsverhalten und so lernt das Kind, dass es auch andere Möglichkeiten der Konfliktlösung gibt.

Dieses Überbetonen der friedlichen Koexistenz ist in unserer Erziehung heute weit verbreitet. Das ist grundsätzlich durchaus begrüßenswert. Doch zunehmend vertreten Entwicklungspsychologen die Theorie, dass dieses Überbetonen von so genannten weichen, sozialen Werten besonders den Bedürfnissen der männlichen Jugendlichen oft nicht gerecht wird. Sie wollen sich messen, sie wollen siegen, sie wollen ihre Stärke beweisen. Und sie müssen Schritt für Schritt lernen, mit ihren Aggressionsgefühlen umzugehen. Werden diese Gefühle jedoch immer nur unterdrückt, verleugnet und als verwerflich bewertet, lernen sie das kaum.

Trotzdem wird nicht jedes übertrieben gewaltfrei erzogene Kind zur harmoniesüchtigen Nervensäge. Doch wer nicht über genügend Selbstvertrauen verfügt und nicht gelernt hat, mit seinen Zurückweisungsängsten umzugehen, der kann leicht in das Bild dieses Pseudotoleranten verfallen. Weil er meint, nur dann geliebt zu werden, sucht er Zustimmung und Harmonie mit den anderen um jeden Preis. Auch um den Preis, die eigene Meinung nur hinter dem Rücken des anderen sagen zu können und so ein schlechtes Gewissen mit sich herumtragen zu müssen!

Tipps im Umgang mit dem Harmoniesüchtigen

> **Killersätze für den Harmoniesüchtigen**
> → „Du bist unehrlich!"
> → „Jetzt bekenne doch endlich einmal Farbe!"
> → „Deine Meinung ist nicht so wichtig, du stimmst ja ohnehin zu."

Der Harmoniesüchtige als Mitarbeiter

Manchmal dauert es eine Weile, bis ein Harmoniesüchtiger in seinem Mitarbeiterkreis erkennbar wird. Es gibt viele Mitmenschen, die ihre Meinung nicht direkt kundtun und sehr kompromissbereit durch das Leben gehen – die echten Toleranten eben. Wie also können Sie den Unterschied erkennen?

Der Harmoniesüchtige bleibt in seinen Aussagen oft sehr vage:

→ „Man müsste das einmal genauer anschauen …"
→ „Das wäre grundsätzlich begrüßenswert …"
→ „Eigentlich finde ich das gut …"

Er verwendet häufig Möglichkeitsformen und einschränkende Worte wie „man", „eigentlich", „grundsätzlich". Bei Diskussionen wiederholt er oft die Aussagen seiner Vorredner, ohne sie in eigene Worte zu kleiden.

Seine Zustimmung findet übertrieben häufig auf der emotionalen Ebene statt und nicht auf der sachlichen:

→ „Ich verstehe dich ja …"
→ „Ich weiß genau, was du meinst …"
→ „Ich weiß, dass du es auch nicht leicht hast …"

Bleibt nach so einem Gespräch zwar ein Gefühl der Übereinstimmung im Gefühlsbereich, ist die Sache an sich jedoch nicht geklärt, fragen Sie besser nach. Geben Sie sich nicht mit vagen Zustimmungen zufrieden, stellen Sie immer wieder klare Entscheidungsfragen:

✓ **„Wie siehst du das?"**
✓ **„Wie ist deine konkrete Meinung?"**
✓ **„Wie würdest du entscheiden?"**

Helfen Sie dem Harmoniesüchtigen, sich weg von der Gefühlsebene und hin zur Sachebene zu bewegen. Sein Harmoniebedürfnis ist ja in erster Linie eine starke Emotion. Ist er einmal auf die sachliche Ebene gekommen, kann er leichter seine Meinung äußern. Machen Sie ihm so deutlich, dass es Ihnen um die Sache und nicht um die Beziehung zu ihm als Kollegen geht. Wörter wie „konkret" und „genau" helfen dem Gesprächspartner, das Gespräch auf die Sachschiene zu lenken.

Haben Sie einmal eine Harmoniesucht-Nervensäge in Ihrem Berufsumfeld entlarvt, **sichern Sie sich bei wichtigen Dingen lieber ab**. Verlassen Sie sich nicht allzu sehr auf seine Aussagen, holen Sie sich Zusagen unbedingt schriftlich. Machen Sie klar, dass Sie für eine offene Kommunikationskultur in Ihrer Abteilung eintreten und daher auch gleichzeitig über getroffene Abmachungen Ihren Chef informieren.

Hinterfragen Sie Informationen über andere, die Ihnen der Harmoniesüchtige übermittelt. Überprüfen Sie den Wahrheitsgehalt, vor allem bei allzu vielen negativen Infos.

Der Harmoniesüchtige ist auch oft Ausgangspunkt für Mobbing-Gerüchte. Er redet ja gerne über andere hinter deren Rücken. Sollte er das mit Ihnen tun, grenzen Sie sich bewusst ab. Sagen Sie ihm deutlich, dass Sie ihn bitten, diese Kritik direkt dem Betroffenen zu sagen.

Der Harmoniesüchtige als Chef

Grundsätzlich ist ein typischer Harmoniesüchtiger als Chef **ziemlich ungeeignet**: Er vertritt keine eigene Meinung, dreht sich nach dem Wind und trifft daher sehr ungern Entscheidungen, schon gar keine unpopulären, auch wenn sie noch so notwendig wären. Ein harmoniesüchtiger Chef verfügt daher meist über **wenig Respekt**, sowohl bei seinen Mitarbeitern als auch im gesamten Unternehmen. So eine Situation ist für die Mitarbeiter oft unbefriedigend. Versuchen Sie trotzdem, das Beste aus so einer Situation zu machen und bewusst damit umzugehen.

Der Harmoniesüchtige hat den Vorteil, dass er Ihnen **zuhört**. Wenn Sie einen guten Vorschlag bringen, ist er ein guter „Verstärker": Durch seine wohlwollende Zustimmung motiviert er seine Mitarbeiter manchmal zu Spitzenleistungen. Nehmen Sie diesen Motivationseffekt einfach an und hinterfragen Sie das positive Feedback nicht allzu genau. Der harmoniesüchtige Chef hat damit in gewisser Weise eine therapeutische Wirkung: Sein **geringes Selbstwertgefühl** stärkt das Selbstbewusstsein seiner Mitarbeiter. Sie trauen sich mehr zu als etwa die Mitarbeiter eines machthungrigen Chefs.

Schwierig wird es, wenn Sie von ihm eine Entscheidung benötigen. Auch wenn er Entscheidungen meidet, bleiben Sie am Ball, betonen Sie die Sache. Machen Sie konkrete Vorschläge – Sie haben so die Möglichkeit, im Hintergrund mit zu entscheiden. Lassen Sie sich in Ihrem eigenen Interesse alle wichtigen Entscheidungen schriftlich bestätigen.

Meist hat ein Harmoniesüchtiger einen Schattenchef in seinem Team. Er ist sehr empfänglich für Einflüsterer. Das kann zu einem gefährlichen Ränke- und Intrigenspiel führen. Versuchen Sie, sich so gut wie möglich herauszuhalten. Manchmal kann so eine Situation derart eskalieren, dass die gesamte Energie einer Abteilung in dieses Machtspiel fließt. Analysieren Sie diese Spielchen genau: Bis wohin können Sie sich heraushalten, wo stören sie Ihre Arbeit empfindlich, wann leidet Ihre Arbeitsmotivation und wie stehen die Chancen, dass sich diese Situation in absehbarer Zeit ändert? Häufig übernimmt der Schattenchef selbst das Kommando, der Harmoniesüchtige wird einfach ausgebootet. Nicht selten ist dann der Machtwechsel brutal, der Führungsstil ändert sich schlagartig, und so mancher Mitarbeiter trauert dem Harmoniesüchtigen nach: „Mit ihm konnten wir wenigstens tun und lassen, was wir wollten!"

Bevor Ihnen also so ein harmoniesüchtiger Chef zu schnell abhanden kommt, versuchen Sie lieber, sein Selbstvertrauen zu stärken. **Auch Chefs brauchen Lob**, das gilt übrigens nicht nur für diesen Cheftyp. Lob stärkt ihn, motiviert ihn, seine Führungsrolle auch tatsächlich auszuüben.

Oft verbirgt sich hinter einer harmoniesüchtigen Fassade auch ein sehr fachkundiger Mensch. Sprechen Sie da immer wieder genau seine Erfahrung, sein Wissen an und bringen Sie die Diskussion stets zurück zur Sachebene. Zwingen Sie Ihren Chef, wichtige Statements immer wieder zu wiederholen:

- ✓ **„Sie meinen also, dass..."**
- ✓ **„Habe ich Sie richtig verstanden, dass..."**

Muss er seine Meinung ein zweites Mal laut kundtun, hat das seine Aussage verstärkt. Das gibt ihm Sicherheit.

Der Harmoniesüchtige

Zugegeben, alle diese Tipps klingen sehr nach Erziehungsmaßnahmen. Sie werden einwenden: „Bin ich denn für ihn verantwortlich? Ist es meine Aufgabe, ihn zu einem besseren Chef zu machen?" Sicher werden Sie dafür weder entlohnt noch einen Orden erhalten. Sie machen sich einfach nur selbst das Leben leichter. Und müssen wir nicht jeden Chef auf die eine oder andere Weise erziehen?

Der Harmoniesüchtige als Kunde

Der Harmoniesüchtige als Kunde ist eindeutig eine harte Nuss. Im direkten Gespräch zeigt er sich immer sehr verständnisvoll.

→ „Aber natürlich verstehe ich, was Sie meinen …"
→ „Ich weiß ja, Sie haben Ihre Vorgaben."

Er stimmt allen Ihren Verkaufsargumenten zu und vermittelt den Eindruck, restlos überzeugt zu sein. Kurz vor dem Verkaufsabschluss überlegt er es sich dann doch noch, sichert Ihnen aber zu, sich ganz verlässlich wieder zu melden („ganz verlässlich" hat jedoch beim Harmoniesüchtigen eine völlig andere Bedeutung!). Oder er schließt zwar ab, storniert aber hinterher bald wieder, meist schriftlich. Auf die Frage, warum er das tut, antwortet er meist, dass ihm der Druck beim Verkaufsgespräch zu groß war. Achten Sie also bei so einem Kunden sehr genau auf seine Zustimmungssignale. Sind sie wirklich eindeutig? Oder ist da vielleicht doch noch ein Rest von Zweifel? Sehr oft formuliert der harmoniesüchtige Kunde:

→ „Ja, aber kann ich dieses Produkt wirklich in dieser Situation verwenden?"

Was auf den ersten Blick wie eine Frage nach Bestätigung und Versicherung klingt, ist bei ihm eigentlich ein klares Gegenstatement, das im Prinzip so lautet:

→ „Ist ja schön und gut, aber ich bin sicher, dass ich dieses Produkt nicht in dieser Situation anwenden kann!"

Oft hören wir als Kundenberater nur die Zustimmung aus seinen Worten, weil wir sie einfach hören wollen. Geben Sie daher so einem Kunden besonders das Gefühl von **Sicherheit und Seriosität**. Sollen Sie auf einen Abschluss verzichten, nur weil die Gefahr besteht, dass er vielleicht später wieder einen Rückzieher macht? Sicher nicht! Schließen Sie den Vertrag ruhig ordnungsgemäß und korrekt ab. Wenn der Kunde später wieder storniert, nehmen Sie es nicht zu persönlich. Es hat nichts mit Ihrem Verkaufsstil zu tun, das Problem trägt der Harmoniesüchtige einfach mit sich herum. Ihr Chef weiß sicher zu unterscheiden, wann es sich um Einzelfälle handelt und wann sich Stornos häufen – was dann vielleicht auf einen zu aggressiven Verkaufsstil schließen lassen könnte.

Harmoniesüchtige Kunden sind auch dann mühsam, wenn sie zunächst Zufriedenheit äußern und sich dann im Nachhinein bei einer höheren Stelle im Haus **beschweren**. Da wird man als Kundenverantwortlicher oft „kalt erwischt". Wenn möglich, versuchen Sie, direkt mit dem Kunden Kontakt aufzunehmen. Im direkten Gespräch wird er seine Vorwürfe nach Möglichkeit entkräften. Vermeiden Sie dabei aber, ihn in die Enge zu treiben. Bleiben Sie möglichst ruhig und sachlich:

- ✓ **„Ich sehe, da hat es eine unterschiedliche Beurteilung der Situation gegeben. Ich möchte diesen Punkt gerne gemeinsam klären."**

Holen Sie sich vom harmoniesüchtigen Kunden immer noch einmal ein Feedback, ob er wirklich einverstanden ist. Geben Sie sich nicht mit einem einfachen Kopfnicken oder „Ja" zufrieden, lassen Sie Ihren Kunden – ähnlich wie Ihren „toleranten" Chef – den Sachverhalt in eigenen Worten noch einmal wiederholen.

Dokumentieren Sie die Ergebnisse eines Gesprächs mit einem „toleranten" Kunden möglichst genau und nachvollziehbar. Machen Sie sich am Telefon exakte Notizen und sagen Sie das auch Ihrem Kunden. Sagen Sie auch, dass Sie gegebenenfalls Ihren Chef informieren:

- ✓ **„Herr Huber, ich habe notiert, dass wir folgende Abmachung getroffen haben: ... Ich werde diese Information weiterleiten und danke Ihnen für das Gespräch."**

Der Zyniker

> EIN ZYNIKER IST JEMAND,
> DER VON ALLEM DEN PREIS
> UND VON NICHTS DEN WERT KENNT.
> OSCAR WILDE

Die Verhaltensweise des Zynikers

Diese Nervensäge ist wohl mit keiner anderen zu vergleichen. Der Zyniker ist einer der vielschichtigsten Persönlichkeitstypen. Er hat viele verschiedene und oft **unerwartete Seiten**. Seine Taktik, mit der er an anderer Menschen Nerven sägt, ist sehr raffiniert und komplex. Umso schwerer ist es oft, mit ihm umzugehen. Er ist sozusagen die Nervensäge für Fortgeschrittene! Was macht ihn so vielschichtig? Da ist zunächst seine auffallend **gute Rhetorik**. Er besticht mit seinen Worten, kann treffend und durchaus witzig formulieren. Er kann mit Worten geradezu spielen und ist nie um eine Antwort verlegen. Seine Schlagfertigkeit ist nicht nur beeindruckend, sie macht anderen oft sogar richtig Angst. Er weiß mit Sprache zu beeindrucken, sich in Szene zu setzen. Diese klare Formulierung erwartet er auch von seinen Mitmenschen. Nichts hasst er mehr als unklare Aussagen und Herumreden um den heißen Brei. Menschen, die sich nicht so gewandt ausdrücken können, sinken schnell in seiner Achtung. Die Wertschätzung, die er anderen entgegenbringt, zeigt er auch deutlich. Er verfügt oft über sehr viel Präsenz, man kann ihn schwer übersehen.

Die Verachtung, die er vermeintlich Schwächeren, weniger Schlauen gegenüber empfindet, kann bis hin zur echten Aggression gehen.

→ „Ich hasse Dummheit!"

ist einer seiner Leitsätze. Diese Aggression äußert sich im Unterschied zum Vulkan nicht offen. Er kämpft am liebsten mit verdeckten Waffen. Seine Gegner täuscht er so, dass diese nie ahnen können, wohin der nächste Angriff zielen wird. Er beherrscht alle **Finten, Tricks und Täuschungsmanöver**. In der Wahl der Waffen bevorzugt er die feine Klinge, der elegante Fechtsport gibt seinen Kampfstil am besten wieder. Überhaupt sind **Konflikte** für ihn eine Art sportlicher Wettkampf. Er ist durchaus bereit, einen ebenbürtigen Gegner zu bewundern, was ihn aber nur noch mehr reizt, auch diesen zu besiegen.

Abbildung 16: Der Zyniker

Seine Angriffe erfolgen oft so verdeckt, dass der Gegner die Wunde erst spürt, wenn der Zyniker schon längst wieder von der Bildfläche verschwunden ist. Ihr zynischer Chef sagt Ihnen zum Beispiel im Mitarbeitergespräch einen zwar toll klingenden, aber nicht ganz leicht zu verstehenden Satz und erst auf dem Heimweg wird Ihnen so richtig bewusst, welche versteckte Beleidigung er Ihnen da an den Kopf geworfen hat. Dann ist eine gute Chance dahin, sich zu verteidigen!

Gerne richten sich seine Attacken gegen persönliche Schwächen, und es geht dabei weniger um sachliche Inhalte. In seinem Innersten ist der Zyniker nämlich ein **emotionaler Typ**. Er ist sehr sensibel und verfügt über ein feines Sensorium, wenn es um die Gefühle anderer geht. Er spürt genau, in welcher Gefühlslage sich der andere gerade befindet, und reagiert selbst sehr stark darauf. Er weiß aber auch, dass ihn diese Gefühlsseite sehr verletzlich macht, und hat gelernt, seine Emotionen geschickt und vollständig zu verbergen. Wie einen Schutzpanzer hat er seine geschliffene Rhetorik geformt und handelt lieber nach dem Motto:

→ „Angriff ist die beste Verteidigung", oder
→ „Lieber zuerst den anderen verletzen, als das Risiko eingehen, selbst verletzt zu werden."

Wer Gefühle zeigt, wird angreifbar, wird verwundbar. Das möchte er um jeden Preis vermeiden. Deswegen erscheint er oft kühl und unnahbar. Er lässt kaum jemanden – auch körpersprachlich – so nahe an sich heran, dass er seine verletzlichen Seiten bemerken könnte. Umso erstaunter wären daher seine Gegner, wenn sie wüssten, was sich hinter dieser aalglatten Fassade abspielt. Dahinter steckt nämlich ein oft sehr einsamer, gefühlvoller Mensch, der sich äußerst schwer tut, Zuneigung und Nähe zuzulassen; der Mühe hat, eine Beziehung und damit ein emotionales Risiko einzugehen. Auch wenn er erkannt hat, dass er einmal ein Gefühl, wie eben zum Beispiel Zuneigung und Liebe, offen zeigen sollte, tut er sich äußerst schwer damit. Lieber schiebt er den Partner mit einer zynischen Bemerkung wieder auf sichere Distanz. Und leidet dann unter dessen Zurückweisung. Zyniker sind daher sehr **einsame Menschen**. Sie sind gefangen in ihrem eigenen Netz.

Um den anderen genau an seinem wunden Punkt treffen zu können, muss der Zyniker diesen ja erst kennen. Genau dazu ist er mit einer weiteren wichtigen Fähigkeit ausgestattet: Er kann besonders konzentriert beobachten. Er sieht und spürt punktgenau, wo sich die Achillesferse des Gegners befindet. Und deshalb sind seine Pfeile so besonders verletzend.

Er kann sich wie kaum eine andere Nervensäge in die Lage des anderen versetzen. Seine Taktik ist es, stets die Brille des Gesprächspartners aufzusetzen und ganz wie von selbst mit den richtigen Argumenten zu punkten. Er ist wohl die einzige Nervensäge, die nicht in erster Linie ichbezogen agiert. Allgemeine Kommunikationsstrategien, wie sich in den anderen hineinzudenken oder den Nutzen des anderen zu erkennen und damit zu argumentieren, beherrscht er auch ganz ohne Kommunikationsseminar.

Was er nicht leiden kann, sind Brutalität und offener Kampf. Er will zwar siegen, aber **kein Blut sehen**. Leute, die laut und grob werden, stuft er als hilflos ein und findet schnell einen Weg, sie auf Grund ihrer emotionalen Schwachstelle auszuschalten. Liegt ein Gegner aber einmal verwundet vor ihm auf dem Boden, zieht er sich sofort zurück. Er will niemandem den „Todesstoß" versetzen. Das überlässt er, wenn schon, dann anderen. Grundsätzlich meint er es ja gut mit den anderen, er will sie nur hinweisen auf ihre Schwächen, er will sie nicht vernichten. Dass dieses Gutmeinen für viele schon ausreicht, um sich sehr verletzt zu fühlen, übersieht er gerne. Trotzdem leidet er in seinem Innersten an der Distanz, die viele zu ihm halten.

Hat er sich jedoch einmal jemandem gegenüber geöffnet, diesen Menschen akzeptiert, kann er treu und loyal sein. Meist hat er nur eine einzige solche Bezugsperson in seinem Umfeld. Von der lässt er sich dann auch durchaus die Meinung sagen und verträgt ihre Kritik. Er sucht immer wieder ihre Nähe und ein Verlust dieser Bezugsperson ist oft ein sehr traumatisches Erlebnis für ihn.

Die Körpersprache des Zynikers

Gerne drückt der Zyniker mit seiner nonverbalen Kommunikation **souveräne Gelassenheit** aus. Eine sehr aufrechte Haltung, den Kopf hoch erhoben und die Beine fest geerdet – so fürchtet er keinen Gegner. Mit seiner Haltung will er jedoch nicht so sehr provozieren, das macht er viel lieber mit Worten.

Er versucht ständig, seine Körpersprache zu kontrollieren. Instinktiv spürt er, dass sie ihn und seine reichlich vorhandenen Gefühle verraten könnte. Daher ist er stets um ein undurchdringliches **Pokerface** bemüht. Nur seine Augenbrauen wandern zuweilen leicht skeptisch nach oben und seinen

Der Zyniker

Mund umspielt ein süffisantes Lächeln. Ein Ausdruck von Missachtung ist ein oft nur flüchtiges Nasenrümpfen: „Da habe ich wieder eine Schwachstelle gerochen ..."

Oft richtet er seinen **Blick von oben herab** auf seine Gesprächspartner. Dazu legt er dann den Kopf zurück und verstärkt den Eindruck noch durch seine hochgezogenen Augenbrauen.

Er kann aber auch sehr konzentriert zuhören: Fast stechend wirkt dann sein Blick, mit dem er den Redner fixiert. Oft greift er sich dabei mit den Fingern an den Hals, ans Kinn oder die Mundwinkel und massiert dort leicht die Haut mit den Fingerkuppen. Dadurch fördert er die Durchblutung dieser für seine Rhetorik wichtigen Zonen, er aktiviert seine Sprechwerkzeuge. Denn bald wieder werden diese in vollem Einsatz stehen, er sucht schon nach den passenden Formulierungen. Hat er sie gefunden, nimmt sein Gesicht wieder diesen verräterischen, überlegenen Ausdruck an, und er geht mit seinem ganzen Körper kurz nach vorne. Er ist bereit zum Angriff.

Gerne spielt er auch mit seiner Brille. Ein kurzer, kritischer Blick über den Brillenrand kann den Gesprächspartner verunsichern. Nimmt er die Brille ab, lässt er sie meist aufgeklappt und berührt mit dem Bügelende den Mund, die Oberlippe oder die Stirn oberhalb der Augenbrauen. Das heißt so viel wie: „Ich bin voll bereit zur Aufnahme aller Informationen, die du mir gibst. Ich kann die Brille jederzeit sofort wieder aufsetzen, sehe aber auch ohne sie noch immer gut genug, um dich zu durchschauen."

Überlegt er, zupft er sich auch am **Ohrläppchen** und aktiviert damit seine Gehirntätigkeit. Er weiß einfach intuitiv, wie er seine Ressourcen am besten abruft und anzapft. Sein reger Verstand und seine gute Rhetorik sind ja seine stärksten Waffen.

Sein ganzer Körper ist meist unter **Spannung**. Er geht hellwach durchs Leben. Seine Sinne sind stets auf Aufnahme gestellt. Der Blick wandert rege und interessiert durch den Raum, der Hals ist wendig und beweglich. Seine Arme hält er meist halbhoch, immer bereit, im entscheidenden Moment zuzugreifen. Obwohl er seine Worte nie mit großen Gebärden begleitet und bewusst sparsam gestikuliert (das könnte ja wieder zu viel von seinen Gefühlen verraten), sind seine Bewegungen doch meist geschmeidig und rund. Höchstens seine Füße verraten Unruhe, wenn er sich in die Enge getrieben fühlt.

Seine zwiespältige Gefühlswelt drückt sich insofern auch in seiner Körpersprache aus, als er Probleme erkennen lässt, wenn es um Nähe und Distanz geht. Einerseits geht er auf andere zu, sucht deren Nähe, wenn ihm diese Personen dann aber zu nahe rücken, zieht er sich wieder zurück und wendet ihnen seine Knochenseite zu. So verfügt er auch über eine Reihe von **Gesten** mit zweideutigen Aussagen: Er legt zum Beispiel die Hand über den seitlich entblößten Hals („Komm mir ruhig nahe, ich locke dich an" = der entblößte Hals; „Aber bleib mit doch fern" = die Hand davor). Diese Gesten verwirren den Gesprächspartner oft zusätzlich.

So bleibt der Zyniker auch in seiner Körpersprache oft schwer zu durchschauen und für viele ein Rätsel. Er dagegen kann andere sehr gut durch ihre nonverbale Kommunikation verstehen und seinen Nutzen aus diesen Informationen ziehen. Seine sehr emotionale Wahrnehmung ist dafür wie geschaffen. Ein Grund mehr, warum er oft so ein gefährlicher Gegner in Konfliktsituationen ist!

Die Entwicklungsgeschichte des Zynikers

Der Zyniker ist einer der wenigen Typen, die nicht in der ersten Kindheitsphase entstehen. Seine angeborenen Fähigkeiten, wie die gute Rhetorik, die Fähigkeit, treffsicher zu formulieren und die genaue Beobachtungsgabe wurden allerdings meist schon von frühester Kindheit an gefördert. Meist stammt er aus einem Umfeld, in dem intellektuelle Fertigkeiten wichtig waren. So wurde im Elternhaus viel und über unterschiedlichste Themen diskutiert, und er konnte seine Meinung sagen, wurde nicht nur angehört, sondern auch motiviert, mitzureden.

Seine emotionale Förderung war da schon etwas weniger ausgeprägt. Meist wurden Gefühle nicht offen gezeigt, ja, es galt sogar eher als Schwäche, wenn Menschen ihren Gefühlen freien Lauf ließen. Die Vernunft stand immer im Vordergrund. Konflikte sollten immer mit Worten und nie mit emotionalen Mitteln abgehandelt werden. Gefühlsausbrüche galten als unpassend, als Ausdruck der Unbeherrschtheit. So lernte der Zyniker, sich seiner starken Gefühle zu schämen, und versuchte, sie vor seine Umwelt möglichst zu verbergen.

Zum ausgeprägten Zyniker wurde er erst später, meist im Laufe der Pubertät. Einschneidende Erfahrungen legten den Grundstein, wie etwa eine emotionale Verletzung, zum Beispiel eine klare Zurückweisung. Vielleicht wurde er von der Gruppe, zu der er unbedingt dazugehören wollte, auf Grund eines (körperlichen) Makels nicht akzeptiert. Etwa wegen seiner rötlichen Haare oder seiner Unsportlichkeit oder sogar wegen seiner etwas anderen, für die Gleichaltrigen schwer verständlichen Ausdrucksweise. Er wurde in der für die spätere Entwicklung zum Erwachsenen so wichtigen Phase zum Außenseiter.

In dieser Rolle hat er sehr gelitten, die Verletzungen gingen bei ihm auf Grund seiner Sensibilität sehr tief. Doch er hatte ja schon früher gelernt, diese Verletzung nicht offen zu zeigen. Stattdessen hat er sich eine andere Verteidigungsstrategie zurechtgelegt: Seine Worte waren seine stärkste Waffe. Durch sie – gepaart mit seiner genauen Beobachtungsgabe der Schwachstellen seiner Gegner – verschaffte er sich einen gewissen Respekt, wurde von den anderen zunehmend in Ruhe gelassen und nahm mehr und mehr einfach eine Sonderstellung ein. Er war zwar nicht geliebt, doch man legte sich nicht gerne mit ihm an, weil man auf die eine oder andere Weise stets den Kürzeren gegen ihn zog.

So hat er eine der wichtigsten Erfahrungen seiner Entwicklung gemacht: Wenn ich meine Fähigkeiten gezielt einsetze, kann ich mich gegen andere durchsetzen. So verfeinerte er im Laufe der Zeit diese Taktik und wurde immer perfekter. Er betrachtete seine Verhaltensweise wie in einem sportlichen Wettkampf, was ihm die Möglichkeit bot, sich emotional etwas zu distanzieren. Die Reaktion bei seinen Gesprächspartnern – Verunsicherung, Einschüchterung und Hilflosigkeit – bestärkte ihn weiter in seinem Vorgehen.

Doch die innere Verletzung des Jugendlichen in ihm bleibt immer präsent. So bleibt er auch zeit seines Lebens emotional unausgeglichen und auf der Suche nach Nähe, die er doch nicht zulassen kann.

Tipps im Umgang mit dem Zyniker

Killersätze für den Zyniker

- → „Ich sehe, Sie wollen sich mit mir auf ein rhetorisches Duell einlassen."
- → „Immer müssen Sie das letzte Wort haben."
- → „Sie glauben wohl, Sie können mit Worten alles erreichen!"

Nervensägen unter der Lupe

Der Zyniker als Mitarbeiter

Ein zynischer Kollege wirkt stets sehr **kritisch**. Er stellt alles infrage und ist schwer zu begeistern. Ist eine Idee auch noch so gut, er wird ein Haar in der Suppe finden. Es fällt ihm extrem schwer, einfach zuzustimmen. Er muss immer die **intellektuelle Distanz** wahren. Selbst wenn er innerlich von einer Sache überzeugt ist, wird er aus reinem Sportsgeist immer noch den Advocatus Diaboli spielen. Das kann im Team unendlich viel Zeit kosten. Lassen Sie sich in dieser Situation daher nicht auf Endlosdiskussionen mit dem Zyniker ein. Es geht da schon lange nicht mehr um die Sache, sondern um reine Rhetorik. Und ein **rhetorisches Duell** mit einem Zyniker zu gewinnen ist nicht einfach. Übergehen Sie daher seine Einwände, bringen Sie das Gespräch auf die Sachebene. Ist da kein sachlich begründeter Einwand mehr zu erkennen, beschließen Sie das Gespräch, indem Sie die Ergebnisse noch einmal zusammenfassen und die Entscheidung klar äußern.

Formulieren Sie im Umgang mit dem zynischen Mitarbeiter stets sehr bestimmt und **vermeiden Sie alle Möglichkeitsformen**. Der Zyniker erkennt sofort, wenn Sie unsicher werden. Er spürt es an Ihren Reaktionen, da er ja über ein sehr feinfühliges Sensorium verfügt. Und er erkennt es auch sprachlich, wenn Sie sich in Ausflüchte wie „Man solle einmal ..." zu retten versuchen. Da stimmt er ein und übernimmt die Initiative. Solche rhetorischen Unsicherheits-Signale wirken auf ihn wie ein unwiderstehliches Lockmittel zum Duell.

Geht es einem zynischen Kollegen um mehr als ein rein sportliches Duell, wird die Lage wesentlich gefährlicher. Der Zyniker ist häufig auch eine ausgeprägte Führernatur, er fühlt sich überlegen und möchte diese Überlegenheit auch beweisen. So versucht er seine Gegner mit seinen Mitteln zu schlagen. Überhaupt sieht er die Welt meist als Kampfarena – allerdings eine für elegante Kämpfer mit der feinen Klinge. Er wird also immer wieder versuchen, seine vermeintlich schwächeren Kollegen mit feinen Stichen an den Rand zu drängen. Durch diese Taktik ist er oft nicht wirklich fassbar, man kann ihm schwer etwas offen vorwerfen. Er wird jeden Vorwurf von sich weisen und den Unschuldsengel spielen.

Kommen Sie einem Kollegen auf die Schliche, dass er genau diese Taktik verfolgt, dann seien Sie hellwach. **Notieren Sie seine Argumente im Gespräch mit**. Das mahnt ihn meist zur Vorsicht. Fragen Sie genau nach, wie er manche, einfach hingeworfene Bemerkung konkret gemeint hat.

Der Zyniker

Zwingen Sie ihn durch Ihr Nachfragen, klar Stellung zu beziehen. Viele Fragen seines Gesprächspartners schätzt der Zyniker ohnehin nicht, da er genau merkt, dass ihm dadurch die Leitung des Gesprächs entgleitet. Er ist ja lieber der, der die Fragen stellt und diese (Verunsicherungs-)Taktik anwendet. Kehren Sie das Gespräch ins Gegenteil:

Kollege A: „*Mein Vorschlag ist, in Zukunft statt dieser drei Listen nur mehr eine zu führen!*"

Zyniker: „*Hast du dir das genau überlegt?*"

Kollege A: „*Aber klar, ich sehe da nur Vorteile ...*"

Zyniker: „*Vorteile für wen?*"

Kollege A: „*Na, wenn ich die Zahlen aus den drei Bereichen gleich hier eintragen lasse, muss ich sie nicht dreimal einfordern.*"

Zyniker: „*Höre ich da nicht in aller erster Linie deinen Vorteil heraus?*"

Kollege A: „*Wie kommst du nur dazu, mir zu unterstellen, ich sei egoistisch und arbeitsscheu!*"

Zyniker: „*Das habe ich nie behauptet. Wenn du es so siehst ...*"

Haben Sie erkannt, wie Kollege A in diesem Beispiel ins offene Messer läuft? Der Zyniker hat stets die Führung des Gesprächs. Er hat auch völlig Recht, wenn er behauptet, nie eine Anschuldigung formuliert zu haben. Er hat ja nur genau zugehört und ein in seinen Augen hilfreiches Feedback gegeben. Kollege A hat nicht bemerkt, wie sehr er in eine bestimmte Richtung gedrängt wurde. Was hätte er tun sollen?

Kollege A: „*Mein Vorschlag ist, in Zukunft statt dieser drei Listen nur mehr eine zu führen!*"

Zyniker: „*Hast du dir das genau überlegt?*"

Kollege A: „*Ja, das hat für alle Vorteile, weil jeder die Zahlen nur einmal eintragen muss.*"

Zyniker: „*Und was bedeutet das für dich und deinen Arbeitsaufwand?*"

Kollege A: „*Wie meinst du das?*"

Zyniker:	„Hast du dann nicht einfach weniger zu tun?"
Kollege A:	„Meinst du damit, dass du für dich keinen Vorteil siehst?"
Zyniker:	„Ich meine, dass ..."

So hat Kollege A das Blatt gewendet und durch seine Gegenfragen den Zyniker mit seinen eigenen Waffen geschlagen. Statt sich auf den in Frageform verpackten Vorwurf zu rechtfertigen, den Mehraufwand zu scheuen, ist er darauf gar nicht erst eingegangen, sondern hat seinerseits nach dem Vorteil des anderen gefragt. Durch diese Taktik bekommt er wieder die Führung über das Gespräch.

Wird Ihnen ein solches Duell mit einem zynischen Kollegen zu mühsam und zu zeitaufwändig, probieren Sie eine andere Taktik: **Lassen Sie ihn einfach stehen!** Diese Gesprächsverweigerung trifft den Zyniker hart. Da erkennt er seine Grenze. Bleiben Sie aber hartnäckig, auch wenn er versucht, Ihnen nachzugehen.

→ „Ich möchte das jetzt nicht mit dir in diesem Ton besprechen, ich habe diesen dringenden Termin und aus meiner Sicht ist die Sache geklärt."

Der Zyniker als Chef

Der zynische Chef genießt seine Macht. Er muss allerdings sein Revier immer wieder verteidigen, indem er seinen Mitarbeitern vorführt, wie überlegen er ist. Vor allem Schwäche und Unsicherheit reizen ihn. Er hat alle seine Mitarbeiter genau durchschaut und erkannt, wo deren Schwachstellen zu finden sind. Dieses Wissen speichert er sehr genau. So kann es sein, dass er erst viel später auf einen **Fehler**, eine Schwachstelle zu sprechen kommt, wenn seine Mitarbeiter meinen, er habe den Vorfall längst vergessen. Seine **Anschuldigungen** sind dann aber nicht pauschal und diffus, sondern bezeichnen den genauen Sachverhalt und die Ursache. Es ist schwer, sich da noch zu rechtfertigen. Versuchen Sie es erst gar nicht. Bitten Sie ihn lieber in einem möglichst sachlichen Ton, eine gemeinsame Regelung für die Zukunft zu treffen.

Bieten Sie einem zynischen Chef möglichst wenig Angriffsfläche. **Liefern Sie ihm klare Fakten und Zahlen,** kurz und übersichtlich dargestellt. Alles Umständliche reizt ihn zu einer seiner Attacken. Halten Sie Distanz, so weit wie möglich. Wer sich in den „In-Fight" mit einem Zyniker begibt, muss sich vorher warm anziehen. Bereiten Sie daher alle Ihre Fragen und Argumente genau vor, bevor Sie sich in die Höhle des Löwen begeben. Überlegen Sie vor allem genau, wie Ihr Chef wohl antworten wird. Versuchen Sie, Ihr Anliegen mit seinen Augen zu sehen und alle seine Einwände vorweg zu überlegen. Bauen Sie Ihre Argumentation so auf, dass Sie sich das stärkste Argument für den Schluss aufheben. Meist machen wir es in der Hitze des Gefechts nämlich genau umgekehrt: Wir sagen sofort unseren stärksten Punkt und verschießen so vorzeitig unser gesamtes Pulver. Der Zyniker merkt sehr genau, wenn sein Gegenüber nicht gut vorbereitet ist. Das reizt ihn einfach, bei der ersten Gelegenheit einzugreifen, auch wenn ihm das Anliegen grundsätzlich nicht so wichtig ist.

Der zynische Chef hat meist seine Lieblingsopfer im Team. Etwa den jungen Kollegen, der immer versucht, auf alle verbalen Angriffe seines Chefs cool und unbeeindruckt zu reagieren. Ist er auch noch so verletzt, er bemüht sich um jeden Preis, sein Gesicht zu wahren. Der Chef spürt genau, dass sein Gegenüber kurz davor ist, emotional auf den Höhepunkt zu gelangen. Und das wirkt auf ihn wie ein rotes Tuch auf den Stier. Da kann er nicht mehr anders, da muss er weitermachen, um den anderen endgültig aus der Reserve zu locken. Er lässt erst dann von seinem Opfer ab, wenn er sein Ziel erreicht hat und der junge Kollege die Nerven verliert. Dann allerdings zieht er sich sofort zurück.

Warum also nicht den Stier bei den Hörnern packen? Wer einem Zyniker offen zeigt, dass er verletzt ist, kann diesen Effekt schon viel früher erzielen. Ein Satz wie der folgende bringt den Zyniker aus dem Konzept:

✓ **„Ihre Bemerkung hat mich persönlich verletzt, ich will das in diesem Ton nicht mit Ihnen klären."**

Wer offen über seine Gefühle und seine Verletzlichkeit reden kann, den bewundert der Zyniker insgeheim. Dieser Gegner verfügt dann genau über diese Eigenschaft, die ihm selbst so schmerzlich abgeht. Als echter Sportsmann kann er so eine Eigenschaft am anderen anerkennen, ja sogar schätzen.

Haben Sie es einmal geschafft, den Respekt eines Zynikers zu erlangen, wird er Sie in Ruhe lassen, ja, er kann sogar ein sehr angenehmer und toleranter Chef werden.

Haben Sie ihn aber einmal selbst bei einem Gefecht echt verletzt, indem Sie ihn zum Beispiel vor seinen eigenen Vorgesetzten blamiert haben, sinnt er ewig auf Rache. Der Zyniker ist sehr nachtragend und kann nur schwer verzeihen.

Der Zyniker als Kunde

Ein zynischer Kunde will immer König sein. Er **will immer Recht haben** und Ihnen beweisen, dass es doch immer noch ein Gegenargument gibt. Er genießt es, einen Gesprächspartner gefunden zu haben, der ihm nicht entkommen, der sich nicht zurückziehen kann. Lassen Sie ihm die Freude. Versuchen Sie, seine Bemerkungen nicht zu persönlich zu nehmen. Stellen Sie sich vor, er würde gerade für sein neues Theaterstück üben und Ihnen seinen eben geschriebenen Text vortragen. Hilft das nichts, stellen Sie sich vor, wie er morgens aus der Dusche steigt: nass, zitternd und mit Handtuch!

Gerade beim Zyniker ist es wichtig, ihn immer wieder auf Distanz zu schieben, wenn Sie wissen, dass er Sie persönlich treffen kann. Manchmal hilft es auch, einfach eine Kollegin zu bitten, das Gespräch mit ihm weiterzuführen. Er reagiert nämlich auf unterschiedliche Persönlichkeiten völlig anders. Es ist durchaus möglich, dass er bei der Kollegin zum handzahmen Kätzchen mutiert.

Sprechen Sie die emotionale, versteckte Seite in Ihrem zynischen Kunden an. **Fragen Sie ihn nach seinem Wohlergehen.** Diese simple Frage trauen sich gerade beim Zynikern wenige zu stellen. Dabei sucht er ja diese emotionale Nähe. Wem es gelungen ist, eine emotionale Basis zu ihm herzustellen, der hat einen äußerst treuen Kunden gewonnen.

Der Zyniker hat auch durchaus Sinn für **Humor**. Meist geht dieser Humor aber auf Kosten anderer. Über sich selbst kann er nicht lachen, das würde einem Zugeben der eigenen Verletzlichkeit viel zu nahe kommen. Wenn Sie nun – zum Beispiel bei einem Missgeschick – eine komische Bemerkung auf Ihre eigenen Kosten einstreuen, ist er bestimmt sofort bereit, zu lachen. Er fühlt sich sicher, überlegen und muss sich nicht mir scharfen Worten verteidigen.

5 Das Feind-Freund-Modell: Eine Strategie im Umgang mit Nervensägen

> IN DER WAHL DER FEINDE
> KANN DER MENSCH NICHT VORSICHTIG GENUG SEIN.
> OSCAR WILDE

> WER FREUNDE OHNE FEHLER SUCHT,
> BLEIBT OHNE FREUND.
> BUCH DES KABUS

Lösungen statt Probleme

Gerade im Umgang mit Nervensägen wird deutlich, wie sehr wir in unserer Kommunikation vom falschen Ansatz ausgehen. Wir richten unseren Blick fast ausschließlich auf das Problem, das wir mit einer bestimmten Person in einer bestimmten Situation haben. Dieser enge Blickwinkel macht es uns unmöglich, unsere Situation ganzheitlich zu betrachten. Wir suchen nach Gründen, Ursachen und weiteren Details, warum es mit dem anderen so schwer ist. Wir suchen vor allem immer nach einem Schuldigen. Und meist ist der ja auch schnell gefunden: Der andere ist schuld! Vielleicht finden wir ja auch noch einen Dritten, dem wir die Schuld zuschieben können. Mit dieser Suche nach Schuldigen binden wir unsere gesamte Energie. Wir üben Druck aus auf den anderen, und dieser Druck erzeugt Gegendruck. So geht es in schwierigen Gesprächen letztendlich meist nur um Anschuldigung und Rechtfertigung.

Das Feind-Freund-Modell

Diese **problemorientierte Form der Kommunikation** macht es uns und unseren Gesprächspartnern unmöglich, den Blick in die Zukunft zu richten. Wir verbauen uns auf diese Weise den Weg zu einer Lösung. Dabei geht es doch vielmehr um diese Perspektive: Wie können wir in Zukunft miteinander gut auskommen? Was müssen wir anders machen, um die gleichen Probleme nicht ständig zu wiederholen? Wer nur das Problem sieht, der verstärkt es, zementiert es ein. Wie ein ewiger Kreislauf drängen immer wieder die gleichen Verhaltensmuster in den Vordergrund. Wie auf Knopfdruck bewirken dieselben Worte oder Reaktionen den Konflikt.

→ „Wenn er am Morgen bloß ins Büro kommt, die Tür zuknallt und diesen unheilschwangeren Seufzer ausstößt, da sehe ich schon rot! Na, das kann ja wieder ein Tag werden!"

Da sind die Rollen eindeutig verteilt, das Schicksal nimmt seinen unheilvollen Lauf. Es geht dabei selten um die Sache, meist ist es die emotionale Ebene, die uns rotsehen lässt. Solange keiner von beiden diesen Kreislauf durchbricht, dreht sich diese Negativspirale weiter. Was also tun? Suchen wir bewusst einen anderen Weg: **die lösungsorientierte Kommunikation!**

Wie gehen wir in Zukunft an die schwierige Situation heran? Welchen Ansatz wählen wir, um alte Verhaltensmuster aufzubrechen und neue einzuführen? Es gibt in jeder Situation eine Vielzahl möglicher Reaktionen. Wer sich einmal bewusst darüber Gedanken macht, dem fällt es leicht, sich zunächst in der Theorie eine Alternative zu wählen. Solche neuen Wege in der Kommunikation bewirken oft aber auch tief greifende Veränderungen. Veränderungen können für die Betroffenen aber auch recht unbequem sein. Und genau das ist der Grund, warum viele lieber bei den alten Verhaltensmustern bleiben. Die führen zwar zu keiner Lösung, aber ich weiß genau, was mich erwartet. Zum Abreagieren kann ich ja noch immer in der Mittagspause mit der Kollegin gemeinsam jammern und wehklagen.

Es ist daher wichtig, sich zunächst bewusst zu machen, was der lösungsorientierten Kommunikation im Wege steht. Nur wer auch wirklich das Risiko einer Veränderung eingeht, wird Lösungen finden. Nur wer sich bewusst auf die Suche nach konstruktiven Wegen macht, kann diese Negativspirale durchbrechen. Erwarten Sie diese Anstrengung nicht immer nur vom anderen. Es ist viel einfacher, selbst damit zu beginnen. Tipps für die jeweiligen Situationen haben Sie im vorherigen Teil unseres Buches bekommen. Suchen Sie sich bewusst Ihre persönliche Taktik für Ihre persönliche Nervensäge heraus. Wir wollen Ihnen hier noch einmal eine Art Fahrplan dafür liefern.

Das Feind-Freund-Modell

Bei diesem Ansatz geht es darum, in einem Stufenmodell den eigenen Stil im Umgang mit Nervensägen zu finden. Gehen Sie Stufe um Stufe mit uns mit, um aus Ihrem persönlichen Feind in Zukunft einen Freund zu machen. Verstehen Sie dabei die Begriffe „Feind" und „Freund" im Sinn der Konfliktlösung: Wir wollen kein Denken in klaren Fronten schaffen, nicht jede Nervensäge ist auch ein echter Feind. Und nicht jede gezähmte Nervensäge ist ein Freund fürs Leben. Es geht vielmehr um die Erkenntnis, wie Sie aus einer für Sie unangenehmen Situation in Zukunft einen Weg zu konstruktiven Kommunikationssituationen schaffen können. Der Begriff „Feind" steht dabei für die Ausgangssituation: ein Quälgeist, der mehr oder weniger heftig an Ihren Nerven sägt. Und der „Freund" steht für den Gesprächspartner, mit dem trotz all seiner Eigenheiten ein konstruktiver Ansatz möglich ist. Seine Eigenheiten werde ich ihm dabei sicher nicht abgewöhnen können. Ich ändere nur meinen Blickwinkel und bringe so die gegenseitige Kommunikation Stufe für Stufe auf den richtigen Weg.

Analyse-Phase

Gehen Sie unangenehmen Zeitgenossen nicht länger einfach aus dem Weg. Schwierige Situationen lassen sich nicht dadurch lösen, dass man sie verdrängt. Identifizieren Sie Ihre ganz persönliche Nervensäge und analysieren Sie sie genau. In welche Kategorie fällt sie? Um welchen Mischtyp könnte es sich handeln? Welche Anteile überwiegen dabei? Gehen Sie dabei sehr bewusst nur von der für Sie so lästigen Situation aus. Was macht Ihren Mitarbeiter, Kunden oder Chef für Sie so besonders mühsam? Dabei überwiegt dann immer ein bestimmter Typ. Auch wenn der Chef zum Beispiel sonst ganz umgänglich ist, Ihnen gegenüber und speziell unter Druck reagiert er wie ein Vulkan. Also müssen Sie die Strategien im Umgang mit dem Chef als Vulkan näher betrachten. Schauen Sie so hinter die Fassade Ihrer Nervensäge.

Das Feind-Freund-Modell

Abbildung 17: Das Treppen-Modell

Das Feind-Freund-Modell

Als Nächstes folgt der Umfeld-Check: In welchen Situationen beginnt die Nervensäge aktiv zu werden? Sind Sie zum Beispiel allein mit der neuen Kollegin, ist sie der angenehmste Mensch. Doch kaum sind andere Mitarbeiter im Raum, mutiert sie augenblicklich zur Besserwisserin. Warum ist das so? Hat sie Angst vor der Erwartungshaltung der anderen? Angst, im neuen Job zu versagen? Empfindet sie Sie mit Ihrer Fachkompetenz als Bedrohung und meint, nun den anderen beweisen zu müssen, wie gut sie ist? Es gibt viele Gründe, warum jemand sich plötzlich anders verhält. Beobachten Sie und hinterfragen Sie diese Reaktionen genau. Manchmal hilft ja auch ein klärendes Gespräch. Wie sieht der andere die Situation? Führen Sie solche Gespräche aber nie zwischen Tür und Angel und formulieren Sie möglichst wertfrei. Bewerten Sie das Verhalten, das Ihnen aufgefallen ist, nicht. Stellen Sie einfach fest, was Sie beobachtet haben, und geben Sie dem anderen die Chance, seine Sicht darzustellen. Vermeiden Sie dabei jede auch nur im Mindesten angriffige Rhetorik. Das würde den anderen nur in eine Verteidigungshaltung treiben und Ihnen sicher keine Hinweise verschaffen, die Klarheit in die schwierige Situation bringen.

✓ **„Mir ist aufgefallen, dass wir sehr gut zusammenarbeiten, wenn wir nur zu zweit sind. Sobald andere zum Team stoßen, verändert sich aus meiner Sicht dein Verhalten. Ich habe das Gefühl, dass wir dann nicht mehr so konstruktiv miteinander reden. Wie siehst du das?"**

Vermeiden Sie dabei „Warum"-Fragen. Sie treiben den anderen immer in die Defensive, da sie uns im Unbewusstsein in unsere Kindheit zurückversetzen. Wir haben selbst damals unsere Umwelt mit „Warum?" genervt, so lange, bis wir ein „Darum!!" als Antwort erhielten. Später hat uns der Lehrer in der Schule mit unangenehmen Fragen wie „Warum hast du die Aufgabe schon wieder nicht?", „Warum weißt du das nicht?" bedrängt. Deshalb empfinden wir diese „Warum"-Fragen als universelle Anschuldigung, der wir hilflos ausgeliefert sind. Ihre Nervensäge wird daher auf ein „Wieso?" oder „Aus welchem Grund?" sachlicher reagieren.

Wenn Sie bemerken, dass das Gespräch in die falsche Richtung geht und der andere sich angegriffen fühlt, beenden Sie es besser, bevor noch mehr Porzellan zerschlagen und Ihre Gesprächsbeziehung nur noch schwieriger wird. Versuchen Sie es lieber später noch einmal.

Hüten Sie sich aber bei Ihrer Analyse vor vorschnellen Urteilen. Wem die eigenen Vorurteile die Sicht versperren, der wird über die zweite Stufe unserer Treppe leicht stolpern. Schließen Sie nicht von sich auf andere. Versuchen Sie wirklich die Brille des anderen aufzusetzen. Wie sieht er die Situation? Wie beurteilt er Sie? Was stört wohl ihn? Empfindet er Ihr Verhältnis auch als so belastend?

Lern-Phase

In dieser Phase geht es primär um Ihren eigenen Anteil. Warum reagieren Sie so genervt auf den anderen? Was stört Sie denn so besonders? Oft liegt es einfach in der eigenen Entstehungsgeschichte, warum wir mit bestimmten Verhaltensweisen oder Typen so schlecht zurechtkommen. Dabei stellt sich die Frage: Zu welcher Kategorie Nervensägen tendieren Sie? Ganz offen: Ist Ihnen beim Durchlesen der einzelnen Nervensägen-Typen das eine oder andere bekannt vorgekommen – weil Sie es von sich selber kennen? Gehen Sie dieser Spur einmal nach, lassen Sie sich ein auf diese Selbsterkenntnis. Bin vielleicht ich für den anderen die Nervensäge?

Manchmal ist es auch eine gewisse Ähnlichkeit des anderen mit einer ungeliebten, lästigen Person aus unserer Vergangenheit. Wer im Büro ständig den gehassten Mathematiklehrer aus seiner Jugend in der Person seines Chefs vor sich hat, der braucht sich nicht zu wundern, wenn diese Beziehung belastet ist. Oft sind diese Ähnlichkeiten jedoch nicht sehr deutlich. So ist es meist eine bestimmte Geste, ein fragendes Hochziehen einer Augenbraue oder eine bestimmte Formulierung, die in unserem Unbewusstsein die unliebsamen Erinnerungen wachrufen.

Erkennen Sie Ihre eigenen Emotionen. Was passiert in Ihrer Gefühlswelt, wenn Sie auf Ihre Nervensäge treffen? Nur wer ehrlich zu sich selbst ist, seine Empfindungen erkennt, lernt damit auch umzugehen. Wir vermischen in der Kommunikation manchmal unsere Emotionen mit der eigentlichen Sache. Wir meinen, mit dem anderen in der Sache unterschiedlicher Auffassung zu sein, dabei liegen unsere Meinungen gar nicht so weit auseinander. Was uns aber blockiert, eine gemeinsame Lösung zu finden, sind unsere negativen Gefühle. Nur, wer Sache und Emotion trennen kann, kommt hier weiter. Stellen Sie kritisch eine Liste mit diesen beiden Faktoren auf:

Das Feind-Freund-Modell

Die Sache, um die es geht	Meine Emotionen
z.B.: Abgrenzung der Aufgaben bei Projekt A	z.B.: Die Kollegin will alles an sich reißen
Erstellen der Liste X	Ich habe das Gefühl, sie gibt mir ihre Daten bewusst spät

Schärfen Sie Ihren Blick für diesen wichtigen Unterschied. Was ist (Tat-)Sache und was spielt sich nur in Ihrem Kopf, in Ihrer Gefühlswelt ab?

Dieselbe Trennung zwischen Sache und Emotion ist aber auch für die meist nur vermuteten Gefühle des anderen notwendig. Welche Emotionen blockieren ihn?

Die Sache, um die es geht	Die Emotionen des anderen
z.B.: Abgrenzung der Aufgaben bei Projekt A	z.B.: Sie glaubt, nur weil sie länger im Team ist, kann sie sich die die Rosinen herauspicken
Erstellen der Liste X	Sie setzt mich bewusst unter Druck

So lernen Sie zu erkennen, wo Sie mit Ihrer Nervensäge im fachlichen Bereich unterschiedlicher Auffassung sind und wo die Blockaden eindeutig im emotionalen Bereich liegen. Manchmal fallen auch beide Dinge zusammen. Doch meist ist es leichter, sich in der Sache zu einigen. Die emotionale Seite ist viel schwerer in den Griff zu bekommen. Die Strategien, die Sie sich dazu überlegen müssen, sind meist auch schmerzvoller und verlangen mehr Energie. Sie werden auch nur dann zum Ziel kommen, wenn Sie bereit sind, Ihre innere Einstellung, Ihren emotionalen Zugang zu ändern. Denn eines ist klar:

**Den anderen können Sie nicht ändern,
was Sie ändern können,
ist Ihr persönlicher Umgang mit der schwierigen Situation!**

Das Feind-Freund-Modell

Suchen Sie sich nun aus der Vielzahl unserer Tipps im Umgang mit den jeweiligen Nervensägen die für Sie passenden Vorgangsweisen heraus. Erstellen Sie sich Ihren eigenen Fahrplan. Wählen Sie dabei möglichst viele unterschiedliche Strategien aus. Nicht immer greift eine Maßnahme sofort. Nehmen Sie sich daher vor, konsequent zu bleiben und nicht sofort aufzugeben. Es erfordert manchmal Zeit und Energie, eingefahrene Bahnen zu wechseln.

Am Ende dieser zweiten Phase steht daher die klare Entscheidung: Wollen Sie diesen Aufwand auf sich nehmen? Wollen Sie in Zukunft mit Ihrer Nervensäge besser zurechtkommen und Ihre Zeit dafür auch bewusst aufwenden? Wollen Sie aus Ihrem „Feind" auch wirklich einen „Freund" machen?

Change-Phase

Wer die vorher gestellten Fragen mit „Ja" beantwortet hat, kann sich nun der dritten Stufe zuwenden. Jetzt geht es ans Umsetzen der gewählten Strategien. Die dafür notwendige Konsequenz haben wir schon angesprochen. Bleiben Sie also hartnäckig und geben Sie nicht zu schnell auf. Beachten Sie dabei die folgenden Grundsätze:

Weich zum Menschen, hart in der Sache

Zeigen Sie sich verständnisvoll, freundlich und menschlich. Doch bleiben Sie dabei konsequent, wenn es um Sachfragen geht. Trennen Sie daher immer wieder diese beiden Punkte und argumentieren Sie dementsprechend.

- ✓ „Ich verstehe deine Angst, dass ich dir diese Aufgabe wegnehme. Für Projekt A ist es notwendig, meine Arbeit zu Thema A mit einzubeziehen. Das ist der Grund, weshalb ich diesen Teil übernommen habe."

Bewusst formulieren

Achten Sie auf Ihre eigenen Worte. Jeder von uns tendiert dazu, immer wieder mit den gleichen Formulierungen zu agieren. Wer jedoch erstarrte Verhaltensmuster aufweichen will, muss bewusst andere Worte wählen.

Der andere hört erst wieder zu, wenn er mit neuen Formulierungen konfrontiert wird. Achten Sie vor allem darauf, nach Möglichkeit positiv zu formulieren. Nur so lassen sich Abwehrmechanismen beim Gesprächspartner durchbrechen. Das gelingt wieder nur dann, wenn Sie bewusst lösungsorientiert und nicht problemorientiert formulieren. Nur so öffnet sich der Blickwinkel für eine gemeinsame Lösung. Beschreiben Sie, statt sofort zu werten. Achten Sie auf eine sehr sichere und konkrete Ausdrucksweise. Vermeiden Sie dabei Möglichkeitsformen und Verallgemeinerungen.

✓ **Sagen Sie „Ich werde" statt „Man sollte".**

Unerwartete Handlungen setzen

Wer seine Strategien im Vorfeld genau plant, kann auch einmal zu einer überraschenden Aktion greifen. So locken Sie Ihre Nervensäge aus der Reserve und durchbrechen eingefahrene Strukturen. Fast immer lassen sich schwierige zwischenmenschliche Situationen durch diese Vorgangsweise ändern. Wer immer nur die gleichen und vom anderen erwarteten Handlungen setzt, verfestigt die negative Beziehung. Überraschen Sie also Ihre Nervensäge einmal mit einer ganz anderen Reaktion. Doch sehr häufig trauen wir uns gerade das nicht: Wir haben Angst vor negativen Folgen. Kann ich mir das gegenüber meinem Chef erlauben? Geben Sie sich schon vorher selbst die Antwort auf die Fragen: Was sind die schlimmsten Folgen, die eintreten können? Und wie wahrscheinlich ist dieses „Worst-Case-Scenario"? Meist kommt man dann selbst zu dem Schluss, dass sich die Welt auch weiter drehen wird; und wer einmal so ein Wagnis eingegangen ist, hat meist positive Erfahrungen gemacht.

Sich selbst etwas zutrauen

Gehen Sie im Umgang mit Nervensägen ruhig mehr Risiko ein. Wer wirklich etwas ändern will, muss oft alles auf eine Karte setzen. Wer sich selbst zutraut, die Situation zu ändern, der strahlt auch genau diese Zuversicht aus. Der andere spürt Ihre Konsequenz. Und Ihre Chancen, eine Veränderung zu bewirken, steigen um ein Vielfaches.

✓ **Werden Sie aktiv, statt über eine schwierige Situation weiter nur zu klagen!**

Das Feind-Freund-Modell

Trauen Sie sich also zu, die Beziehung zu Ihrer persönlichen Nervensäge in Zukunft zu verändern. Wer bewusst und initiativ mit der Situation umgeht, gewinnt an Selbstsicherheit und damit an sozialer Kompetenz. Doch konzentrieren Sie nicht alle Ihre Kräfte nur auf die eine Nervensäge in Ihrer Umgebung. Sehr oft übersehen wir dann nämlich die vielen positiven Beziehungen in unserem Umfeld. Die eine Nervensäge zieht unsere ganze Energie auf sich, wir befassen uns immer wieder nur mit ihr. Rücken wir diesen einen Schwierigen lieber wieder an seinen Platz zurück und heben wir ihn von seinem Podest. Schon in der Schule haben oft die schlimmen Schüler wesentlich mehr Aufmerksamkeit von den Lehrern bekommen als die braven. Und schon damals haben wir das nicht als gerecht empfunden.

Setzen Sie also Ihren Bemühungen mit den Nervensägen bewusst auch Grenzen. Manchmal hilft es in einer schwierigen Beziehung viel mehr, einfach auf Distanz zu gehen. Aus einer gewissen Entfernung, oder noch besser aus der Vogelperspektive, sehen manche Probleme viel kleiner aus.

Vernachlässigen Sie vor allem in schwierigen Zeiten Ihre positiven Kontakte nicht. Nehmen Sie sie nicht als selbstverständlich hin. Auch positive Netzwerke wollen gepflegt sein. Sie liefern uns Energie, statt ständig nur Energie von uns abzusaugen.

Und ganz zum Schluss noch eine letzte Bitte: Gehen Sie trotz der Fülle von negativen Verhaltensweisen, die wir in diesem Buch beschrieben haben, in Zukunft nicht zu misstrauisch auf Ihre Mitmenschen zu. Nicht hinter jedem blendenden Rhetoriker verbirgt sich ein Zyniker, nicht hinter jedem netten und verständnisvollen Menschen steckt ein Harmoniesüchtiger. Nehmen Sie Ihre Mitmenschen zunächst positiv wahr und geben Sie jedem eine Chance, Sie davon zu überzeugen, bestimmt keine Nervensäge zu sein!

Literatur

Agyris, C. in: Staehle W. H.: *Management einer verhaltenswissenschaftlichen Perspektive*, 8. Aufl., Vahlen Verlag, München 1999

Bents, R., Blank, R.: *M.B.T.I.*, 4. Aufl., Claudius, München 2003

Bents, R., Blank, R.: *Typisch Mensch*, 2. Aufl., Beltz Test, 1995

Bernstein, A.: *Emotionale Vampire*, mvg Verlag, Landsberg – München, 2001

Fisher, R., Ury, W., Patton, B.: *Das Harvard-Konzept*, 16. Auflage, Campus Verlag, Frankfurt/Main, New York

Friedrich, M.H.: *Irrgarten Pubertät*, 2. Auflage, Deutsche Verlags-Anstalt GmbH, Stuttgart 1999

Haffner-Peichl, A.: *Typen erkennen ... gezielt verkaufen*, Fram Verlag, Linz 1999

Kasper, H./Mayrhofer, W. (Hrsg.): *Personalmanagement Führung Organisation*, 3. Aufl., Linde Verlag, Wien 2002

Keirsey, d. Bates, M.: *Versteh mich, bitte*, Prometheus Nemesis Book Company, CA, USA 1990

Ringel, E.: *Die ersten Jahre entscheiden*, Verlag Jungbrunnen, Wien – München 1987

Rohr, R., Ebert, A.: *Das Enneagramm*, Claudius, München 1997

Scheelen, F.: *Menschenkenntnis auf einen Blick*, mvg Verlag, Landsberg – München 2002

Schenk-Danzinger, L.: *Entwicklungspsychologie*, 23. Auflage, ÖBV Pädagogischer Verlag, Wien 1995

Seiwert, L.J., Gay, F.: *Das 1x1 der Persönlichkeit*, GABAL Verlag, 1996

Theophrast: *Charaktere*, Reclam, Stuttgart 1970

Wirth, B.: *Alles über Menschenkenntnis, Charakterkunde und Körpersprache*, 3. Aufl., mvg Verlag, Landsberg – München 2003

Wolfersdorf, M.: *Krankheit Depression erkennen, verstehen, behandeln*, 2. Aufl., Psychiatrie-Verlag, gem. GmbH, Bonn 2001

So Unrecht hat sie damit nicht, denn die nächste Katastrophe lässt nicht lange auf sich warten. Als sie drei Minuten zu spät ins Sitzungszimmer ihres Chefs stürmt, sind bereits alle pünktlich und erwartungsvoll um den Tisch versammelt. Eine hochgezogene Augenbraue ihres Chefs verheißt nichts Gutes. „Na, auch noch den Weg zu uns gefunden, Frau Huber?" Mit roten Ohren stammelt sie eine Entschuldigung. „Verdammt, warum kann ich nicht einmal, nur ein einziges Mal souverän auf seinen Zynismus reagieren? Warum bin ich nicht so schlagfertig wie die neue Kollegin aus der Marketing-Abteilung? Die hätte sicher eine tolle Entgegnung parat gehabt!" Vertieft in ihre Selbstgespräche, überhört sie fast, dass Kollege König sie nach den letzten Quartalszahlen fragt. Sie kramt hektisch in ihren Unterlagen. Ah, da sind sie ja! „Ich muss unbedingt noch meinen Vorschlag zur neuen Reporting-CI vorstellen. Das ist heute genau die richtige Runde dafür! Hoffentlich vergesse ich keinen der wichtigen Punkte, die ich mir gestern dazu überlegt habe! Ich hätte sie mir doch aufschreiben sollen, so wie Petra mir geraten hat! Warum höre ich nur nie auf die guten Ratschläge anderer? Immer muss ich mit dem Kopf durch die Wand! Selbst schuld!"

So trägt Frau Huber ihre Ideen dann auch tatsächlich etwas unsicher und wenig überzeugend vor. Ihr Chef lächelt ein wenig mitleidig, wie ihr scheint, und meint nur: „Ich freue mich ja immer, wenn meine Mitarbeiter sich etwas überlegen. Aber meinen Sie nicht, Frau Huber, dass Sie Ihre Vorschläge noch einmal überarbeiten sollten? Aber wissen Sie was: Bis Sie damit so weit wären, ist es für Änderungen ohnehin schon zu spät! Ich meine, wir fahren mit dem jetzigen Konzept sehr gut! Wir finden für Sie sicher noch genug Aufgaben, denen Sie sich mit Ihrem ganzen Bemühen widmen können!" Aus, vorbei, wieder einmal schnell vom Tisch gewischt! „Es ist doch immer dasselbe! Am besten, ich halte gleich meinen Mund! Wer sich nicht selbst verkaufen kann, der bleibt einfach übrig! Und diese Gabe ist mir bestimmt nicht in die Wiege gelegt worden. Warum nur bin ich immer so unsicher, wenn alle mich anschauen? Aber ich hab's ja gleich gewusst – heute ist einfach nicht mein Tag!"

Kommen Ihnen solche Selbstgespräche bekannt vor? Hätten Sie sich in ähnlichen Situationen nicht ebenso negativ beurteilt? Warum geben wir uns immer noch selbst den Rest, wenn ohnehin schon so einiges schief läuft? Es ist ein schwer erklärbares Phänomen, dass der Großteil unserer Selbstgespräche negativ formuliert ist. Untersuchungen haben gezeigt, dass es bis zu 90 Prozent aller unserer Unterhaltungen mit uns selbst betrifft.

Wer sich nun ständig vorsagt, wie unfähig, hoffnungslos ungeschickt und fehlerbehaftet er ist, der wird es irgendwann einmal auch wirklich glauben. Wir selbst sitzen bei diesen inneren Monologen nämlich erste Reihe fußfrei. Und sind ganz Ohr. Und reagieren dann auch dementsprechend. Wer immer hört, er sei unfähig, der tut sich schwer, das Gegenteil zu beweisen.

Gehen Sie daher in Ihren Selbstgesprächen nicht allzu hart mit sich ins Gericht. **Achten Sie bewusst auf Ihre inneren Monologe und sagen Sie sich doch in Zukunft öfter einmal etwas Nettes.** Wir können ja die zweite Seite der Medaille anschauen. Wer sich immer wieder vorsagt, dass er es schaffen wird, dieses oder jenes Ziel zu erreichen, der hat einfach größere Chancen, erfolgreich zu sein. Ehrliches Eigenlob stinkt ganz und gar nicht! Besonders dann nicht, wenn es in unseren Selbstgesprächen stattfindet!

Überbewerten der eigenen Fehler

Wer häufig negative Selbstgespräche führt, tendiert dazu, die eigenen Fehler viel zu sehr in den Mittelpunkt zu rücken. Der Grund für diese Tendenz wird meist schon in unserer frühesten Kindheit gelegt. „Das musst du noch verbessern, da musst du dich mehr bemühen, das kannst du noch nicht so gut." Solche Sätze begleiten uns in unserer gesamten Entwicklung. Unser erfolgsorientiertes Weltbild ist nun einmal geprägt vom permanenten Streben nach Verbesserung und Optimierung. Die Suche nach Fehlern bestimmt so unser Denken. Haben wir einen Fehler entdeckt, müssen wir uns bemühen, ihn zu beheben. Kaum ist das geschehen, begeben wir uns auf die Suche nach dem nächsten. Und irgendeinen Fehler finden wir an uns ja immer!

Wer nun sein ganzes Denken auf die eigenen Fehler richtet, kann seinen Stärken nicht genügend Beachtung schenken. Und die verkümmern dann mit der Zeit! Es gibt noch eine weitere negative Folge dieser Betrachtungsweise: Wenn ich meine eigenen Fehler in meinem Bewusstsein so weit in den Vordergrund rücke, werden sie auch nach außen besonders gut sicht-